U0955512

社交媒体营销战

商业营销新思维

晏　青◎主编

经济日报出版社

图书在版编目（CIP）数据

社交媒体营销战：商业营销新思维／晏青主编．--
北京：经济日报出版社，2016.9
ISBN 978-7-80257-996-5

Ⅰ.①社… Ⅱ.①晏… Ⅲ.①网络营销-研究 Ⅳ.
①F713.36

中国版本图书馆 CIP 数据核字（2016）第 209227 号

社交媒体营销战：商业营销新思维

主　　编	晏　青
责任编辑	王曼珩
责任校对	王　瑛
出版发行	经济日报出版社
社　　址	北京市西城区白纸坊东街 2 号
邮政编码	100054
电　　话	编辑部 63584556　发行部 63516959
网　　址	www.edpbook.com.cn
E - mail	jjrb58@sina.com
经　　销	全国新华书店
印　　刷	北京九州迅驰传媒文化有限公司
开　　本	710×1000 mm　1/16
印　　张	16.5
字　　数	250 千字
版　　次	2016 年 10 月第一版
印　　次	2016 年 10 月第一次印刷
书　　号	ISBN 978-7-80257-996-5
定　　价	52.00 元

版权所有　盗版必究　印装有误　负责调换

前　言

曾经的潮流已变为一种生活方式，社交媒体将人的交往推向“泛关系化”。那些基于社交媒体的营销活动、人际交流与政治宣传，实质上都是社会关系实践。

中国社交媒体的发展正如火如荼地进行，2013 年一系列数据可以说明这个问题：截至 2013 年，中国网民数量达到 5.95 亿；人人网用户 3 亿；QQ 用户 4 亿；截至 3 月底，新浪微博注册用户 5.36 亿；微信用户有望突破 5 亿。Global Web Index 调查显示，44% 的人每天花费在社交网络的时间超过 1 小时。社交媒体已成为中国政治观念传达、社会管理、商业营销、日常生活与交往的重要场域。

社交媒体大受欢迎，以至其他现有的一些网络产品也置入 SNS 基因，实现产品的“SNS 化”，比如，新浪微博近期所做的功能调整和改版，显示出新浪微博在社交媒体基础上进化为社交网络的努力；阿里巴巴提出了“SNS 化”的口号；淘宝网推出了新版的淘江湖，强化 SNS 属性；腾讯更以独立域名推出了“腾讯朋友”网站，表现出对 SNS 业务的重视。可见，纠正目前我国 SNS 发展道路中过分娱乐化的偏差，让 SNS 更具实用性和工具性，成为国内互联网业界不断探索的方向。

所以，在“社交媒介化、媒介社交化”这样一个大背景下，研究当代社交媒体竞合关系十分有意义。梳理学界已有研究成果，基于社交媒体特征的研究，近年来多集于三个方面：一是对社交媒体带来商业模式、营销方法、经济发展等策略进行研究。对基于人际关系、熟悉人模式等特征的社交媒体的商业营销，包括企业、餐饮业、游戏业、娱乐业等领域的微博、社交网络营销，都有所研究。比如著作《游戏经济：以社交媒体游戏促进业务增长》、《社交媒体营销：信息有效传播的方法和案例》、*Social Media Marketing For Dummies*, *Game On: Energize Your Business with Social Media Games* 等。二是社交媒体与公共事务关系研究，比如微博、视频分享网站带来网民对政治参与度的提高，同时在公共事务讨论过程中，社会互动特征、草根参与等特征被学者所重。比如论文《社交媒体时代的国家政治安全探析》、*The Political Power of Social Media: Technology, the Public Sphere, and Political Change* 等。三是社交媒体与舆论引导的研究，多集中于社交媒体对新闻生产带来的"人人皆记者"、新闻控制的难度增大、对新闻自由新的认识等。比如：《社交媒体的形成与公民新闻的传播》、*Really Social Syndication: A Conceptual View on Microblogging* 等。

社交媒体不但是现代学术研究的热点议题，还成为社会实践的战场。马修·弗雷泽和苏米特拉·杜塔合著的《社交网络改变世界》一书中，指出社交网络中有自我主义、基于社团、机会主义、兴趣驱动、媒体共享等五类，不管是哪一种，都能够在社交网络中大显身手。

杜蕾斯、南方航空、星巴克、小米手机等通过微信营销，成为2013年几大经典案例。除了这些，2013年庆丰包子火了，二两猪肉大葱馅包子、一碗炒肝、一份芥菜组成的"21元套餐"，经过习近平书记的符号赋值，社交网络的传播之后，开始全国的连锁之路。在台湾，人们排长队，至少等上2小时购买包子套餐，也让政治光环在台湾虚晃了一枪。所以说，政治、商业、文化都在重用社交媒体，并获得不俗表现。

正是它的包容特征，社会广泛的参与，改变了社会。我们可以一口气说出很多改变：在数字链接中，传统的"熟人社会"在工业化的生产中被消解，重又在信息化的消费浪潮中复活，整个世界的距离如此之近，似乎触手可及，恍若真正实现天涯若比邻。在关系网络的赞与分享中，膨胀的权力在一定程度上重又置于阳光的炙晒下，昭示在你来我往、你言我语的交往链之中。畅想社交网络的未来，还有人赞叹权力已从寡头政治走向网络民主，权力回到人民手中。

相对当下社交媒介研究的营销领域，本书旨在对社交媒体进行学理层面的讨论，同时不缺少案例分析。我们的观点是，社交媒体早已不是一个领域的事情，也不只是网络事件，当然，也不是单纯的O2O模式的问题。社会已处于社交媒体混战当中，那么战火如何点燃，如何进行，这便是本书四位年轻学者黄群好（第二章、第四章）、刘萍（第一章、第八章）、沈莉蓉（第五章、第四章、第七章）和王治城（第三章、第四章、第六章）的写作出发点和思路，结构体系上，从不同的社交媒体种类出发分析社交战进行情况。本书当中呈现的大量案例，以及对应的分析，为当代社交媒体实践提供借鉴，通过此书的一些分析，能够有效规避很多误区，以更好地实现媒介发展。本书主要既可以面向传媒研究者、媒体从业者、新闻专业学生，为其提供传媒实践的案例，也可以是企业负责人、营销策划人士的掌中手，为其企业发展提供策略，更可以为爱思考的人提供启发。

只是身处社交媒体中的我们，是处于这一巨形网络的哪个节点上呢？我们这个节点具有多大效能？这已不是生产或消费问题了，而是交往——走出人物交往，走向人人的问题。

目　录

第一章　网络营销时代到来

一、日益强大的网络力量

21 世纪是网络技术迅猛发展的时代，经济的发展和技术的创新助推着社会生活的变化。在中国，根据 CCIC 的最新数字显示，整体即时通信的用户使用率已经高达 86.2%，继续保持社交平台类应用第一的地位，即时通信与手机的高契合度正在影响着网络的运作格局。微信、微博等的发展，可以影响到人们获取信息乃至日常生活的每个领域，网络的力量空前巨大。

（一）无处、无时不在的网络

2014 年 1 月 16 日，中国互联网络信息中心（CNNIC）发布第 33 次《中国互联网络发展状况统计报告》，数据显示，截至 2013 年 12 月，我国网民规模达 6.18 亿，互联网普及率为 45.8%，较 2013 年 6 月提高了 1.7 个百分点。[①] 在这份报告中，关注的手机网民的数量，已经高达 5 亿的网民规模并且保持着继续增长的态势。也正是这一特点促使着手机端各类应用的发展，在 2013 年中国互联网的发展中这是一突出亮点。

网络的迅速普及和发展已经成为人们日常生活中很重要的一部分，尤其是 5 亿用户的手机网民，年增长率达到 19.1%。手机网民的数量急速增加，

---

① CNNIC 发布第 33 次《中国互联网络发展状况统计报告》[EB/OL][D]. 2014.

代表着手机依然是我国网民增长的主要驱动力。而回顾2013年的网络发展，以社交为基础的综合平台类应用迅速发展，在政治、经济、生活方面都有涵盖。从政治层面来说，网络已经成为公民与政府沟通的平台，政府信息的发布和公民对政府举措的意见都在网络平台上发布、讨论和被借鉴。从经济层面来说，网络信息发布的便利之处在于为企业提供了广告信息发布的绝佳平台，尤其对于资金不充足的中小企业来说，网络已经促成了很多中小企业的成长。而对于个人的生活，伴随着网络购物和在线支付方式的风行，网络已经影响到人们日常生活的所有方面。可以毫不讳言地说我们已经进入到了一个全新的网络时代。而类似即时通信等以社交元素为基础的平台应用发展稳定，在手机等移动终端的推动下，每个人都已经成为信息的发布者、故事的讲述者和意见讨论的参与者。在移动即时通信的发展中，需要特别指出的是网民除了满足自己的信息共享、交流沟通的需要外，对在金融、支付等领域的应用也越来越重视。

中国网民规模与互联网普及率

在2014年新发布的第33次报告里显示，网络购物用户规模持续增长，团购成为增长亮点。团购用户规模达1.41亿人，团购的使用率为22.8%，相比2012年增长8.0个百分点，用户规模年增长68.9%，是增长最快的商务类应用。[①] 网络购物的持续快速增长依托于支付、物流的完善以及整体大环境的

① 新华网．CNNIC发布第33次《中国互联网络发展状况统计报告》［EB/OL］［D］．2014.

推动，飞速发展的网络购物给商家也带来了无限的发展可能。合理有效地使用计算机和网络，可以帮助企业在商战里占据一席有利地位。

在21世纪，随着科技的发展我们越来越有理由相信，网络已经成为社会发展的助推剂和催化剂，无时无刻不在影响着人们的生活、推动着社会的前进。网上有大量的信息，政治、经济、日常生活各个层面，所有信息应有尽有。在如今的网络时代，能否掌握广泛而充足的信息已经成为一个人成功与否的重要因素，网络也成为人们获取信息的重要途径。

可以毫不讳言地说，网络的力量已经可以触及社会生活的很多领域。尤其是网上购物的便捷，已经获得了众多消费者的青睐，人们已经开始享受坐在家里就可以买到一切的便利。电子商务也已经成为商家特别推崇的新的经营方式，广泛的信息传播和便捷的沟通渠道使得网上购物简便易行，不仅节约了商家的交易成本也便利了彼此的交流，网络营销时代已经到来。

（二）遍及人人的网络世界

网络影响人的生活涉及到方方面面，从最新数据公布后的结果即可看出，网络已经覆盖了接近一半的人口。网络对人口的高覆盖，影响着人们的社会化活动。比如人们的现实社会生活环境与网络的贴近性越来越大，不管是网上购物还是查阅资料等，人们的生活方式也在悄然发生着改变。同时，随着社交媒体等发展，人们在社会化过程中的行为方式和互动关系也在产生着改变。可以说，互联网以其独特的方式和丰富的内容为人们提供了一种全新的认识和把握事物的方式，也从时间和空间上改变了人们的信息沟通和交流。①

网络的巨大作用影响着人们迅速实现自身的社会化，网络对科学文化知识和社会经验等信息的传播使得社会成员可以更快速、更全面地掌握社会生活的本领，从而迅速实现自身的社会化。而自身社会化的实现也是社会化媒体迅猛发展的一个体现。

反观当前人类的社会生活，随着活动范围的大幅度拓宽，社会成员与外界的接触更及时和便捷，人们的社会价值观念和互动方式也在这个过程中不

① 李志红，陈雅莲．网络交往——中介的革命．北京理工大学学报：社会科学版，2009（2）：25～27.

断发生着更新。网络环境延展了人们的交流方式和沟通渠道，也为人们的交流提供了新的话题。于是伴随着人们日益宽广的交流方式和沟通渠道，人的心理特征、价值观和行为习惯也自然受到了来自网络世界的冲击。而在这个过程中，网络技术也要求着人们建立新的行为模式和行为规范以及相适应的价值信息。因此，不断加强对新知识和技能的学习，对价值目标和行为方式的调整是在这个过程中更好地适应变化的一个要求。在人人都用网络的新时代，网络技术的发展催生着社会的变革，而社会化的逐步加深和促进也改变着人们的信息沟通交流方式。

网络所提供的信息是纷繁复杂的，同时也是角度多样的，这种传输为人们的社会交往提供了更多的可能，人的社会性也得到了延伸。这在社交媒体的广泛运用上表现非常突出。在社交媒体中，人们可以随着网络信息的流动、交流让自己参与到网络社会之中，成为网络群体中的一份子，在这个群体中，人们的社会接触范围成倍增大，思想和感情的交流范围也随之扩大，甚至可以触碰到每个角落，这也就形成了一种全新的网络社会关系。用这次马来西亚航空失联的 MH370 航班为例来介绍，航班失联信息发出后，伴随着网络、报纸等各种信息的传播，在微博、微信等社交媒体上迅速聚集了各种舆论的声音，不管是猜测失联原因还是为航班祈福，人们都是开始用这种社交渠道来表达关切，这是借助于网络而实现的自我社会声音的一种表达。人民日报官方微博发出马航失联客机信息后，被迅速转发，数分钟之内达到 5000 多次的直接转发量。据此可窥见在社会化媒体中人们对信息发布、共享和沟通的巨大诉求。

而在这种社会关系中，大众可以任意选择并同时共享彼此分离的宽松社会交往环境，缓解了传统的面对面交往方式给人的心理压力。同时，在网络社会中，每一个个体对信息的接受力有了更大的宽容性，网络世界可以允许不同声音的存在，因此，人们在网络空间上畅所欲言成了大家喜欢的一种方式，大家可以最直白地表现自己的好恶和个人观点，而这些观点组合而成的观点场为企业进行营销策略的制定提供了前提。

此外，网络能够创造虚拟现实的社会环境，这为网民胜任多种社会角色提供了可能。不管是为政治民生的建言献策，还是为社会热点问题发表看法，

或者是完成一场交易活动，网络所提供的虚拟的社会现实环境，为这些提供了可能。社会成员可以在网络中发表意见、表达想法，这本身就是一个沟通交流的平台，体现到商业交易上就是买家与卖家之间的沟通。

综观历史发展进程，在社会化的过程中，社会成员更加符合社会要求是要追求的最终结果。社会化在网络环境中的体现就是每个网民在网络社会中都有一种社会角色。在网络环境中，人们可以把自己假定成不同的角色，这种差异性会具体体现在角色的社会和情感需求上，网络信息是可以来验证这些差异性的。在验证的过程中，会形成一种互动、反馈的模式，这在经济领域上就可以视作一种交易的行为。在信息时代来临之际，网络环境与“现实环境”的重合率越来越大，并成为现实的一部分，人们不可避免地需要在“网络群体”中建立新型社会环境并扮演新型的网络角色。

从经济行为来说，随着电子商务等网络应用技术的实现，社会生活的方式也发生了一些变化，即使独处居室也能与社会发生广泛联系，人际交往的空间无限增大，时间和空间对人际交流的限制变小，大范围和随时随地的交流成为一种可能。同时，彼此独立、陌生的社会成员在网络上也自由组合，形成网络群体，构成了一种新型的“人机关系”。在这种交互关系中，现实世界中的面对面的冲突不复存在，无形中给网民带来了一种安全感，这种安全感使人们感觉无比的自由、安全和舒适，这也是网络交易现象在时下人群中越来越受欢迎的一个原因，一些企业也恰好瞄准这个商机，在网络上展开了一场社交战役。

（三）“商战”：企业与网络的配合

从20世纪末期以来，信息技术获得了飞速的发展，互联网应用越来越频繁，网络经济也日渐抬头。以互联网技术为平台，以电子数据传输为主要形式的电子商务正在慢慢成为网络经济的主要参与内容。它正逐步改变着经济和社会运作方式，预示着一场商务革命的到来。在时下的环境中，我们已经可以很方便地在网上完成一场交易，信息化的程度越高，交易的灵敏度就也随之提高。

在信息化越来越能影响企业发展的过程中，一些中小企业的发展历程却艰辛得多。融资困难、资金不足，再加上获取的政策上的支撑小，为了缩小自身同大企业之间在资金和人才上的差距，应对日益复杂的经济竞争，网络开始被中小企业拿来管理自己的生产。这种管理主要体现在企业的宣传、内容的发布、产品的介绍、品牌的塑造、交易的完成、与客户的沟通等诸多方面。

根据最新的调查数据显示，“中小企业互联网基础应用稳步推进，电子商务应用有待进一步提升”① 是目前企业对互联网利用的一个发展趋势。我国使用网络营销推广的企业比例仍然不高，利用即时聊天工具、搜索引擎、电子商务平台推广保持在前三位。② 即时聊天工具庞大的用户基数、较强的用户黏性和丰富的管理工具，已成为企业营销的重要工具；从消费者行为模式来看，搜索行为直接指向购买，电子商务平台正是购买行为的发生场所，并且由于营销推广成本有限，中小企业更倾向于选择投入可控、性价比较高的方式。③

在网络尚没有高度发展的以前，我国很大一部分国有企业、民营企业和中小企业一直采用了一种传统的、粗放的、外延式的经济增长方式。一旦发生经济危机，这样的增长方式就会发展到尽头，如果企业不改变原有的经营理念、不提高管理水平、不改变原有产业方式、不提高营销能力，就将在危机中被淘汰。而当企业处于危机中的环境时，经费不足的情况首先会凸显出来并制约着企业的发展，这一点在中小企业中更为突出。而经费不足，能投入到营销当中的部分就更少了。营销投入的减少势必会导致企业对外宣传力度的弱化和产品的周知度不够，企业的信息和产品不被客户所知，企业产品

① 新华网. CNNIC 发布第 33 次《中国互联网络发展状况统计报告》[EB/OL] [D]. 2014.
② 新华网. CNNIC 发布第 33 次《中国互联网络发展状况统计报告》[EB/OL] [D]. 2014.
③ 新华网. CNNIC 发布第 33 次《中国互联网络发展状况统计报告》[EB/OL] [D]. 2014.

的销售就会遇到瓶颈。在这种瓶颈式的发展过程中，企业为了打开销路，在传统的模式下往往就更需要强化市场营销推广，这又需要大量的人力物力。而企业自身发展后劲不足的问题和想增大营销推广的开支，就又给企业发展带来了压力，这种看似恶性循环的模式，需要一种新的方式来改变。于是，信息网络技术的发展，以及其在发展过程中所体现出来的高便利性，让整个营销体系开始尝试新的技术和新的方法，这些方法的目的就是既能起到宣传企业的作用又能有效降低营销成本，于是网络营销开始被越来越多的企业所重视。

我国第一笔网络交易的出现时间是 1996 年，11 年后的 2007 年，阿里巴巴上市，在整个过程中，我国的网络营销发展迅猛，电商平台逐渐增多。不管是网络市场的规模，还是企业对网络营销的使用水平，以及用户对网络营销的接受程度，都有了一定的进步。统计报告指出，目前我国有三千余万家中小企业，在这三千多万家中小企业中，已经有超过十分之一的企业开始尝试网络营销模式，尽管数目还不可观，但这却是一个很良好的开始。随着尝试网络营销模式的企业逐步增多，这种新型的方式将被越来越重视，其利处也将获得更快的凸显，网络也将以最快的速度走进企业的“商战”。

网络营销的发展是伴随信息技术的发展而来的，研究表明，采用网络营销所带来的效用跟使用网络人数的平方成正比。所以当网民的数量增加的时候，网络营销所带来的效用就会以一个更大的倍数来增长。而网络市场的发展速度非常迅猛，机会稍纵即逝。所以企业应该牢牢抓住互联网这个潜力巨大的市场，努力提高自己的网络营销水平，这样才能在网络经济时代下取得优势。

二、网络力量催生营销变革

网民数量的不断扩大，代表着中国互联网的覆盖率进一步增大，而与之相伴随的就是互联网对人们日常生活的影响力与日俱增。这种影响力除了体现在对人们日常生活方式的改变上，也同样对企业的未来发展构成了冲击。

企业是以营利为目的的经济组织，企业的产品和信息能否有效精准得被投放到目标客户群中，是企业在选择市场营销方式时首先要考虑的问题。

（一）传统营销不得不变

科技发展、商业竞争、消费者价值观改变等多种因素的共同作用，造就了新经济时代下的网络营销。

（1）互联网络的崛起、现代的通信技术和信息处理技术的应用为网络营销的产生提供了技术基础。

通信技术、信息技术、计算机技术为一体的网络系统构成了国际互联网。互联网为广大企业和普通用户提供的服务应用很多，其主要的功能有：telnet远程登录、HTML超文本文件传输协定、E—mail电子邮件和BBS网络论坛。[①]在互联网上可以将信息以生动的形式通过多媒体展示出来，这是被广泛应用的一种功能。这种能形象、生动展示的功能，使得互联网更好地发挥了商业交易和互动沟通的属性，让企业越来越依靠互联网来开展经营与营销，互联网已经逐渐成为企业生存与发展中不可或缺的重要工具。

（2）激烈的竞争是网络营销产生的现实基础。

企业在激烈而残酷的市场竞争中，为了取得优势，必须不断地推陈出新，使用各种独特的营销手段来招揽顾客。在竞争激烈的当今社会，只依赖传统营销就代表着在舍弃一些新颖独特的对企业发展有利的有效方法，那么摆在经营者面前的就是寻找一个契机，发起变革，降低成本，缩短运作周期，增加企业利润。而广泛地开展网络营销，就是一条很好的应对策略。网络营销既能够节约大量的资金，又能够实现方便采集顾客信息等功能，这些都能够从根本上增强企业的竞争优势，增加盈利，解决企业的当务之急。

（3）消费者价值观念的转变构成网络营销产生、变化的思想基础。

随着企业经营水平的日益提升，企业经营理念与日完善，一个企业的经营核心也就逐步变成了满足消费者的需求。为了占领互联网这一个制高点，获取未来巨大的竞争优势，国内外企业都开始在网络上为消费者提供各种类

---

① 朱劼．中小企业网络营销策略研究［D］．西南财经大学，2011.

型的信息或服务。而互联网是可以最有效掌握客户的数据信息的一个系统，有效掌握客户信息能够保证企业产品信息的精准投放。

同样，在今天，市场经济高度发达，企业所提供的产品数量越来越多，品种上也变得非常丰富，消费者的个性需求也在提高，在选择商品和服务时也越来越多地从自己的喜好出发。不同的消费者有不同的消费需求，不可能存在完全的一致性。于是对于企业来说，为顾客提供个性化的消费方式是必须要考虑的问题，也俨然已经成为当前的一种消费主流。与此同时，让消费者在消费过程中掌握主动，改变传统营销方式的单向沟通，是新型网络营销要考虑的首要问题。

在全新的网络营销日益占据主导的时代，满足消费者需求，让他们能够更方便地获取商品信息，成了企业进行营销宣传要考虑的问题，因为消费者在大量占有商品信息后，希望能在同一个时间点对商品信息和企业信息进行比较和分析。通过比较分析，提高了消费者与商家的互动、沟通，提升了参与度，可以让他们在心理上能够获得平衡感和满足感，从而在无形中增加了对所购产品的了解、对所选企业的信心。此外，还有消费者对价格的持续关注，对足不出户的购物方便性和趣味性的追求，共同构成了目前消费者的消费观念基础。

以上种种适宜网络营销产生并发展的原因，也恰恰证明了传统营销在新的时代背景下不得不变。传统营销的高投入、低产出以及与顾客沟通的不及时，已经让企业开始尝试改变。另外，伴随着互联网技术的发展，网民数量的急剧增加，网络人群数目增多，网络已经成为人们生活中很重要的一部分，企业要想更好地与客户实现沟通，选择网络营销绝对是明智的。

（二）释义网络营销

网络营销是一种市场营销的手段，不是仅仅停留在技术层面的东西。从狭义来看，网络营销就是在网上做买卖，但在广义上，网络营销更是市场营销体系的一种新的补充。它发生发展于现代营销原理，传统的报纸和广播电视等媒介被新型的互联网形式所替代，借助网络这个平台，利用互联网技术实现和消费者的及时交流、沟通，对产品的各环节服务进行追踪。网络营销最大限度地考虑客户的需求，帮助企业在经营全过程中发现潜在客户、维护好与老客户的关系，从而扩大自身市场，增加企业利润。从深层次来看，网络营销也构成了企业整体的营销经营战略，借助网络平台，利用互联网技术，营造网上经营环境，从而实现企业的经营目标。简言之，网络营销营造了企业的网上经营环境，它需要结合企业自身的条件，综合利用各种网络营销手段、使用各种传统和新型的营销方法，从而帮助企业实现营销目标。

网络营销在国外的主要译法如下：①

Online Marketing：在线营销，工具是互联网上的计算机。

Internet Marketing：英特网营销，借助互联网进行。

E－marketing：电子营销，特征是利用电子方式取代传统方式，主要是指企业通过互联网、内部网和外部网开展营销活动。

Cyber Markeing：翻译为计算机数字营销，侧重点在计算机技术。主要是指利用国际互联网、计算机通信技术和数字式多媒体交互性沟通的营销方式。

在本书中，主要探讨的是借助社交媒体等手段而进行的社会化网络营销。

1. 网络营销备受行业关注

营销的目的就是满足消费者的需求，消费者的价值观伴随互联网的发展，互联网应用的增多在不断改变着，具体体现在，个性消费的追求、购物主动性的增强、购物方便性要求的提高以及购物成本的降低等方面。社会分工越来越细，快节奏的生活带领人们进入快消品时代，消费者希望用最短的时间最低的价格买到最好的物品，这无疑给网络营销带来巨大商机。

行为学派和认知心理学派是传统的营销理论的主要两个学派。行为学派强调决策人设计出适当的营销策略组合（即4P组合，Product、Price、Place、Promotion），从而影响消费者的购买行为。而在网络时代，新的营销组合将从如何能更有效地吸引消费者注意力入手，并由此衍生出围绕4C理论的营销组合（Consumer，Cost，Convenience，Communication即客户、花费、方便性、沟通）的营销组合。②

① 冯英健．网络营销基础与实践［M］．清华大学出版社，2007.

② 彭涛，《注意力与网络营销》，计算机世界，1995，5.

以上是传统的营销理论所涉及到的营销因素，而网络营销是结合了4P和4C理论，是一种现代的营销方式。网络营销与企业的经营活动是一以贯之的关系，它作为一种新的营销理念，发展速度迅猛，尤其在加入世贸组织以后，伴随着市场经济发展的国际化，国内市场会越来越受到国际市场的冲击，网络营销的跨时空性也就对传统的营销方式产生了冲击。因为网络营销较之于传统营销，有三方面的含义，第一网络营销可以让企业有更大的自主权，能确保企业所有部门用一个声音说话，企业传播的资讯也就具有统一性。消费者无论从哪个网站获得的信息都是统一的、一致的，是受企业掌控的有效信息；第二就是互动的便利性，企业选择网络营销，可以充分利用网络交流的便利性，使得企业与消费者之间能够直接开展生动的互动交流，消费者可以迅速获取企业信息并与企业管理者进行很好的互动沟通，而企业管理者可以及时掌握消费者的反馈意见，从而有助于改进销售策略。另外，第三个含义就是企业采用网络营销后可以继而实现更精准的目标定位，这种定位可以实现全程性的跟踪营销，企业的一切营销活动都是精确分析企业的发展目标以及消费者的需求为前提的。

探讨了网络营销的诸多利处，其实更多采用网络营销方式的，首先是中小企业。所谓中小企业，我国在提出划分界限的时候，充分考虑到了行业的差异性，在不同的行业当中，界定中小企业的标准有很大的不同。从《中国中小企业划分标准暂行规定》中，对于从事第三产业的企业来说，针对行业的特殊性，没有对资产额度的要求，只限制了销售额；而对于工业企业及建筑业，不仅提出了资产总额度的要求，也提出了销售额度的要求。而企业的生存与发展，主要依赖于对市场的掌控能力，对利润的获取能力。在传统市场营销模式中，大型企业往往有自己资金、设备和规模上的独特优势，比起中小企业来说具备更多的机会。中小企业规模小，资金实力相对薄弱，即使有着较好的技术或者较高的产品质量，但不可避免地存在着企业与客户之间的交流少、获取的信息少、企业的营销渠道不顺畅等困难，很难把握住机会。在全球化竞争越来越激烈的今天，中小企业要赚取利润并保持竞争优势，必须引入先进的技术，同时又要改变传统的经营理念。网络营销作为一种独特的市场营销模式正越来越受到关注。从理论上来看，网络营销打破了地域限制，能够帮助中小企业占领现实中不易占领的市场和现实中不存在的市场（虚拟社区），弱化了大型企业在营销渠道上的巨大优势，让中小企业有条件和大型企业在相对平等的的条件下展开竞争。

有一点不得不提出的就是，尽管网络营销为中小企业的发展提供了很多优势，但是他的便利性也同样为大型企业谋求了福利。并且大型企业依赖充足的资金、知名的品牌优势等特点，又重新保证了自己的销售策略。目前各大企业所采用的网络营销方式主要有以下几种。

搜索引擎。因为搜索引擎是网民应用最多的工具之一，这也就成为中小企业的一种有效网络营销手段。搜索引擎优化、关键词广告、搜索引擎竞价排名等是目前比较吸引企业的搜索引擎营销模式。投入较少的资金争取较理想的宣传效果是企业选择搜索引擎营销的原因。

网络广告。指的是在互联网虚拟世界里面投放广告，这是中小企业普遍实施的一种营销策略。比起传统的广告媒体，网络广告具有价格低廉、有很强的针对性等优点，而且还可以利用先进的网络技术来实现和消费者互动的功能，因此网络广告被很多中小企业所采用。虽然网络广告优势明显，但是有条件的企业，还是会选择在传统媒体上对企业和品牌进行宣传，这样可以给一些尚未进入互联网了解企业的用户一个事前的心理了解语气，同时也提高了企业品牌的认知度。

在线销售。这种方式的主要目的是进一步扩张企业的销售渠道。中小企业可以通过在线销售的方式来占领现实中不容易占领的市场，如国外市场和地理位置上狭小的市场。企业可以通过两种方式来建立在线销售渠道，一种是企业在自己的官方网站上添加在线购物和在线支付的模块，让网站具备在线交易的功能；另一种方式是利用第三方来提供电子商务平台，如淘宝商城旗舰店等方式。前一种方法适合实力相对来说更加雄厚的企业，后一种方式适合技术力量薄弱的企业。资料显示，目前在自己网站上开展在线销售业务的企业占到了企业总数的四分之一，更多的中小型企业受到技术薄弱和资金短缺等方面的影响，自建在线销售网站困难重重，一般都会选择第三方来提供电子商务平台。

微博营销。这是伴随着微博的兴起而在国内迅速兴起的一种营销宣传方式，微博所起到的作用也就是发布企业产品和服务的信息，通过微博用户的扩散转发，从而扩大产品的知名程度，进而吸引更多的消费者。同时，借助于微博数据库的精准分析，微博里的营销可以帮助企业更快得进行精准的目标客户群的投放。如淘宝网与微博的合作，就是迅速地把淘宝商家的产品在微博用户之间推广，从而吸引受众。

微信营销。这是一种新的营销方式，伴随着微信支付的兴起，这种营销方式将被更广泛地运用起来。因为手机、平板电脑等移动媒体的增多，人们可以随时随地实现上网的要求，这一要求的达成，也方便了人们在使用移动媒体时完成购物和支付。

总而言之，网络营销是企业在互联网上进行的市场营销活动。新的营销环境，既是一种挑战，也是巨大的机遇。一个企业想要成功实现网络营销，了解网民的上网习惯和应用，建立互动的网上营销是非常必要的。

三、社会化媒体营销异军突起

社交网络（Social Netword Service，SNS）是随着六度分隔理论在网络环境下而发展起来的一种虚拟的社交媒介。网民可以把现实世界中的人际交流拓展到互联网上，通过社交媒体这个平台来与老朋友沟通感情或者寻找新的朋友。

社会化媒体营销是基于 WEB2.0 的互动功能，利用社会化网络或者其他互联网协作平台媒体来进行客户信息传播，收集为客户提供售后服务的一种网络营销方式。① 在社会化媒体营销中，媒体和用户改变了以往常规意义上的雇佣关系，为用户提供一个平台是媒体新的职责，平台上的海量信息，为用户进行信息内容的制造也自然提供了便利。社会化媒体模拟了真实的人际交往，用户可以添加自己的朋友，还可以对这些朋友根据之前的关系进行分类。同时也可以把自己的隐私资料进行适当的公开和设置，让传播的信息更加

① 林旭耀．基于信息传播的社会化媒体营销研究［J］．科技和产业，2012，12（3）：99～101.

可靠。

在大部分的社交媒体中，用户可以免费参与其中，并可以评论、反馈或者分享信息，实现了内容在用户和媒体间的双向传播，更好地体现了媒体的参与性和交流性。企业可以充分利用社会化媒体的这种参与性，吸引网民参与到企业的运营中，提升积极性，也刺激了销售。除了一对一的传统交流外，社会化媒体中具备了多对多的交流方式，多方的参与交流和信息传播的多样性更吸引了大众的聚集。

信息传播已经从一对一、一对多发展到了一种多对多的交叉传播方式，这种变革依赖于社会化媒体的推动，这种改变可以实现更大程度的信息传播。在 WEB2.0 的模式之下，用户被鼓励参与到互联网中，自主完成对互联网中内容的生产，这改变了以往单方向对用户输出信息的模式，用户可以在对内容的生产过程中实现自身网络行为的个性化、自主化等方面的体验。

总之，互联网技术的创新与发展带动了传播方式的改变，而传播方式的改变也促使了企业营销方式发生变革。随着开心网、人人网、微博等众多社会化媒体平台的流行，企业可以通过参加到社会化媒体平台中来实现与用户的更多接触。伴随着社交媒体的发展，熟悉与企业发展相关的各平台的运作情况，依此开展社会化媒体营销，可以提高企业与消费者的交流程度，进而增强企业的竞争力。

（一）社会化媒体营销平台广阔

国内网络媒体的发展一直是在借鉴美国成功的模式，比如开心网和人人网借鉴了美国的 Facebook，新浪微博和腾讯微博等借鉴了 Twitter，优酷视频网则直接借鉴的是 Youtube，所以说中国的社会化媒体框架主要来自于美国网站。通过对社会化媒体的一些厘清与区分，在唐兴通的《社会化媒体营销大趋势》一书中认为目前国内的社会化媒体主要有以下几大类：社会关系网络（即 SNS 社交网络，比如微博、人人、开心网等）、视频分享网络（比如优酷网、土豆网）、照片分享网络（比如一些网站推出的照片墙）、合作词条网络、新闻共享网络、内容推选媒体、商务关系网络、社会化书签网络等。

其中，需要特别指出的是在国内发展比较好的几大社交媒体，比如开心网、新浪微博客、优酷网、天涯社区、百度贴吧、豆瓣网、美丽说等。在目前的社会化媒体发展中，社会化媒体的发展日趋追求满足网民新的使用需求和精神需求，极强的用户参与程度可以使得他们参与到内容的协同创作中。

在研究社会化媒体营销时，微信的发展需要特别引起注意。在社会化媒体发展初期，呈现的是一种大众化的传播，表现了一种极度的人员夸张。而像微信的发展就与群组、列表和社区的发展存在共通性，它使得人们越来越理性，开始有意识地忽略社会化媒体中充斥的噪音和无聊信息，只选择在固定的圈子进行活动，而不会去轻易选择新的朋友，这可以视作一种逐步提高自身要求的表现。这种表现反馈到企业运转上就是，企业要为自己发布的信息负责，企业的信息要权威可信，摒弃混乱无价值的东西，从用户那取得信任。

当然，企业的任何营销活动都不是一次性的投入和策划，而要进行持续的营销传播活动。随着互联网的使用率越来越高，即使是出于节省成本的考虑，企业也会发掘和使用社会化媒体，此举也可以更有效地为客户提供服务。在企业对社会化媒体的使用中，企业对社会化媒体的使用策略会被广泛注意。同时，随着手机网民的逐步增加，手机已经成为最大的移动信息终端平台，社会化媒体也被开发到手机上去。所以，研究社会化媒体的的手机运用也是企业在考虑的问题。

在 SNS 网站中，发展最为迅猛的当属国外的 Facebook，而伴随着这个网站的崛起和发展，国内的人人网、开心网、QQ 空间以及微博等社交媒体网站迅速蹿红。对于企业而言，企业可以通过网络营销减少企业营销成本、宣传企业品牌、提高工作效率，同时有效方便的搜集客户信息，零距离了解客户的需求，建立良好的客户管理关系。SNS 对企业网络营销产生的影响以及带来的营销机遇，具体体现在信息传播方式的改变、消费者诉求的增多和企业精准营销有望实现的三个方面。

SNS 社交网站的形成以及新应用的不断上线，在影响着网民的上网习惯，引发了信息传播方式的改变。而网民信息传播方式的改变具体体现在信息获取渠道、网上娱乐消遣、网络沟通方式等方面。伴随着微博的崛起，简单、充满互动的社交方式更受用户喜欢，这种新型的信息获取方式已经越发受到追捧。在娱乐消遣方面，用户已经可以借助网络实现包括观看在线视频在内的多种娱乐方式。网民的互动交流方式也从 QQ、博客、电子邮件等逐渐向微博、微信交流转变。

伴随互联网的成熟，应用的不断增加，WEB2.0 时代的到来，博客、即时通信、SNS 社交平台等的发展，人们社交的需求、被尊重的需求和自我实现的需求在不断增强。人们渴望被认知、被接纳，同时找到自己的同道中人，共同分享、体会信任、感受温暖；也期望能通过网络实现自身的价值，充分发挥自己的潜能，影响更多的人，获得更多人的认可和尊重。

伴随新经济环境的发展，企业和消费者之间希望建立起更加快捷有效的连接方式，精准营销便应运而生。所谓的精准营销，就是指通过现代信息技术手段实现的个性化营销活动，通过市场定性分析向定向分析的转换、借助数据库技术、网络通讯技术等手段，建立起企业和客户的互动沟通，摆脱复杂的中间渠道环节，最终使营销达到可评估、可调控的精准要求。①

SNS 的突出特点体现在个性化突出、高度参与性与互动性、快速传播性、追求精神价值等方面。SNS 以线下朋友关系或是兴趣为组织建立的线上平台，对于用户的信息采集较为准确，另外用户黏性较大，好友的动态发展、兴趣转换可通过数据库及时掌握。对于企业来说，可以向特定人群提供精准信息的定向广告，把商业信息精准的传递给目标用户。还可以通过对客户关系的管理，发现客户的潜在需求，分析出客户所追求的个人价值和社会价值。一个客户是有不同关系网的，通过社交媒体可以最大限度地利用这张关系网，在这个网络中会体现出不同的差异，借助于对差异化的分析，可以精确分析、拓展和维持客户与企业的关系，实现精准营销的目标定位。

（二）社会化媒体营销的过人之处

社会化媒体营销是最近几年从国外新媒体营销圈兴起的概念，对于企业来说，迅速适应网络科技带来的冲击对发展至关重要。企业的顾客群在哪些渠道活跃，这个地方就成为企业品牌传播和营销推广的主战场。

---

① 加利斯安等著，卞军，谢伟华，朱炜译．巧妙使用网络搜索的技巧和工具（第二版）［M］．北京：电子工业出版社，2006.

社会化媒体也成为企业与用户进行交流的一个平台，例如现在越来越多的企业开通官方微博、微信公众账号，力图通过这些举措倾听消费者的心声，监控网络上对本企业品牌、产品和服务的评论，从而更好地指导接下来的营销活动。

在社会化媒体环境下，用户的参与和评价是企业在进行营销传播活动时首先考虑的，整体上强调的是企业和用户的互动关系。企业发展过程中对客户口碑的关注度，会刺激企业与客户的交流，从而形成良好的口碑，这是一种基于社交媒体平台而完成的口碑营销。

随着互联网技术的发展，网络对人们社会层面的影响越来越大，甚至在逐步改变传统的商业传播方式，为此引发了传播学和商业从业人员对互联网信息传播和使用的极大重视。而社会化媒体营销相对于传统营销的优势以及越来越多的成功案例，吸引了企业的关注，他们为了品牌的塑造而开始思考网络推广的新途径。

社会化媒体营销不是传统意义上的营销推广活动，它需要整合多种资源，比如网络传播、营销知识、品牌推广、社会学等，在互联网时代能够合理、充分地使用好新媒体平台会更有营销效果，这不是一个一蹴而就就能完成的营销活动，它依赖的是专业化的团队。网民对企业的信息反馈和口碑留言，可以代表企业在顾客心目中的形象，企业需要对这些信息的实时监控。通过对这些信息的跟踪、反馈，可以快速与用户进行沟通，也能处理好社会上针对企业的一些负面信息，维护好企业在用户心目中的形象。当今社会环境下，社会化媒体营销已经越来越获得企业的认可，社会化媒体俨然已经成为企业营销、市场推广和品牌建设的主要战场。

与传统媒体相比，社会化媒体在营销上有显著的优势。首先，受众的数目庞大。社会化媒体的受众涵盖了社会的各个层次，并且不同的受众在对社会化媒体的使用中，不受时间空间的限制，只要有网络，随时可以通过社交媒体获取信息、沟通交流。例如在国内新浪微博的使用，无论是网页版还是移动终端，在网络畅通的前提下，随时可以浏览微博。其次，社会化媒体可以提供内容丰富多样的信息。所提供的信息不仅仅是局限于文字，对于同一个信息，社会化媒体提供的信息可以包含文字、图片、音视频等，企业在利用社会化媒体进行营销时，可以充分整合多种传播方式，更形象地展示自身的产品和服务。最后，社会化媒体是高效的传播平台，有着深远广泛的影响。网络技术的飞速发展加速了社会化媒体平台上的信息增长，极快的信息传播速度为用户获取信息后可以很快实现口口相传的营销模式。

社会化媒体本质上运用的是一种人际传播的沟通网络，企业与用户之间进行了一种“对话式的沟通”。在社会化媒体营销中，消费者不再是被动地接受各种信息，而是可以与企业进行双向互动的沟通、交流。这种交流不仅可以让企业所发布的信息以一种更柔和的方式进入用户的概念中，也会让用户成为企业信息制订的一个参与者，提升了用户的积极性。社会化媒体强调企业以一种较低的姿态去倾听用户的心声，沟通成为营销过程中的一种方式。此外，充分的互动在社会化媒体营销中也被贯彻，消费者可以参与到企业营销的各个环节，这是提升客户认同感和归属感的方式。

通过社会化媒体，企业可以跨越渠道的障碍，获得有价值的客户数据信息并掌握更多的第一手资料。当企业在面临公关危机的时候，就可以借助社会化媒体与客户进行直接的沟通，从而更好地分析数据，更客观地比较和评价各种应对措施的优劣。社会化媒体是开放公开的，基于这种属性，企业在运营中可以更好地借助这个平台，增进相互之间的了解，有效地缓解彼此之间的冲突。

利用社会化媒体进行营销，其中必须重点提出的一点就是社会化媒体所创造的口碑营销。社会化媒体的人际交流特性，可以使得客户快速地掌握信息，从而第一时间将自己对信息的评价传达出去，而所传达的信息会在整个网络环境中迅速扩散。如果是对企业发展有利的信息，借助用户之间或用户与企业之间的沟通互动，一场口碑的传播活动就此形成。消费者自发性地对企业品牌的传播比得上企业 60% 的营销推广活动对人们参与互动性的维护，更强调了企业与客户的一致性。

第二章　网络社区：让我们的世界更广阔

一、你所不知道的网络社区

社区是我们生活的共同体，每个人都是社区的一小部分，社区是人类群居时代发展到一定时期的结果。社区的概念最早是由德国学者费南迪·滕尼斯提出的。1887 年，滕尼斯出版了他的成名作《共同体与社会——纯粹社会学的基本概念》（又译为《社区与社会》）提出了“共同体”（即“社区”）的概念。滕尼斯把社区看成是“居住在同一地域、能感觉到内在联结并分享经验的人群”。体现社区特征的是对生活共同体、情感主义、传统主义和对共同体其他成员的友好观念的强烈认同。[①] 通俗地讲，社区就是由某些共同特征的人群生活的相同区域。社区并不是人群的简单叠加，而是有共同特征来维系这个群体。这里的共同特征，可以是文化、宗教信仰、种族、政治等，这种在内部成员都默认的维系力，让社区里每一个个体都找到了归属感。

在传统社区中，共同发展的目标非常重要，它是社区成功运行的重要指标之一。但是在网络社区里，人们是依靠话题而联结起来的，一个社区中的人们即使是有相似的兴趣和利益，但反映出来的话题是千变万化的，因此具体的共同目标较多。网络社区中人际之间的传播变得很重要，人际传播形成

---

① 徐琦，艾瑞．莱恩，邓福贞．社区社会学［M］．北京：中国社会出版社，2008：6.

的群体常常是社区中活跃的群体，带动社区的发展。但是不断扩展的人际传播链条，也可能产生社区层面的传播。①

随着网络的逐渐普及和信息化社会的高速发展，虚拟社区出现，“虚拟社区”也就是网络社区。而对于网络社区的概念界定，不同学者提出了不同的见解。王欢、郭玉锦认为，网络社区是“由网上相邻或相互关联的若干社会群体和社会组织构成的网上共同体”。② 何升明认为：“在信息高速公路为人们提供了一种冲破传统地域社区的通道，使人们有可能在网络之中生成一个与地理空间不同的网络空间。在这个空间里，人们可以创造‘共同的文化’和行为规范，进而实现情感上的依存和相对独立的交往圈子。这样，一个特殊意义的社会共同体就形成了……网络社区是一种与传统社区共生的复合型社会共同体。”③

在现实的社区，人们要去敲开邻居的门，面对面交流，而网络社区只靠着一台能上网的电脑，熟悉或陌生的人们自主搜索兴趣点，形成一个社区，这种自主选择往往使社区更趋于特征化。网络社区已经成为人们在现实生活中社会关系的一种补充，打破了地域之间的隔离感，扩展了人们生活和交流的空间。

二、网络社区在中国

世界上第一个 BBS 是如何诞生的呢？1978 年，克里森和罗斯在芝加哥地区的计算机交流会上一见如故，两人开始经常合作。由于时间和地域的限制，他们不能每天见面，于是他们开始寻找一种可以打破这些时空限制的工具，最终他们借助当时刚上市的调制解码器将两台苹果Ⅱ通过电话线连接在一起，形成了原始的 BBS 的雏形。

---

① 彭兰．从社区到社会网络——一种互联网研究视野与方法的拓展［J］．国际新闻界，2009（5）：88.

② 王欢，郭玉锦．网络社区及其交往特点［J］．北京邮电大学学报：社会科学版，2003（10）：19.

③ 何升明．一种新的社区形式：网络社区［J］．中国国情国力，1998（3）：18.

在我国国内，网络社区也是从 BBS 起步的。1983 年，BBS 首先传入台湾地区，1991 年，在北京创建的长城站是内地最早的 BBS 站点。在当时，互联网还没有普及，用户大部分是海外的中国留学生。虽然国内早期的 BBS 还不成熟，但聚集了最早的一批对互联网有热情有兴趣的网民，逐渐使更多人接触到网络社区，网络社区普遍成为人们进行交流的工具之一。

我国网络社区的发展和互联网发展基本上是同步的，经历了由 WEB1.0 社区到 WEB2.0 社区的演变。

WEB1.0 社区主要是单一的论坛模式系统，或以论坛为核心的网络模式，应用模式有 BBS、论坛、聊天室等，这一个时期的网络社区以天涯、猫扑网、西祠胡同为代表。虽然基础服务功能不够完善，但是打破了单线传播的交流方式，实现了社会化互动交流，网罗大量的用户。

而 WEB2.0 社区不仅提供了各种的专题，更重视用户的个人内容生成，建立个人用户中心，成为一个开放的“自媒体”平台。新型的社交网站（SNS）便是其中的典型代表，如人人网、开心网等。自我表达、及时分享、动态交互是 WEB2.0 社区的特征。

从网络社区的发展历史脉络可以看出，网络社区的话语权是不断下移的，从“精英化”向“草根化”过渡，以人为核心，提高了用户和网络社区的粘合度，巩固了这个社区关系的维系力。社区不再是信息集合的广场，而是基于用户兴趣，创造出一种有个性的文化社区。

三、不断奔跑的网络社区

在各种社交媒体不断快速发展的今天，传统的论坛营销似乎失去了原有的活力，一些人认为网络社区日渐边缘化，终究会被新媒体打败，淡出人们的视野。根据 CNNIC 发布《第 33 次中国互联网络发展状况统计报告》，2013 年，微博、社交网站及论坛等互联网应用使用率均下降，而类似即时通信等以社交元素为基础的平台应用发展稳定。如下表所示，2013 年论坛用户规模下降了 2879 万人，使用率降低 19.2 个百分点，而 2013 年微博用户规模下降

2783 万人，使用率降低 9.2 个百分点。① 从具体数字上看，一些小型的论坛确实是逐渐失去了人气，但是可以看到一些大型的社区网站仍然有发展前景。

表　2012～2013 中国网民对各类网络应用的使用率

	2013 年		2012 年		
应用	用户规模（万）	网民使用率	用户规模（万）	网民使用率	年增长率
即时通信	53215	86.2%	46775	82.9%	13.8%
网络新闻[1]	49132	79.6%	46092	78.0%	6.6%
搜索引擎	48966	79.3%	45110	80.0%	8.5%
网络音乐	45312	73.4%	43586	77.3%	4.0%
博客/个人空间	43658	70.7%	37299	66.1%	17.0%
网络视频	42820	69.3%	37183	65.9%	15.2%
网络游戏	33803	54.7%	33569	59.5%	0.7%
网络购物	30189	48.9%	24202	42.9%	24.7%
微博	28078	45.5%	30861	54.7%	-9.0%
社交网站	27769	45.0%	27505	48.8%	1.0%
网络文字	27441	44.4%	23344	41.4%	17.6%
网上支付	26020	42.1%	22065	39.1%	17.9%
电子邮件	25921	42.0%	25080	44.5%	3.4%
网上银行	25006	40.5%	22148	39.3%	12.9%
旅行预订[2]	18077	29.3%	11167	19.8%	61.9%
团购	14067	22.8%	8327	14.8%	68.9%
论坛/bbs	12046	19.5%	14925	26.5%	-19.3%

根据数据调查发现，成功的地方网络社区的流量并没有大幅度下降，网站的广告效果依然没变，说明了社交网站的快速发展对地方社区并没有造成巨大的影响，有一些地方社区活跃度还是呈现良好的走势，而社交网站带走的大多是粘性不强的用户。在某一些比较细分的领域，论坛仍然有忠实的用

① 《第 33 次中国互联网络发展状况统计报告》. 中国互联网络信息中心 . 2014－3－5，http：//www.cnnic.net.cn/hlwfzyj/hlwxzbg/hlwtjbg/201403/t20140305_ 46240.htm.

户，如一些行业论坛、游戏论坛等。可见未来围绕着网络社区的营销还是能够在机遇中焕发新的生命力。

如图中所示，“90后”可以说是社会化媒体下的一代，“90后”对新事物具有强烈的新鲜感，更多的“90后”会选择使用社交媒体进行交友，不过社区并没有完全消失在人们的视野中。2013年8月数据显示，最受“90后”网民青睐的Top4社区交友小服务为：SNS服务、微博、社区与独立SNS。其中，以腾讯空间为代表的SNS服务收获的页面份额最多。其次是由新浪微博领衔的微博服务，浏览页面占比23.7%。位列第三的社区服务，以百度贴吧访问最热。而颇受“90后”追捧的独立SNS服务，则数人人网、朋友网、豆瓣最具人气。①

网络社区面对新媒体的冲击，依然能够有自己的一席之地，就说明了网络社区并不会消亡，就像很多人一开始预言电子书会迅速占领市场，纸质版的图书逐渐成为博物馆里的古物，但是令人吃惊的是，时至今日，纸质图书还是我们阅读的主要载体。而社交网站和网络社区都有着各自的优势。社交媒体的碎片化快速传播，降低了人们对信息获取的难度和成本，加上在社交圈子效应下，满足了人们对信息的进一步分享和扩散的需求，所以能够在短期时间内吸引上亿用户，分流了网络社区的一部分用户。但是网络社区经过多年的沉淀，已经积累了一定数量的粘性用户，这些用户对网络社区有一种归属感，这种情感上的维系是网络社区生存的关键。网络社区形成了一个用户认同的共同价值体系，用户有了一种身份认同感，如用户自称是天涯人、豆友，是对这个网络社区产生一种文化认同感。

社会化媒体的优势是速度，社区则以深度制胜。二者互为补充，在信息传播的过程中缺一不可。论坛是话题的聚集地，论坛一般都有按照不同行业、兴趣爱好分类的子版块，每个版块都是独立的一个话题中心，人们围绕着一个领域可以进行更深入的讨论，比如买一部手机，人们一般在论坛里寻找这款手机的详细参数和大众的评价，而像微博140个字就很难满足用户对于专业性的服务的需求。

---

① “90后”假期尽显娱乐倾向“社交一代”热衷SNS、购物分享．艾瑞咨询．2013-12-11. http：//www.iresearch.com.cn/View/221861.html.

《第33次中国互联网络发展状况统计报告》显示，类似即时通信等以社交元素为基础的平台应用则发展稳定：在2013年，整体即时通信用户规模在移动端的推动下提升至5.32亿，较2012年底增长6440万，使用率达86.2%。与传统及时通信工具、社交网站相比，以社交为基础的综合平台不仅拥有更强的通信功能，还增加了信息分享等社交类应用，并为用户提供了诸如支付、金融等内容的综合服务，最大限度地增加了用户粘性，保证了用户规模的持续增长。① 可见，未来互联网朝着以社交为基础的综合平台类应用的方向发展，网络社区也在开始往综合平台的方向发展，提高整体竞争力。

iUserTracker-2013年8月"90后"网民社区交友小服务浏览页面份额

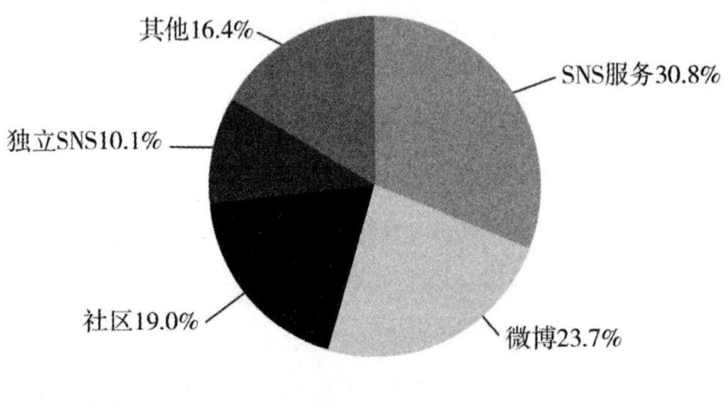

来源：iUserTracker，家庭办公版2013.10，基于对40万名家庭及办公（不含公共上网地点）样本网络行为的长期监测数据获得。

以天涯网络社区为例，早在2012年12月，天涯副总裁陈勇就表示，天涯从已经不断尝试把社区和新产品形态结合，把社区作为核心产业，借助其他渠道强化社区影响力，打通天涯论坛、微博和无线客户端等应用，寻求1+1>2的营销效果。天涯还将不断进行产品优化，把天涯客旅游在线业务作为主要业务，往视频和无线客户端发力，强化企业空间产品并与视频网站合作，推出UGC模式和微电影。天涯社区从整合营销出发，基于社区的优势和借助新媒体拓展渠道，力求打造一个综合性的平台。

社区化是互联网的大势所趋，综合性的大社区平台有可能成为互联网的终极模式。不同类型的社区都在整合创新，此消彼长是竞争的常态。

① 《第33次中国互联网络发展状况统计报告》. 中国互联网络信息中心. 2014-3-5. http://www.cnnic.net.cn/hlwfzyj/hlwxzbg/hlwtjbg/201403/t20140305_46240.htm.

四、网络社区与公共事务

互联网的普及打破了信息的垄断，信息成为公众共享的资源，尤其是政治信息，公众通过网络社区获得对政治信息的知情权，提高了参与政治的积极性。网络社区虽然是一个虚拟的社区，但是却集合了公众的意见，是一个反映了现实世界舆论的“在线空间”，只要你有想法，都可以在网络社区发表意见。网络社区可以说是一个舆论的扩声器，一个人的声音或许是微弱的，但是越来越多的人参与讨论，能让事件迅速加温，成为大家关注的焦点。网民借助于网络社区来表达自己的政治意愿，甚至与政府发生互动，影响政府相关政策的走向。

网民的意见发表以“帖子”的形式出现，其他人看到感兴趣的话题，以“跟帖”的方式在同一主题的帖子下发表自己对同一问题的看法并展开讨论。当有足够多的人被吸引到对某个问题的讨论中来的时候，就形成了网络舆论。近年来，越来越多的公民在网络上通过浏览公共论坛的帖子、发表自己的意见，关注和参与论坛的讨论和调查。

互联网公共论坛作为一种政治参与方式，有学者概括了以下四个特点：一是开放性，接近使用（access）的便利，可说对任何来光临的人开放。二是广泛性，探讨的议题，由柔性到刚性、由学术到休闲、由主流到非主流，可以对不同议题进行广泛的讨论。三是即时性，通过电讯的传送，贴到 BBS 上的信件几乎随传随贴，可以立即传播出去。四是多面性，针对相同的主题，以及讨论社群的差异，还可以再细分为不同面向的讨论。①

互联网公共论坛的讨论打破了空间、时间的限制，增加了公民之间以及公民与政府之间直接的、全面的参与和沟通的可能性。公共论坛提供了一个开放、多元的空间，刺激了公众对公共议题的对话，对民主进程产生了重要的影响。

---

① 刘文富．网络政治［M］．商务印书馆．2002 年：296.

下面以奥巴马两次成功竞选美国总统为例子：

美国的互联网发展是全世界最快、普及率最高的国家，越来越多美国人利用互联网参与到公民事务上。社交媒体成为竞选制胜的有利武器，现在已经有不少政治家意识到互联网已经成为竞选的重要力量。2008 年美国总统大选中，奥巴马就被称为："美国历史上首位互联网总统。"奥巴马是利用互联网工具成功当选总统的典型，他意识到年轻群体更加熟练应用互联网工具表达政治诉求，习惯使用社交媒体交流。为了赢得这一群体的信任，奥巴马专门开设了个人的社区网站，让许多人通过网络认识到他的个人魅力，更乐于把手上的票投给他。

2008 年美国总统大选，奥巴马的募款创造了一个奇迹，这次美国总统大选所有候选人募款一共有 16.34 亿美元，而仅奥巴马一人就募得 7.5 亿美元，远超对手麦凯恩的 3.6 亿美元。奥巴马能够获得如此大数额的政治捐款，主要是因为奥巴马开通了多条募捐渠道，数百万捐赠者纷纷被吸引进行政治捐款，其中许多是通过互联网的小额捐款。奥巴马拥有一个优秀的传播团队，"奥巴马无处不在"的竞选口号也充分阐明了奥巴马竞选的传播策略。奥巴马大量在网络上做个人广告，在 Facebook，Myspace 等开设个人主页，和网民充分互动交流，拉近了与选民之间的距离，集聚了大量人气。"we can""change is coming"的竞选理念，也是奥巴马借助传统媒体和新媒体向美国选民灌输的竞选理念，成功打造一个变革的总统形象。

奥巴马 2009 年在上海与中国青年对话时，也曾说过："当了总统的原因之一是我们能够动员很多年轻人，通过互联网来动员。刚开始的时候，没有人会想到我会赢，因为我们没有得到最富裕、政治上最有权利的人的支持，可是人们通过互联网看到我们竞选，他们开始感到很兴奋，他们就组织起来举办一些竞选的活动、制造集会和事件，结果就产生了这些从下往上的一种行动，使我们很成功。"①

2012 年的大选也被称为美国历史上首次"社交竞选"。随着社交媒体的不断发展，社交媒体已经成为人们日常生活的一部分，也无疑成为了影响总

---

① 奥巴马：互联网变成一个可以让公民参与更强工具．新华网．2009.11.16. http://news.sohu.com/20091116/n268243276.shtml.

统选举结果的关键因素。随着互联网不断发展，美国人上网的时间和看电视的时间是基本相同，而社交媒体的快速普及，也使得美国人已经形成了使用社交媒体的习惯。可以说现在美国的总统竞选已经进入了数字化时代，竞选从“线下”转移到“线上”，通过对互联网数据的挖掘与分析，定位潜在的选民，达到了精准传播的效果，使得竞选者在未来的总统竞选中更具优势。

Facebook 上火热的奥巴马应用和罗姆尼应用，可以收集用户的“likes”和地理位置信息。其中，奥巴马应用甚至还可以挖掘出用户所做过的政治贡献。隐私服务公司 PrivacyChoice 称，这两款大选移动应用，均具备跟踪功能，都可以向各类公司发送用户数据，用来分析用户行为。对于政治家来说，通过获取这些数据，就可以精准地定位到那些重要选区的选民，然后基于他们感兴趣的社会问题传递自己的政治观点，从而争取到更多的选民支持。此外，今年 7 月，华盛顿州政府还宣布，将在其 Facebook 主页放置一个应用，选民可以通过它投票。这在美国各级政府中尚属首创。华盛顿州选举联席主任肖恩·哈姆林称，社交媒体时代，人们更倾向于在线服务。此举可以吸引选民在线登记，并利用 Facebook 的强大朋友关系网让更多的人登记。”①

谷歌本周针对 2012 年美国大选推出了一个专门的页 Google. com/Elections，聚合与美国大选相关的信息。谷歌推出的新网站页面将为选民、政界人士和新闻记者提供信息。在谷歌这一新的页面上，每一名参选者都拥有自己的页面。而在每一名参选者的页面上，用户可以查看到相关新闻和视频。谷歌该页面还提“趋势”功能，展示与每一名候选人相关的搜索次数、YouTube 视频浏览量，以及谷歌新闻服务中被提到的次数。如果点击页面左上方的“播放”按钮，那么用户还可以看到趋势随时间的变化。这一功能支持按天、按周或按月查看，以及分美国各州查看。谷歌软件工程师埃里克·哈森（Eric Hysen）表示：“毫无疑问，在 2012 年美国大选中。相对于其他媒体，互联网将提供更多的政治信息、意见和新闻。”②

可以说，奥巴马团队在社交网络上做得是非常出色的，尤其在利用社交

① 美国总统大选的第二战场：社交之战美国总统大选的第二战场：社交之战．腾讯科技. 2012. 11. 7. http：//www. sootoo. com/content/360146. shtml.

② 网站“互联”美国大选. http：//www. bwchinese. com/article/1024677. html.

媒体进行募款。2011 年 4 月 4 日，在奥巴马宣布竞选消息后的 24 小时内，即收到了 2.3 万份捐款。2011 年 8 月 4 日是奥巴马 50 岁生日，为了给 2012 年竞选“造势”，他特意举办生日宴和演唱会，其中生日宴的每张门票价格高达 3.58 万美元，吸金能力惊人。2012 年 1 月 19 日，奥巴马连续在纽约参加了多场筹款晚会，还一展歌喉模仿传奇歌手艾尔·格林。①

网络社区对于选民具有重要的构建意义：数字时代正在改变的不仅仅是公民与候选人的关系，还有公民与主流媒体的关系、公民与公民彼此间的关系。数字技术可能会使人与媒体之间的关系更有互动性。公民通过数字化媒体讲诉政治事件的现象，对民主政治会产生深远的影响。在符号民主中越来越多的人能够讲诉他们那个时代的故事。②

美国总统大选的第二战场：社交之战

从奥巴马的竞选可以看到网络社区为公民的政治参与和表达提供了一个重要场所，开辟了一条传递公民民主理想的新渠道，逐渐成为网络舆论的重要发源地，正在作为一种特殊的民主参与方式快速发展起来。

五、企业的社区网站营销

网络社区是一个虚拟的空间，是什么力量让人们自动聚集在这个空间交流和讨论呢？这就是社区的圈子思维所决定的。一般而言，圈子是有共同经历或共同背景的人群，而在互联网世界里，共同的话题是打造圈子的重要方法。一个大家都感兴趣的话题，能够吸引更多关注度，随着话题的不断深入和线下活动的开展，陌生的人们逐渐转化为朋友的关系，于是社区网站成为一个人们需要的交流平台。因此，社区网站要打造一个兴趣共同体，从用户感兴趣的共同话题出发，提高用户黏性和参与度。

成功的社区网站都很重视话题的策划，好的话题策划可以说是双赢，一

---

① 谁主沉浮——2012 年美国总统选举选势评析．BWCHINESE 中文网．2012. 1. 5. http：//cpc. people. com. cn/GB/68742/187710/17447918. html.

② 约翰．帕尔佛里厄尔斯．加瑟，《网络原住民》，湖南科学技术出版社，2011：227.

方面可以吸引用户的关注，一方面可以软性植入想要营销的商品或公司信息。但最重要的是，社区网站是服务性质的，必须基于对网站的用户需求调查，寻找和选择用户喜欢的话题，同时要符合自身社区网站的定位，捆绑自身品牌优势，引导话题走向和对话题产生效果进行评估。

（一）可口可乐线上同学会重走一回青春

1. 前期预热：可口可乐“换装”引发大讨论

在活动还没有开始之前，可口可乐就进行了一系列前期预热。2013 年 5 月，可口可乐给忠诚粉丝、媒体、明星艺人和社交意见领袖等邮寄快乐昵称瓶，并让他们在社交平台上分享收到的礼物并参与到活动中。接着发布 22 张悬念海报，阐释不同昵称瓶的含义。吃货、纯爷们、天然呆、技术男、小萝莉……这些昵称是时下年轻人熟悉的网络流行语，拉近了产品和消费者的距离，更容易引发话题的传播。可口可乐的关注度在网友的讨论和互动中不断加温。

在 5 月 29 日，可口可乐正式高调发布“换装”消息，这个消息在人人、豆瓣、天涯等社区网站快速传播。正如可口可乐互动营销总监陈慧菱所说：“社交营销的核心就是‘social@ heart’，只有触及到消费者内心，才能让他们愿意与你互动，并愿意与朋友分享，这样才能形成话题和关注，所发的内容也会自己长脚，跑遍甚至跨出整个社交网络。”①

2. 线上活动：那些年，我们的同学会

可口可乐联合人人网，在临近毕业之际，为人人用户举办线上同学会的活动，掀起了一股怀旧潮，让网友体验重走青春的快乐。

参与者可以获得一个可乐昵称标签，并加入到班级同学会的时间轴里，可以在里面晒晒过去的美好回忆，或者把一些新鲜事、趣事在班级时间轴上记录下来。活动提供了两个角色给参与者选择：可以作为这次大型同学会的发起人，或者是作为线上同学会的体验者。最终，可口可乐将赞助同学会排

---

① 昵称瓶背后：可口可乐引导社会对话．第一财经日报．2013. 7. 12. http：//finance. stockstar. com /SN2013071200000107. shtml.

行榜的优胜团队举办线下同学会，欢聚时刻，一起开启可口可乐。

这样创意有趣的活动吸引了大量网友参加。活动刚启动5天，就吸引近5万名人人网用户奔赴可乐同学会，人均参与活动达5.73次，留下聚会影像共计8万多张，可口可乐在人人网上的品牌好友增加了6576位。

3. 案例点评：

此次可口可乐联手人人网的营销活动在互动中赢得了良好的口碑，通过“那些年，我们的同学会”的话题紧紧抓住用户的情感需求，展现了可口可乐人性化温暖的特点，从而提升了可口可乐的品牌形象。

（1）选择合适的合作平台

这次可口可乐昵称瓶的活动选择在几个社交平台同时展开，主要平台集中在人人网。其互动营销总监陈慧菱认为：微博是弱关系的媒体平台，信息流通快，但情感关联度低，因此适合信息的发布和快速传播，而人人网却是一个强关系的平台，信息流通慢，但人与人的情感关联度很高，非常适合深度的营销活动。

可见，每一个平台都是有自己的特点，可口可乐多维度分析每一个平台的优势和缺点，选择一个合适的推广平台制定营销策略。人人网以真实的好友关系为基础，逐渐形成以公共主页为代表的社会化产品和传播机制。一条对于某一品牌体验的消息，会通过人人网进行病毒式的扩散与传播，使每个人都成为品牌的传播者。早前积累了庞大的大学校园用户基数的人人网，可口可乐的同学会线上和线下都拉到了许多人气。

（2）运用圈子扩散传播

可口可乐深知圈子的运作方法，在活动前期就利用圈子进行预热，把同学会的消息最大范围传播出去。收到可口可乐昵称瓶的粉丝和明星艺人等都会在网上晒一下礼物，活动很快就炒热了。圈子就像一个数学集合中的并集，几个不同的圈子并在一起，影响更多的人。如10个拥有50万粉丝的明星圈子进行互动，形成的影响力就是500万，甚至超过500万。

圈子营造的是裂变式传播，可口可乐把圈子更多定位在年轻的消费者身上，特别是“90后”的消费群体，可口可乐挖掘“90后”的消费观念和消费行为，作为未来可口可乐的市场战略重要因素。可口可乐公司董事长兼

CEO 穆泰康表示，十五年前，可口可乐只要生产出质量好的产品，做个好广告，就可以把产品摆到货架上去卖了。但是现在，必须去创造，让消费者愿意主动地谈论你的产品和公司。[①] 因此，社区网站营销应该关注年轻消费群体的需求，扩大影响力的圈子。

（二）星巴克：社区社交一体化[②]

1. 建立网上社区

星巴克是最早触网的传统餐饮企业之一，早在 1998 年星巴克就上线了官方网站 Starbucks. com，以方便越来越多的网民通过网站来了解星巴克。在 2008 年 3 月股东大会上，星巴克发布了其互动网上社区 mystarbucksidea. com，消费者可以通过这个网络社区，直接给星巴克提供建议。

如果星巴克采纳了消费者的建议，就会在线下门店做出相应的调整，这可以使星巴克和消费者形成紧密的联系，第一时间满足消费者的需求。星巴克通过网络社区重新回到了快速发展的道路，也重塑了其在年轻消费者心目中的品牌形象。截至到 2013 年 3 月 My Starbucks Idea 五周年时，星巴克共收到了 15 万条意见和建议，其中有 277 条建议被采用实施。

通过网络社区，星巴克一方面促进了与老客户的感情维系，依赖老客户的忠诚度形成了口碑传播，另一方面和新客户建立联系，培养新顾客对星巴克的品牌认可，达到增加新客户的目标。另外，星巴克也经常在线上举办一些创意活动，如个性签名饮品，通过一些奖励项目鼓励顾客积极分享与星巴克的故事，以扩大网络传播范围。

2. 社区网站 + 社交媒体

星巴克除了在社区网站和消费者互动，还同时联合各大社交媒体更深入沟通。星巴克在 2005 年 11 月就注册了 YouTube 账号，并组建专门团队运营其 Facebook、Twitter 和 YouTube 账号。凭借线下良好的品牌声誉和线上妥

---

① 2016 年可口可乐 75% 广告转向社交媒体．腾讯网．2013. 6. 7. http：//finance. qq. com/a/20130607/018958. htm.

② 星巴克怎么做 O2O：客户关系与品牌优先于销售. 品途网. 2013. 4. 18. http：//news. chinaventure. com. cn/47/20130418/114046. shtml.

善的运营，星巴克成为了各大社交网络上最受网民喜欢的餐饮品牌之一。

截至到2013年4月17日，星巴克的YouTube账号有17587位订阅用户，其视频被观看次数达749万次；星巴克的Facebook账号共收到过3426万“喜欢”（Like）；而其Twitter账号的粉丝数更是高达365万人。

除了以上三个社交媒体及社交网络外，星巴克也积极利用Pinterest、Instagarm和Google+等后起社交网站为企业品牌进行推广。截至2013年4月17日，星巴克的Pinterest有81340个粉丝，远高于其他餐饮企业（同期麦当劳仅有2190个粉丝，肯德基仅有1644个粉丝）；星巴克的Instagram账号有118万粉丝；而其Google+账号也有高达153万个粉丝。

星巴克高度重视并积极实践，其已经在主流社交网络及社交媒体上建立起非常好的品牌形象，这对于星巴克把品牌形象渗透到年轻用户，为未来进一步发展打下了良好基础。

3. 案例分析：

重视老客户，培养消费者忠诚度

星巴克在自身社区建设时，把消费者放在第一位，并且重视老客户。星巴克利用网络社区进行品牌推广时，并没有把增加新客户的指标作为出发点，而是更重视老客户的关系维护。老客户已经对星巴克的咖啡文化和品牌内涵有了一定的认可，通过老客户的口碑传播，更容易影响潜在的新客户，效果往往比广告好，能够更快拉动人们参与星巴克的活动。另外，星巴克的线上和线下已经实现高效融合，线上活动和线下活动同时进行，还对客户线上反映的问题进行反馈，在活动中真实体现消费者的需求，树立了良好的品牌形象，在消费者心中的品牌认可度高。

（三）雀巢咖啡in乐季

1. 设置互动游戏

这个活动把咖啡和音乐有机结合，在豆瓣平台上搭建

“敢性咖啡屋”，让有相同音乐爱好陌生人不期而遇，并且可以在“私密音乐房间”听音乐聊人生。这个活动举办的时候是2012年，“世界末日”的提法甚嚣尘上，于是策划了一场“来敢性咖啡屋聊世界末日愿望”活动，这个热点话题正好让年轻受众对“世界末日”即将到来没有完成的愿望畅所欲言。上线第二天便进入到豆瓣热点排行第二位，创造了短时间内人气蹿升最快的活动记录。

豆瓣小站空间还设置了“玩转咖啡音”的互动游戏，豆友们只要在布满音符的CD封面上用指尖画出图形，就可以生成一段美妙的音乐。更有趣的是，可以把好友的名字变成一段咖啡音送给他们，这种让受众拥有专属音乐的互动活动很温馨、创意十足。同时，豆瓣FM为雀巢咖啡的网友们定制和推荐好听的咖啡音乐，吸引了更多人关注此次雀巢咖啡的活动。

来自豆瓣的数据显示，本次营销传播互动共覆盖到440万独立用户，共计1000万次的豆瓣FM音乐收听量，9000万次的广告曝光，51万人次站内活动，产出1416首高质量原创音乐作品，超出了活动开始前的预估。

2. 明星造势

雀巢咖啡邀请了许多明星参加活动，充分利用明星效应，激发更多网友参加。豆瓣邀请知名音乐人梁晓雪在豆瓣咖啡屋坐客，和豆友们互相交流音乐。“敢性代言人”韩寒、“嘻哈蓝调音乐创作才子”苏醒、“自习室女生”周子琰，“独立摇滚乐队”Carsick Cars等音乐人被邀请到线下校园歌手大赛活动中，一起助力大学生追寻音乐梦想。

明星效应是借助于明星的粉丝力量进行扩大宣传，明星可以作为商品的代言人，合适的明星能让消费者更容易对商品产生信赖。当然，明星能够快速集聚人气，带动商品的销售，但是真正让消费者留下深刻印象的是商品的质量及其品牌的价值。雀巢咖啡这次活动邀请的明星都是新生代的偶像，年轻粉丝居多，和雀巢咖啡受众定位吻合，加强了雀巢咖啡的品牌形象。

3. 选拔“校园好声音”，线上线下互动

雀巢咖啡联合豆瓣，在豆瓣小站上以“雀巢咖啡in乐季”为活动主题，发起低中高不同门槛的线上活动，提升雀巢咖啡品牌在年轻消费群体的认知度和影响力。

线下活动也紧紧配合线上活动，从 2012 年 10 月份起，“雀巢咖啡”组织了全国 14 个城市、18 所高校的校园歌手大赛，选拔出一批有梦想、有才华的冠军歌手，提供一个专业的舞台，让他们实现自己的音乐梦想。这次营销活动针对大学生喜欢张扬个性的特点，以为他们圆音乐梦想为核心，进一步拉近了雀巢咖啡和受众的距离，引发众多“90 后”大学生的追捧，扩大了品牌影响力。

4. 案例分析：

（1）精准定位消费群

雀巢咖啡联合豆瓣的这次营销活动超过预期效果，最关键的原因在于能够精准定位消费群。雀巢咖啡的目标消费者是 20 岁至 29 岁的大学生及白领人群，而豆瓣可以说是中国最大的兴趣社交媒体，其用户群与雀巢咖啡的目标消费者有着高度一致性。截止 2013 年 9 月，豆瓣的注册用户已超过 7500 万，月独立访问用户超过两亿。

雀巢大中华区食品及饮料部资深副总裁何文龙先生表示：“如何抓住年轻人的心理诉求、从情感和精神层面与他们建立对话是雀巢品牌营销的核心任务。当下，科技和社交媒体深度渗透进人们的生活，我们享受在虚拟空间进行交流的便捷时，同样也渴望在现实中相聚、沟通情感。一起听音乐喝咖啡是一个完美的相聚契机①。”

雀巢咖啡把豆瓣小站作为打造深受年轻人喜爱的数字媒体平台之一。雀巢咖啡在这次活动中突出了音乐元素，这个和豆瓣本身的优势很吻合。豆瓣作为中国最大的音乐分享、评论社区，90% 的中国独立音乐人在这里聚集，年轻人喜欢在豆瓣上听歌。同时，豆瓣运用了大数据的挖掘，洞察消费者的

① 雀巢咖啡 in 乐季用音乐点燃咖啡热情．腾讯网．2012. 12. 21. http：//luxury. qq. com/a/20121224/000011_ 1. htm.

听歌兴趣，为雀巢提供了一个更立体的兴趣营销方案，

(2) 重视线上线下活动的互动

在雀巢咖啡举办的“雀巢咖啡 in 乐季”主题活动中，线上和线下的活动都是同时进行的。基于消费者的定位，利用线上的互动小游戏吸引大批受众关注，成功为线下的校园歌手大赛引流，让线上的受众转化为实际上的参与者和体验者。

同时，“雀巢敢性咖啡屋”除了在线上做活动，还在线下各大校园搭建真实的咖啡屋，并让消费者可以享受免费赠饮、结交朋友的乐趣。这种线上线下活动相互呼应，实现雀巢咖啡品牌的全面推广，成功达成“线上体验－线下互动－引流入店－实现销售”的营销目标。

(四) 戴尔——教你轻松省钱的办法

1. “存钱罐”帮你买电脑

有一天，你在人人网注册了一个账号，你在网上发表了宣言：“亲们，我好想要一台笔记本电脑。”为了让更多朋友知道，你找了一些好友帮忙转发你的宣言，邀请其他人支持你的愿望。你的朋友一听到这消息，纷纷来支持你，给你一元的赞助，同时他们也获得 0.5 元，可以发起自己买笔记本电脑的存钱计划。你还通过其他方法赚钱，一上班登陆上人人网平台“打卡”，呼朋唤友分享你的新鲜事。不知不觉，你攒下 500 元，加上刚发下的工资，你终于把梦想中的笔记本电脑带回家了。

你不相信你可以这么幸运？可别不信，确有其事。这是戴尔在 2011 年人人网的戴尔主页上发布的一个“戴尔存钱罐”活动，用户可以通过要求好友参与或做任务的方法存下钱，通过这些虚拟的钱换取优惠券购买戴尔笔记本。

这就等于把消费者作为主动的传播者，扩大了联想的品牌影响力。如一个消费者有 100 个朋友，100 个朋友中又有 100 个朋友，就等于 1 万人的传播量。

通过关系传播的力量是强大的，“存钱罐”上线仅 15 周的时间里，戴尔的人人网公共主页获得了 125179 个新好友，“存钱罐”参与人数近 20 万人，

曝光量超过1.37亿次。截至2012年1月5日，戴尔的人人网公共主页的好友数已达958,075人，有337,704人参与了“存钱罐”计划。①

2. 引流到店拉动实际销售量

“戴尔存钱罐”平台上提供各种丰富、有趣的任务让参与者积分，带动年轻用户参与分享和活动。在活动中或硬性或软性植入品牌与产品的最新功能，如转发一条“新经济新玩法”的信息，就可以得到奖励积分1分。用户在做任务时与品牌产生深度互动，从而潜移默化地认可了戴尔的产品，进而引流到门店购买戴尔的笔记本。

当用户做任务积攒到足够的钱时，可以将存钱罐中的钱兑换成优惠券，在戴尔中国官网上使用代金券购买喜欢的笔记本，并获得从200~500元不等的优惠幅度及丰富实物礼品。对于现在精明的消费者来说，实用省钱才是王道，戴尔这种“为消费者生钱——省钱”的营销手段，直接刺激了用户“存钱”和购买戴尔笔记本的欲望。

3. 案例分析：

（1）洞察消费者心理

人人网和戴尔的目标群体一致，都是以大学生为主。大学生群体是笔记本消费市场的生力军，是所有IT厂家争夺的用户群体。大学生缺乏一定的经济实力，为了购买一台心仪的笔记本，往往省吃俭用攒钱买。戴尔抓住大学生想购买笔记本的需求，让他们通过人人网的真实好友关系扩大传播效果，利用这些人脉关系链效应，大学生可以赚“钱”，对消费群体有足够的吸引力。通过关系链的效应，这些信息借助社交媒体平台进行裂变式传播，吸引更多人购买欲望。就像逛淘宝，一个人说好，肯定不信，但如果评论的人多且好评95%以上，就很有可能购买商品，当身边的朋友买了并一致说好，你就会更乐意去相信好评和朋友的话，去购买值得信任的产品。

（2）不断更新的消费者数据库

这次活动不仅为戴尔带来实际的销售量，更重要的是轻而易举地建立了

① 戴尔“存钱罐”，动动手指存出优惠金额．互动营销专刊．2013.03.04．http：//www.meijiezazhi.com/yx/sj/2013.03.04/11976.html

一个消费者数据库。参与到“存钱罐”的活动中来的大学生首先作为戴尔的目标群体，以这部分群体的每一个人作为支点，分析他们在这次“存钱罐”互动营销的活动表现，收集参与者发送的不同好友邀请，从而挖掘到更多的潜在消费者。戴尔通过分析海量的用户参与信息，分析他们的喜好，包括他们对产品的性能、外观设计、价格等反馈，戴尔能对产品结构做出更合理的规划，为以后的新品研发提供借鉴意义。

（五）小米社区——为发烧而生

1. 社区标签化

打开小米社区的网站页面，我们可以看到十二个标签化的板块，其中有一些是用户兴趣类，如：爆米花、酷玩帮、随手拍等，有一些是产品及后台服务咨询类，如：学院、客服等。正如小米对外提出的口号：为发烧而生，小米的受众定位是热爱手机的发烧友，因此所有板块都是围绕小米的受众定位而设置。

小米的社区是一个兴趣共同体，聚集了许多小米的忠诚用户，即米粉。米粉有一个显著的特点，就是活跃、参与性强，乐于发表观点和乐于分享。在小米手机的外观设计、软件功能等方面，米粉都会在社区圈子里交流经验和参与讨论。有人说小米的营销模式是“米粉经济”，这话不假。什么才是用户真正需要的功能应用，什么才是真正个性化能代表他们声音的产品，都集合了庞大“米粉”军团们的智慧，所以米粉会自主对小米产品进行品牌推广。

小米社区发展很快，从一开始的几百号人，发展到现在小米社区注册人数已破1000万，每天发帖数超过20万，很多帖子浏览量超过10万，甚至有一些超过百万。

2. 参与和互动

社区的主角是用户，如何让用户最大程度参与到社区建设的过程中是最关键的。小米社区重视用户的参与和互动，通过线上线下的活动让用户参与到小米手机的方方面面。

在小米社区中，做得互动最好的两个板块是“同城会”和“爆米花”。全国几乎每一个省市都有一个小米的同城会，同城会定期举办各种活动让

“米粉”在线下聚集在一起分享生活。以广州同城会为例，注册成员超过3万，帖子数量超过15万，举办了各种活动，如打羽毛球、设计同城会会旗、重阳节登白云山等。同城会的活动部分是小米社区发起的，大部分是在同城会混熟的朋友自发组织的。

爆米花社区的板块有两部分，定期举办的活动和小米社区内刊《爆米花》杂志。在2012年，小米组织了小米爆米花全国行活动，在不同城市站点巡回做活动，拉动人气，让更多消费者认识到小米。《爆米花》杂志实际上是“米粉”们展示创意的平台，只要敢秀、敢尝试不同的手机玩法，他们都可以上头版，这能够吸收更多粉丝在小米社区中表达，提高了用户忠诚度。

3. 社区访问量转化为手机销售量

小米做社区目标不只是人群的聚合，更重要是提高实际手机销售量。小米在销售中采取饥饿营销的策略，所谓饥饿营销，就是利用物以稀为贵的消费者心态，商家有意对外宣传产品是限量版的，制造一种供不应求的“假象”。国外运用饥饿营销策略最成功的是苹果手机，苹果一出，消费者就排起了长长的队，甚至半夜排队，生怕过了这个村就没有这个店，黄牛党更是难以计数。小米也是利用饥饿营销策略，创造了中国手机销售的神话。2011年9月5日，小米手机正式开放网络预订，两天内预订数量超30万台，这样的火爆程度让人叹为观止，于是刺激更多消费者去关注这个手机产品，短时间内迅速炒热了小米。

饥饿营销是一把双刃剑，虽然能够让品牌获得知名度，但过度的话也会让消费者认为其存在着欺诈的嫌疑，降低品牌信誉度。如何解决这个困境，小米在社区里就开始给“米粉”们发红利，如在社区开版抢楼送红米F码，提供小米产品预购的其他渠道等。

另外，小米论坛聚集的各种玩机高手把测试小米各种产品的报告分享到论坛上，包括产品的纤细参数、使用心得、应用软件推荐等，不少帖子有过万的浏览量。这些网友的玩机介绍比官网发布的更容易被消费者取信。用户在浏览这些帖子的时候，提高了对产品的认知度，从而完成了用户访问量到手机销售的成功转化。

4. 案例分析：

（1）选择合适的推广平台

相比其他手机产品的销售模式，小米走的不是传统的营销模式，而是一开始就选择社区论坛作为主阵地进行品牌推广。在众多新媒体营销手段中，为什么小米青睐于社区？从小米科技副总裁黎万强在移动互联网创新大会上发表的《营销的核心是社区》的主题演讲中可以知道其中的原因。

“我们选择运营的第一个社区产品不是微博，而是论坛。为什么？是因为它跟我们的产品特征息息相关。MIUI是一个很重量级的产品，它需要刷机、需要解锁Rom权限，存在着不小的门槛。其中的很多知识很难通过微博完整地传播、沉淀。所以我们最初的一拨50万核心用户是在论坛传播中获取的。”① 可见小米在选择运营产品有其独特的思路。

小米社区的成功还在于小米团队积累做社区的经验。小米科技董事长雷军、副总裁黎万强都是从金山软件开发、运营中磨练出来的互联网精英，他们在小米社区开始创立之初，就带着团队到处泡论坛，寻找资深用户讨经验，他们不断在知名论坛中灌水，被封号又注册新号继续灌水，把泡论坛当做工作来看待。最后找到了100个超级用户，作为小米社区的口碑传播第一代粉丝，小米社区就是这样一点点积累而产生的。

另外，小米还按照不同社交媒体特点明确分工，也就是“微博拉新、论坛沉淀、微信客服”，微博快速传播能够扩大小米的知名度，而论坛可以作为后方维护式内容运营，微信作为一个超级客服平台，以此将每个阵地的属性效果发挥到最大。

（2）故事化的传播方式

小米能呼唤到众多“米粉”热捧，和小米用故事化的传播方式有密切关系。现代人生活一般很繁忙、苦闷，看到硬广告就不由自主产生抵触心理。试想，如果一个买手机的人整天拉着你推销：“我的手机高性能，摄像清晰，有最先进的配置……”一般我们都会直接扭头就走。在这个注意力稀缺的社

① 参与感是新营销的灵魂．新浪专栏．2013. 10. 31. http：//tech. sina. com. cn/zl/post/detail/i/2013. 10. 31/pid_ 8436548. htm.

会，如何最大效率吸引消费者眼球，让他们开心掏钱包买产品，是摆在营销者面前的问题。但如果是有人以手机写各种好笑的段子，反而引起疯狂转发和回复。

用故事化的方式传播信息，往往能够达到意想不到的效果。小米手机在2012年5月发布的“青春版”限量版小米手机，整一个包装显得文艺小清新，就在开售十分钟内达到15万台销售，还多卖出了6000台。挖掘产品背后深层的故事，结合受众定位，讲述用户喜爱的故事，才能有效传播品牌价值和观念。

（六）士力架：全城悬赏大“饿”人

1. 病毒式视频传播

2012年，士力架在人人网上放上了三个幽默搞笑的“饿人”广告视频，段子式的笑话给观众留下了比较深的印象。饥饿来袭，人的真个性就暴露了。视频调侃式地讲述了大学宿舍四个男孩的故事，饥饿让男孩转化成一个搞笑的形象，如变身为韩剧悲催女、包租婆、猪八戒。看完这些有趣的视频，观众不由得捧腹大笑，从而轻松地记住了这个品牌广告。

视频最后，饿晕了的男孩吃下从哥们手上递上的士力架，立刻恢复元气，切合了士力架的主题广告词：横扫饥饿，做回自己。有创意的广告自身就会成为一支病毒视频，力士架的广告视频已经在网上被网民自发传播了一番，在为期四周的活动中浏览人次达1100万次。

士力架的视频之所以能够病毒式传播，一方面是能够把内容夸张化、再夸大，超乎一般想象力，能够第一时间吸引观众的注意力。另一方面是有创意、有足够的噱头。有些人认为搞笑的视频就能够轻易将病毒式传播出去，但没有主题、缺乏创意的视频没有生命力，很快会被其他同类视频超越，制造不了热点，也就达不到快速长久传播的目的。士力架在这个广告中不是单纯搞笑，而是突出士力架本身的特点：高热量。因此，一个优秀的“病毒视频”，能够做到创意和噱头并重，引导受众思考这个广告所表达的产品特点和品牌价值。

2. 联合好友圈，举报“饿”人

在人人网的活动站内，士力架贴出三张“饿”人悬赏令，用了30幅漫画描绘他们的“饿形饿状”，让他们发现生活中的好友在饥饿时不为人知的一面，号召人人网用户举报好友中的各类“饿”人，并用士力架将他们从“饿人集中营”中成功解救出来。

士力架针对年轻人喜欢和朋友玩乐的特点，通过人人网的好友圈子扩散品牌影响力。这个悬赏令就像和朋友平时聊天时打趣一样，“全城悬赏大‘饿’人”，让人们自发“举报”身边的朋友，让大家一起参与到活动互动中。这种中国式特有的幽默，提高了这个活动的可参与性。

“当你饿的时候，你就不是你自己了”，士力架在真实好友间的趣味互动中传播士力架的定位：能量型巧克力，不断加深了消费者对士力架“饥饿型”的品牌认知。根据欧睿发布的最新数据，士力架在全球糖果市场中占领1.8%的份额。

3. 案例分析：

以娱制胜

在这个娱乐至死的时代，娱乐成为人们追逐的焦点，网络语的流行、明星的绯闻、“骑马舞”的一夜爆红等，无一例外都是娱乐的话题迅速在人群中扩散。可见，娱乐已经成为一种活动营销手段，能为活动带来大量人流。

士力架联合人人网策划的全城悬赏大“饿”人的活动，很好把娱乐作为一个噱头，用夸张化的手法，塑造了一个个搞怪的形象，像悲剧女、包租婆、猪八戒，是一场娱乐化的恶作剧，喜欢新鲜、好玩的年轻人当然会过来凑个热闹，看到这么诙谐幽默的活动，主动转发到个人的社交网络上，和朋友开个玩笑、分享快乐，这种趣味互动会触发更多的人来参与到活动中。

同样，士力架在广告中也体现了娱乐的精神。北京天联广告前执行创意总监黄田一认为士力架这一系列广告在很大程度上突破了糖果类广告的范式，他这样评价士力架的广告：“中国是一个极其保守的国家，每个广告业内人士都惧怕冒险。这类广告的通常处理手法是展示一群欢乐开怀的人共享糖果带来的甜蜜和开心。”娱乐带给人们快乐，并把快乐不断传递，这也说明了社区网站要在娱乐上下功夫，设置娱乐互动的小游戏，把线上的受众聚集在一起，一起玩乐。用幽默的方式，融入每一个用户的社交圈子，让更多人主动转发活动，扩大品牌影响力，在趣味互动中潜移默化地把品牌信息传递出去，从而加深品牌印象。

（七）麦当劳美食保卫战

1. 传统节日新趣味

现在春节很多传统习俗已经逐渐消失了，不少人吐槽春节过得越来越没气氛，特别对于好动好玩的年轻人来说，除了拜访亲戚，就是在家里宅着看电影、玩游戏，春节过得挺无聊的。如何结合春节这个传统节日，吸引到年轻人关注并参与活动中呢？麦当劳结合中国传统文化中的“年”元素，重新让年轻消费者参加到新年的传统节日中，体验春节的“年”味。

麦当劳在人人网搭建一个小站，发起了一个新“年”来袭“保味战”的活动。在个人主页上用疯狂的广告吸引人人网用户进入活动站，用户可以领取麦当劳随机派发的新年食品。同时，麦当劳还结合一些有特色的传统节日小活动，设计保“味”互动游戏，如贴门神、着红妆、放鞭炮、敲锣打鼓，让人们在线上体验了传统春节的快乐。在为期 21 天的活动中，参与人次超过 224.7 万人次，参与保“味”互动超过 12.5 万次。

麦当劳能够吸引这么多人参加，主要原因是它能够把传统节日做出新趣味，挖掘到消费者的心理——寻找出一些好玩有趣的习俗，搬到线上让消费者体验一回，打造一个快乐春节就在麦当劳的节日氛围，让人们乐意一起到麦当劳来分享过年的快乐。

2. 口碑传播

人人网是实名验证的，是一个真实的人际关系网络，有着强大的自传播能力，一条信息通过好友之间的分享，很快就会成为热门话题。正如人人网前首席营销官江志强所说：“SNS 社交媒体以真实的人和真实的社交关系为基础，拥有独特的社会化广告产品和传播机制，使得品牌让每个人都成为传播者变成可能[1]。”

麦当劳借助人人网的真实好友关系链条进行扩散传播，把营销内容渗透在人际关系网中，让每一个用户成为传播者，传递麦当劳的品牌信息，在不同圈子多维度辐射，形成裂变式的传播。麦当劳让年轻人在人人网上与真实好友一起赶走年兽，赢取麦当劳美味奖励。

这种口碑传播效果远远高于一般的广告。现在社会缺乏的是信任，而人人网是基于真实的用户建立起来的平台，也就是说建立在信任的基础上，活动推广会更加顺利，参与人数更容易不断扩散。用户参与麦当劳的互动游戏，都会触发有趣的图片新鲜事，引发更多曝光和参与，甚至出现“刷屏”现象。

3. 案例点评：

（1）挖掘传统节日的价值

从麦当劳案例中，可以看到传统节日还是有其营销价值，只要寻找出时代的特征和传统节日的交汇点，如麦当劳把春节的一些让人留恋的习俗结合到时下年轻人喜欢的社交互动。

如果只是把传统照搬下来，没有注入一点新鲜有趣的点子，那么显然对人们吸引力不足。因此，传统节日需要用现代化的方式进行新的包装，以适应年轻人的需求，把节日作为促销的一个卖点，吸引更多人参与到线上线下互动。另外，企业在结合传统节日做促销时，不仅是对一个商品的售出，要植入传统节日的文化内涵，这才是传统节日真正的价值。有一些企业在利用传统节日进行营销时没有重视传统节日的文化，缺乏深度挖掘，没有发挥节日真正的效果。

在传统节日，企业可以开展一些与节日本身高度相关的主题活动，不仅传递传统节日的文化和气氛，还把品牌的一些信息巧妙结合在一起。如七夕节，可以设置一个牛郎织女相会鹊桥的小游戏，让用户体验重温这个神话故事，也潜移默化加深对品牌的印象。企业在借助传统节日营销时，如果把体验互动和中国传统的文化元素融合在一起，调动的不仅是用户消费的冲动，

---

① “人人啸应”揭开 SNS 社交媒体广告价值面纱．南方日报．2010. 12. 03. http：//epaper. nfdaily. cn/html/2010 - 12/03/content_ 6902326. htm.

更是一种文化的感官体验。

（2）以年轻人作为目标群体

根据人人网用户数据2013版显示，目前该网站注册用户达到2.8亿，45%是“90后”，35%是“80后”，20%是“70后”及以上，尤其是利用智能移动终端设备参与网络社交活动的年轻群体日益庞大。人人网的主力军是年轻人，而这与麦当劳的目标群体是一致的，所以人人网成为麦当劳此次推广的最佳网络平台。麦当劳借助人人网在年轻群体中的垄断性以及其专业强大的SNS营销能力，品牌活动推广取得了不错的效果。

有了明确的目标群体，更重要是挖掘这些人的潜在需求。什么是他们感兴趣、乐于分享的事情，是营销者一直考虑的问题。年轻人看到新鲜好玩的就会自主发在圈子里，更喜欢使用社交网络分享生活的点滴。麦当劳在基于目标群体的需求，制定的营销策略注重有趣和互动性，吸引他们参加活动。早在2009年，麦当劳就联合人人网，发起了一个“见面吧”的活动，呼唤大家“线下真实见面，巩固友情”，满足了年轻人喜欢和朋友聚会的心理需求，迅速吸引了400多万名用户访问活动主页。因此，把握目标群体的需求，让消费者成为自身品牌的最好的口碑传播者，形成辐射性扩散，更容易获得营销价值的最大化。

（八）英国航空 & 爱尔兰旅游局：好事成双

1. 趣味游戏互动

互动能提高社区活跃度，集聚更多用户参与到品牌传播。如何把互动做好？游戏是互动化的最佳选择，在泛娱乐化的时代，人们下班更喜欢玩玩游戏、看看娱乐综艺节目减轻工作的压力。面对用户的兴趣趋向，现在一些社区网站纷纷开始打造一个社区游戏化的平台。猫扑已经开始实践“社区游戏化”概念，在2010年推出新版贴贴论坛，在其中全面整合了之前猫扑大杂烩及旧版贴贴论坛中的互动娱乐方式。

英国航空公司联合爱尔兰旅游局，在豆瓣上为品牌建立了一个小站，利用社区网站的人际网络传递英国航空和爱尔兰的品牌和产品信息。为了吸引更多人关注小站，这次活动特别设计了一个简单而有趣的互动游戏，让用户选择英国和爱尔兰两地的一张美图，自由设计“纸飞机”作品，作品分享后被赞的次数越多，有机会获得英国航空公司和爱尔兰旅游局奖励的神奇梦幻之旅。在四周的活动时间里，品牌小站浏览量达到140000，超过4000用户参与活动。

这种互动游戏能够很好地调动用户的积极性。用户玩了这个游戏，觉得有意思，就会有一些内容分享到社交网络圈子里，这些内容就被更多朋友看到，更多朋友也加入一起来玩。这就是互动游戏的力量，带来用户的同时也让用户成为传播者，形成有效的口碑传播，从而扩大品牌影响力。

2. 旅游达人扩散

这次活动的目标受众是热爱行走世界各地、乐于分享生活乐趣的旅游达人，而这些人往往是社交网络活跃的意见领袖，他们拥有众多粉丝，可以通过他们的社交圈子影响到更多人的关注，帮助英国航空公司和爱尔兰旅游局提高品牌知名度。

从传播学的意见领袖中，我们可以知道，意见领袖往往引导社会舆论的导向，在互联网时代，社交网络舆论也是由少数意见领袖所控制。也就是说，人是有群体性心理的，很多人会受到意见领袖的影响。就像电视广告中的明星，当看到喜爱的明星代言，我们也会想去买那一款产品试一试。

意见领袖能够影响他人，也能够影响企业品牌。在这次活动中，旅游达人和主题活动契合度高，通过旅游达人与其他用户对话建立了关系，将活动内容分享给更多用户，同时也把旅游达人体验完互动后对品牌的认可传递给他们，有助于建立正面的品牌形象。

3. 积累用户信息

中国已成为世界第一大出境旅游市场，2013年预计出境旅游人数更是高达9430万人次，同比增长15%。出境旅游消费将实现1176亿美元，同比增长20%，同时，市场竞争也是很激烈的，一大批航空公司和旅游局推出各种优惠政策。

而英国航空和爱尔兰都面临一个问题：知名度不高。英国航空是近年才投入中国市场，已经被很多航空公司抢占先机，如国航、汉莎，早已形成一个稳定庞大的消费群体。爱尔兰的旅游资源对于很多中国游客是很陌生的，人们会去英国看名胜古迹，也不会想到去距离英国不远的爱尔兰旅游。2011年，爱尔兰推出的“短期签证免签计划”，但很多人却不知道有这个免签计划。可以看到，缺乏知名度，没有积累大量的用户信息，是营销中的硬伤。

以用户为中心的社区网站，正好能够填补这一块的空缺。豆瓣网拥有庞大的用户资源，有助于活动的传播与推广。以“好事成双”作为活动传播主题，提供优惠的票价，吸引用户到官网订票，不仅能够体验英国航空公司便捷的直飞服务，还可以获得爱尔兰丰富的旅游产品。英国航空公司和爱尔兰旅游局的联合营销最主要是刺激旅游消费，增加航空机票销售，最终能够提高知名度，打造品牌的影响力。在这次互动活动中积累用户的信息，给实际销售带来切实的利益。英国航空的机票额提升72%，而爱尔兰获得超过1100个兴趣用户的联系信息。

4. 案例点评：

（1）游戏提高人气

中国版协游戏工委（GPC）公布以下数据：2013年7～9月，中国网页游戏市场实际销售收入达到33.9亿元，环比增长10.5%；10～12月，中国网页游戏市场实际销售收入达到40.4亿元，环比增长19.2%。2013年7～9月，中国网页游戏市场用户规模达到2.86亿人；10～12月用户规模达到3.03亿人①。

为什么游戏会受到人们的热捧呢？互联网评论家方兴东认为：“网游之所以在中国兴起，是因为它是中国人“娱乐饥饿症”最廉价的发泄方式②。”人是游戏的动物，爱玩是人的天性。而社交网络的人际圈子，让游戏带来的快乐不断传播，从而给社区带来更多浏览量和提高社区活跃度。

游戏如何能发挥最大价值？其中有几点注意的地方：第一是游戏需要和活动主题紧密结合，像这次“好事成双”的活动游戏是设计“纸飞机”作品，把爱尔兰的旅游特色和英国航空的便捷服务等品牌信息融入到游戏中，

---

① 2013年7～12月中国网页游戏产业报告．游戏产业网．2012.12．http：//www.cgigc.com.cn/list/79644663134.html.

② 探访网游世界：虚拟与真实之间的原动力．腾讯网．2004.03.09．http：//games.qq.com/a/20040309/000037.htm.

让参与者无形中留下对品牌的印象。第二是针对目标受众群设计合适的游戏。有一些活动门槛过高，比如要通过不断闯关才能获得最终奖励，这些游戏限制了一部分人的参与热情。一般来说，游戏要满足用户不同的需求，像“好事成双”的活动是针对旅游爱好者，设计“纸飞机”游戏简单有趣，这类型休闲小游戏更适合他们闲暇的娱乐方式。第三是游戏需要重视互动性。在裂变式传播的社交网络，游戏提高互动性，能获得病毒式传播效果。游戏设计成能够邀请好友共同参与并在线上分享游戏体验，利用 SNS 社交媒体以其庞大的用户群和巨大的群聚圈子效应，最终成功把品牌内涵推广出去。另外，互动性能触发用户自主生产内容，而且激励用户进一步行动和传播，进一步增进用户的品牌认知度和好感度，扩大品牌知名度。

（2）用户体验推动消费

无论是社区网站，还是企业商家，核心资源都是用户，可以通过体验式活动给用户创造价值，从而培养有粘性的用户。

最基础是为用户提供服务性的实际内容，而营收和利润不应超越用户体验。正如 MySpace 前首席运营官阿米特·卡普所说：“如果重视营收而忽略用户体验，这将会让公司走上错误的道路。企业的愿景需要展望更长的时间，而不只是 90 天（即每季度发布一次财报）。”MySpace 被收购主要原因就是没有做好用户体验，杂乱无章的页面设计、较差的导航体验、页面上充斥着大量广告系统功能不够人性化等，正是这些看似非常基础的问题导致 MySpace 被 Facebook 击败。[①]

另外，用户体验应该基于用户的兴趣爱好，给用户提供一个互动分享的平台。卡普认为“能够延续的社交网络均是围绕着实用性打造的社交网络”。所以，社区网站必须对用户大量的数据进行分析和深入挖掘，可以推测出用户的生活习惯、兴趣爱好等，并进行有针对性的信息推荐，从而增强用户体验。

现在也有一些公司让用户参与到品牌建设中，这也是一个提高用户互动性的好办法。百事可乐曾开展一个项目，让所有客户有机会参与投票，来选

---

① MySpace 前高管谏言 Facebook：用户体验为重．腾讯网．2012. 04. 12．http：//tech. qq. com/a/20120412/000270. htm.

择下一款产品的口味、设计、包装等。最后总共有 100 万客户参与了投票，这个过程成功地动员了很多客户参与到自己的产品研发过程当中。这样既能够运用用户的智慧改良产品，同时让用户在自主参与的过程中对品牌有一个正面的认知，提高用户对品牌的忠诚度。

（九）中国电信，我们疯抱吧

1. 温情互动活动

社区是以情感来维系的，温情的社区让人们感到有回家的感觉，久而久之就形成了归属感。用户渐渐离不开这个圈子里，因为这里有朋友、有故事、有分享。因此，在社区营销中不仅是对品牌的一个传播，更是一个情感的传递。有一些企业做社区营销，大多围绕与本身产品或品牌相关的活动，很少站在贴近用户情感需求的角度，分析他们真正感兴趣的内容，最后“捡了芝麻，丢了西瓜”。要建立和用户的情感，不是一蹴而就的，需要长时间的互动和交流，换一句通俗的话来讲：感情需要经营。

中国电信在这次活动中也打出情感牌，旨在引起用户的情感共鸣。中国电信在人人网上发起了“疯抱吧，我们”互动活动。用户访问人人网上的活动站后，可以选择任意好友自由拥抱。有趣的是活动设计了 4 种拥抱方式：猩球抱、来电抱、火星抱、疯抱，这种另类的拥抱方法突出表达了大学生的鲜明个性。

拥抱是亲密的举动，虽然简单，但让人感觉很温暖。回想一下，现实中人们有时会羞于表达真实的感情，见到老朋友也是打个招呼凑或找时间聚餐，缺乏拥抱的冲动。在心理学上，拥抱能够成为情感宣泄、压力转移和感情交流的方式。人都是孤独的动物，但内心还是会渴望一种情感的交流。这次活动从细节中挖掘到人们的情感需求，可以让人们线上体验一回拥抱的温暖，以温情极大得带动了用户的参与度，在为期四周活动参与人数达到 156.9 万。

2. 广告病毒式传播

在中国电信这次“疯抱吧，我们”的活动中，用户登陆人人网进入个人主页后，如果被好友拥抱，用户将被极富冲击力的疯狂广告震翻天。从而忍不住回抱好友，并选择拥抱更多好友，形成病毒式传播，广告曝光量达到

9.37亿次。

病毒式传播，指的是信息像病毒一样快速地传播和扩散。这种病毒式传播和传统的传播方式有很大不同。雅虎前副总裁赛斯·高丁在《喷嚏营销》一书中将传统的营销理念统称为“干扰式营销”：“营销者是在花钱买广告去干扰那些不耐烦的客户。”比如电视剧中间播放的广告，无论用户多不喜欢，就直接把广告塞给用户。这种广告效果是很低的，一般观众看到广告就转台看其他节目了。赛斯·高丁还提出了“喷嚏营销”的新营销模式，他认为在这种模式下，通过释放极具感染性的概念病毒，让客户之间相互交流品牌信息，相互营销，而营销人员退居幕后。①

根据BuzzFeed和StumbleUpon两大网站的最近发现，网上的各种内容和想法，即便是那些达到病毒式扩散的内容，都是通过大量的普通人在他们的内部小团体中的分享行为，才得以大范围传播的。② 从这里可以看到病毒式传播并非由几个有影响力的意见领袖主导的，而是依靠本身传播的内容是否符合普通受众的心理需求，是否有值得分享的价值。

而广告要达到病毒式传播效果，需要结合当下的热点事件和流行文化，通过用户的口碑传播，不断扩散。就像网络上走红的“凡客体”“甄嬛体”“杜甫很忙”系列图片、“土豪我们做朋友吧”等，这些都是网友大量转发后引起的病毒式传播。网友乐于分享自己认为有价值的东西，用一种有趣、娱乐化的方式更容易获得网友的认同，从而让成千上万的用户参与到值得分享的内容中，通过自传播的力量扩大品牌影响力。

3. 优惠活动带动消费

从麦肯锡2012年的一项针对5700名中国互联网用户调研发现，一二三线城市居民的社交媒体注册率高达95%。同时发现中国存在一个突出特征，那就是社交媒体对中国消费者购买决定的影响比其他国家和地区更大。中国消费者表示，社交媒体上提到的产品，他们考虑购买的可能性较大；朋友或熟人在社交媒体推荐的产品及服务，他们实际购买的可能性也较大。正如麦

① “喷嚏营销”开启品牌探索新旅程．网易商业频道．2009.09.09. http：//money.163.com/09/0909/10/5IOSSDNQ00253G87.html.

② 解密内容的病毒式传播．36氪．http：//www.36kr.com/p/95112.html.

肯锡全球董事温雅力（Ari Silverman）所说："中国消费者热情拥抱本土社交媒体为企业创造出独特商机，相关企业若想从中获取价值，则需解决三大挑战——如何深入了解社交媒体用户，如何与这一群体进行互动，以及如何做好组织和运营重大变革的准备。"① 从中可以看出，社交媒体已经作成为品牌和产品决策的重要信息来源。

如何才能提高消费者的在线购买率呢？最直接的办法就是提供优惠的价格，刺激他们购买产品。在这次活动中，参与者可以通过拥抱获得积分，排名前100的疯抱爱好者还可以直接将积分兑换成iPhone4S手机。这个重磅级的免费大奖提高了参与者的积极性，活动参与人数达到156.9万人。同时，中国电信还把其他一些产品信息植入到活动小站上，引导他们体验其他产品，前往官网人数达到8.3万人次。

另外，在活动中收到好友回报，还能增加积分。这就刺激参与者在社交网络圈子里积极转发，让优惠信息更大范围传播。重视用户间的互动性，培养对品牌友好的群体，让他们成为品牌的传播者，这远远比企业的自我推销更有效果。

4. 案例分析：

情感触发传播

中国电信在"疯抱吧，我们"在这次活动中以一个拥抱触发了参与者的情感，提高了整个活动的营销效果。人人网是实名认证的，有很强的关系链，中国电信联合人人网这个社区网站，通过该关系网络，以情感互动方式扩大了影响力。

信息承载着情感传播得更快，比如汶川地震、玉树地震，网络上都是铺天盖地的信息，爱心使信息传播到全国各地，都共同关注灾区的现场和当地人们的安全。在这次拥抱活动中，一个小小的举动，却能够给很多人带来温暖，这种温情的方式让活动信息传播得更广泛。

随着网络的发展，人们使用手机、电脑的时间越来越多，在地铁、公车

① 麦肯锡：中国拥有全球最多、最活跃的社交媒体用户．一财网.2012.04.25．http：//www.yicai.com/news/2012/04/1666829.html.

里，都会看到几乎每一个人都“低头看屏幕”，这种人群被称为“低头族”。他们往往沉浸在网络虚拟中不可自拔，在线上用QQ、微信和朋友联系，现实中面对面的直接交流少了，造成了现实情感的疏离。

如果能把这群人从线上引导到线下的真实互动，很大程度上加强了他们和社区网站、企业的关系。以麦当劳在2009举办的《见面吧》的活动为例，麦当劳以“线下真实见面，巩固友情”为口号，让年轻人把麦当劳作为最佳的见面交流场所。“见面吧”吸引了2144万用户知道或参与了此次活动，有超过50%的活动参者到麦当劳进行了消费，直接参与用户对麦当劳好感度提升了30%。[①] 由此可见，企业在基于准确分析受众的用户需求上，为线上用户提供一个真实交流的线下平台，让用户体验情感的互动，不仅能够培养他们对品牌的好感度，还可以刺激他们到店消费从而达到促进销售的目的。

（十）奥利奥：放飞童真一起玩

1. 锁定目标群体，精准营销

奥利奥的目标人群是谁？我们第一反应就会说是小孩，的确，奥利奥的广告都是以小孩为主打，但是，实际上奥利奥把目标人群定位在家长，去超市里买奥利奥的大部分都是家长。奥利奥联合人人网，推出了“放飞童真”的深度体验活动，让妈妈用户群体验用Qzone日志记录孩子成长的乐趣。

如何提高这个目标群体的品牌认知和好感？关键是深入挖掘他们的情感需求，分析目标群体的兴趣爱好。奥利奥从腾讯累积的数亿用户数据中，分析了这类妈妈群体的行为习惯、兴趣爱好，发现妈妈群体最关心的是孩子健康的问题。中国父母多数忙于工作，都没有太多时间陪伴孩子，而孩子又背负着沉重的学习压力。所以，奥利奥搭建一个亲子互动平台，让家长和孩子都能在日常生活中感受到家庭的温暖和乐趣，同时这也是一个分享平台，促进与妈妈群体进行互动交流，写下日志的用户中54%是女性，其中1/2的用户为妈妈受众。

---

① SNS风起：“湿”世界众人相连真实社交价值井喷．和讯商学院．2009. 12. 11. http：//bschool.hexun. com/2009－12－11/121990003_ 5. html.

2. 明星效应，扩大影响

“广告＋明星”的策略是众多品牌的通用手法。但在众多明星，谁更适合当品牌的代言人？品牌传播的文化与内涵是首要考虑因素。奥利奥选择姚明作为品牌代言人，借助姚明的知名度带动品牌影响力。作为篮球运动员，姚明是一个健康阳光的亲民形象，深受人们的喜爱。在这次活动中，姚明亲自示范撰写奥利奥魔方日志，激发了妈妈群体的参与热情，并形成话题效应。

奥利奥追求的是连续性的明星效应，所以奥利奥没有不断换明星代言人，而是以姚明正面的形象提升人们对于奥利奥的好感。奥利奥电视广告充满童趣，给人们留下深刻的品牌印象。一谈到奥利奥，我们脑海中就会立刻浮现出姚明与小男孩一起演绎“扭一扭、舔一舔、泡一泡”的经典吃法。同时，奥利奥还策划了很多人们与姚明的互动活动，让人们可以近距离接触姚明，缩短品牌和人们的心理距离。例如在2010年，奥利奥启动了“看谁能泡到”整合营销传播，消费者可以在卡通化姚明的指导下完成一些小游戏，赢得PK大赛的还可以获得姚明的签名篮球。这一系列的互动活动，带给人们一种回归童心和享受童真般的家庭的快乐。

明星和品牌之间往往具有某种天然的联系——明星具有品牌效应，品牌也具有明星效应，选择一个合适的明星，才能把这种天然的联系发挥到最大作用。企业要联系本身品牌内涵，让明星能够通过与消费者互动的方式提升品牌在人们心中的品牌形象，从而促进他们的购买行为。

3. 互动体验，口碑传播

奥利奥已经跳脱“信息传播”的初级阶段，发展到基于顾客的“体验互动”阶段。在社交网络飞速发展的时代，消费者创造内容，消费者影响消费者，消费者创造消费者。

基于对妈妈群体的需求的掌握，奥利奥还调动妈妈群体参与分享活动。奥利奥鼓励妈妈完成魔方日志后，通过即时的点名分享，把日常和孩子相处的趣事分享到圈子里，影响周围的妈妈用户群，形成口碑传播。

进入奥利奥童真空间，就会看到许多关于如何引导孩子成长的文章，文章都是集中于妈妈们在带孩子时的烦恼问题，这能够引起妈妈群体的共鸣，主动与品牌对话。在200天活动期间内，实现12亿次品牌曝光，4300万

Qzone 用户选择奥利奥模板写下 5300 万篇“魔方日志”，活动参与转化率高达 83%。其中，“魔方日志”好友点名分享超过 1900 万，每三篇日志就有一篇被分享给了好友。

4. 案例分析：

洞察目标群体需求，本土化服务

卡夫食品中国区总裁沃伦认为对消费者需求的捕捉主要有两块，“一块是艺术，另一块是科学”。“艺术”指的是奥利奥善于倾听和观察目标群体的需求；“科学”指的是通过科学的工具和方法将这些数据进行分析归纳，对活动营销的具体方案形成指导。

从奥利奥这个“放飞童真”的活动中，可以看出奥利奥特别重视挖掘目标群体的需求。早在 2010 年开始，卡夫食品中国专门推出了一个促进全员理解消费者的项目，公司虚拟出一些特定的目标消费者，比如那些有孩子的中国年轻妈妈，各个部门都要以其作为参考。来自不同部门的员工组成一个研究团队，在超市中直接观察消费者的购买过程、取舍、偏好，并在事后通过交流共同找到消费者的真正诉求。① 奥利奥能够使外国品牌在中国畅销的原因就在于对目标群体需求的洞察力。

奥利奥是外国品牌中国本土化的一个典范。它追求满足中国消费群体的需求，实行本土化的服务。正如现任卡夫全球饼干业务主管戴乐娜（Lorna Davis）所说：“有些外国公司来到中国后，心想‘这里有 15 亿人，太棒了，我只需要其中的 1% 就行……’抱着这类念头的公司肯定会遇到麻烦，你必须对本地消费者的习性有非常详细的了解。”② 奥利奥在很多小的细节给中国消费者带来好的体验，如原味奥利奥饼干在中国大陆没有在美国那么甜。而这次“放飞童真”的活动，把服务的更多关注点放在妈妈群体，让妈妈们能在线记录和分享日常和孩子相处的温馨故事，提高了目标群体和品牌的互动性，从而扩大了品牌影响力。

---

① 奥利奥推新．一财网．2012. 04. 16． http：//www. yicai. com/news/2012/04/1677625. html.

② 中国特色的奥利奥．FT 中文网．2012. 03. 07． http：//www. ftchinese. com/story/001043533.

（十一）MINI中国任务："社交寻人启事"

1. 信任影响传播

MINI认为，实名制社交网络人人网不失为一个"找人"的精准渠道。MINI借助人人网的强关系链扩大品牌传播影响力，"MINI星球"早在2012年初就入驻了人人网，快速积累了数万名品牌用户。

现代社会，有人说是一个信任缺失的社会。的确，我们身边真实的东西太少了，假米、假酒、假消息……虚假充斥在人们生活中，人们游离在信任的边缘。但信任是人们坦诚交流的基础，很大程度影响着信息的传播。而人人网这种实名验证的机制，关系链背后就是信任。基于这种信任，好友圈子的分享才能够被不断转发，信息呈裂变式地传播。

人人网是一个有很强的用户粘性的社区网站，用户之间的朋友关系是真实的，信任感比一般社区网站更强烈，更容易扩大品牌活动的知名度。而这次"社交寻人启事"活动通过人人网的网络渠道进行招募，吸引80721人参与，招募任务特工6260人，占总报名人数的1/3，极大地提升了赛事影响力和意向客户参与率。

2. 手机客户端推广

约有55%的用户通过手机访问人人网网站，因此MINI还选择了人人网的移动广告、手机置顶新鲜事的功能，吸引手机用户的注意力。点击率、报名转化率、意向客户参与率，手机的投资回报率都是最高的。其中广告曝光量达到175,210次，广告点击量达到2936次。

如今，手机已经成为人们日常生活的不可或缺的移动设备，手机也不再局限于单一的通信联络功能，还成为满足用户获取资讯、娱乐和社交等需求的载体。根据工业和信息化部2013年10月公布的电信服务质量情况显示，随着服务能力持续提升，2013年第三季度，全国移动电话用户超过12亿户，移动互联网用户达到8.2亿户。① 可以预见，未来移动终端仍然会不断扩大，

① 工信部：三季度中国移动电话用户超过12亿户，中国财经.2013.10.30. http://finance.china.com.cn/news/gnjj/20131030/1925085.shtml.

这也是企业品牌营销的重要战场。

正如艾瑞 CEO 杨伟庆所说："未来的这个时代，是一个大数据的时代，大数据是跟每一个人相关的，我自己可能生产数据，但我也能够去寻找一些对我有价值的数据，这些都是非常个性化的，通过一些智能设备来实现。"① 可见，他是支持企业主动拥抱新的平台，主动参与移动化传播。在移动互联网大背景下，手机成为移动的重要终端和媒介融合的新平台。这次 MINI 利用手机这个便携式移动端口，达到了小投入获得大回报的效果。

3. 多平台覆盖

除了人人网，MINI 还通过糯米网、车问网两大平台进行"MINI 中国任务"的活动推广，获得多达 2.12 亿次的广告曝光和 340 万次的新鲜事曝光。其中，在糯米网发起"0 元抢购"的活动，招募任务特工达到 26970 人，积累意向客户达到 1519 人。

在信息碎片化、渠道多元化的社会化营销时代，社会化媒体交互性强，大量用户有同时使用多个不同社会化媒体的习惯。每天一上网，我们会主动登录 QQ、微博、微信，和朋友聊聊天，打开人人网浏览各种有趣的信息，听豆瓣电台推荐的音乐。不同平台的整合传播，能够有更大的覆盖面，聚集到不同社会化媒体的用户参与。营销以用户为中心，这也意味着企业需要以用户社会化的使用习惯来调整战略，实现多个平台的整合营销。

以青岛啤酒的品牌推广为例，其推广模式是三体一位，即品牌传播、消费者体验、产品销售。青岛啤酒除了在线下做体验活动，还在手机终端、网络终端和消费者互动，另外还开发了网购平台、微信平台，可以在这些平台在线购买青岛啤酒和体验各种活动。

整合营销是一把双刃剑，虽然扩大了企业的营销渠道，但也存在一些弊端。企业在整合营销中普遍面临着营销渠道过于分散、难以统筹管理的困境。企业需要从全局出发，做到多个营销平台有机结合，为求达到最大化营销效果。

4. 案例点评：

（1）交互性

---

① 互联网与大数据．艾瑞网．2013. 11. 01． http：//a. iresearch. cn/new/20131101/217552. shtml.

“MINI 中国任务”在人人网提出社交寻人启事，目的是积累购买意愿和消费实力双高的人群，在活动中 MINI 十分重视交互性。

交互性主要体现在两个方面：第一是用户的互动性提高圈子的交互性。互动性首先是对用户需求的挖掘。MINI“社交寻人启事”的活动新鲜有趣，能够吸引更多人在自己朋友圈子里分享。所以，企业先要学会聆听，要知道用户想要什么，不要把自己的想法强加给用户，举办用户真正感兴趣的活动。

第二是平台的交互性。MINI 通过人人网、糯米网、车问网三大平台进行整合营销，每一个平台都有其特色，人人网是关系网络的社区，可以为活动聚集人气，让活动信息通过用户的口碑传播快速扩散。糯米网是本地精品生活消费平台的网站，提供各种生活折扣和低价商品，MINI 在糯米网发起“0 元抢购”的活动也征集到了不少参与者。而车问网就作为一个专业汽车问答的社区，注册的用户都是汽车发烧友，有一个共同的话题和兴趣爱好，通过基于真实好友的分享经验，积累更多购买意愿的人群。

（2）线下活动连续性

MINI 中国任务到 2012 年已经成功举办了三期，每年的 MINI 中国任务都会有一个激动人心的主题，活动参与度高。在 2011 年吸引了 6 万多人报名，约 1.3 万人体验海选。

连续性的线下活动，能够形成沉淀营销效果。沉淀营销效果，是社交营销的又一价值点。品牌好友的数量、活跃度、对企业及竞争对手的看法、购买意愿、以及他们对好友的影响……丰富的内容搭建起一个立体的企业与用户之间关系网络。MINI 中国任务在每一年不断积累用户群体，更多人参与到 MINI 的活动，形成了对 MINI 品牌印象，在购车时也会考虑 MINI 这个品牌，MINI 从线上线下活动挖掘更多销售机会。

（十二）19 楼：身边的服务社区

1. 重视本地交流服务

小肖回到家，接到朋友一个电话：“你知道哪里办婚庆比较好?”她想了一下，想起早上刚好上论坛看到这一条信息，于是说：“你上 19 楼去看一下。”这里的 19 楼，可不是要我们去爬 19 楼，19 楼其实是一个社区网站，对于杭州市民来说，他们太熟悉19楼了，基本上大大小小的事情都会在19楼的论坛上求经验。

19楼是国内发展得比较好的社区，定位是本地生活服务。它的网站在Alexa排名为957位，在中国排名150位左右。19楼细分社区服务类型，19楼一共有四大板块，分别是论坛、花坛、好店和我家。论坛又细分为23个小版块，涉及婚嫁、教育、亲子、购物等话题。丰富的板块和话题，圈定了更广泛的受众群，提高社区活跃度。

重视本地社区交流服务，能够使一个社区获得长足发展，更容易打造一个社区的文化。19楼不断挖掘社区受众的需求，不断细分服务内容。如在亲子乐园，富有特色地把培育孩子划分为不同的时间段：备孕、怀孕、分娩、婴儿、幼儿、学龄前，分别为受众提供不同阶段的内容分享，一条龙式的服务培养了受众对于社区的认可度和忠诚度。

2. 发挥本土社区优势

地方性本土社区有着独特的优势，第一，它有明确的受众群体，19楼就是针对杭州市民的服务性论坛，专注于本土交流和服务。

第二，它更了解当地的市场需求，19楼长期为杭州市民们提供社区服务，在与受众互动交流中，更明白他们想要买什么商品，对什么感兴趣，从而能够按需求准确划分市场。

第三，受众粘性高。人们更乐于接受本土服务信息，从人们接收信息习惯的角度来看，人们挑选信息有心理和距离的接近性，更会关注与自身密切相关的实用信息。19楼的信息主要来源是杭州本土化的服务信息，结合地域优势举办各种互动活动。

以19楼为平台的“婚博会”在杭州熟为人知，2013年2月刚刚落幕的第七届结婚采购大会，有超过3万人次的新人前来参加，现场订单超过16000个，三天成交1.5亿元，现场为消费者节省采购成本近2000万元。无论是规模还是质量，都达到了全国一流的同类展会标准。①

---

① 19楼商业化：定位本地生活服务的精准营销．天下网商．2013.7.26. http://www.ebrun.com/20130726/78512_2.shtml.

19楼充分发挥了本土社区的优势，摸索出一个“以门户带动社区，以社区来充实门户”的19楼模式，成功探索出一条“社区商务”的路线，融合SNS社交、新闻资讯、生活服务、用户原创等板块，以地域和文化吸引本地的用户群体。

3. 案例分析：

（1）细分用户需求

社交网络正在从大众式的传播逐渐转向个性化“熟人圈子”的模式。人们开始逐渐厌倦大众化的社交网络良莠不齐的信息交流，希望更多来自兴趣相投的朋友圈里进行交流，社区网站应该是一个为人们提供个性化服务的社交圈子。

19楼作为本土社区有其优势，能够更深入挖掘受众的需求，为受众提供个性化服务。每一个群体的需求都是不一样的，怎么才能满足更多群体的需求呢？这就要基于用户的需求进行细分。“19楼对用户进行一次次的垂直细分，从年龄和需求两条路线入手，对人群不断细分，深耕每个区域市场。并且在细分之后，再根据细分的人群提供个性化的服务。”① 从19楼的市场部经理叶萌接受媒体采访的回答可以了解到19楼细分用户需求的方法。

2008年，19楼研发团队开始重构传统论坛的底层架构，使之具备了更强的承载性能和扩展性；2009年起，19楼尝试着将BBS、SNS、博客、商业应用融为一体，开创了社会化网络信息服务平台（SBS）；2012年，19楼持续升级SBS平台，先后推出“信息采集和订阅系统（花坛）”“社会化商务分享系统（好店）”等社区新产品……这些都是说明了19楼把用户放在第一位，针对用户的需求自主研发各种产品，以提供个性化的内容。细分用户需求，能够提高用户粘性，用户在体验个性化服务会对论坛本身有好感，从而离不开社区。

（2）鼓励用户创造内容

19楼网站的内容以网友原创为主，运营专员更多起的是一个“设置议题”的作用，通过对网友感兴趣的话题管理，让网友集中对议题讨论和分享。

---

① 19楼商业化：定位本地生活服务的精准营销. 天下网商. 2013.7.26. http://www.ebrun.com/20130726/78512_2.shtml.

社区就像一个家，用户就像其中的每一个成员，一个温暖的家需要每一个成员的共同努力。因此，社区需要调动用户的创造积极性，可以让用户参与互动性强的活动，并分享个人的体验。用户是品牌的传播者，用户自主创造的内容是社区的生命力。19楼重视用户的内容创造，用户感受到这是一个值得信赖的平台，纷纷分享个人的日常生活，并自行发起圈子活动，从线上到线下打造一个真正的社区。

第三章　博客狂潮

一、博客传奇

（一）互联网的“个人门户”——博客①

21世纪初，随着一种新的信息组织和传播方式的形成，互联网的“个人门户”时代开启了历史的大门，它的名字叫博客，英文称作Blog。而Blog就是“Weblog”的缩写，中文我们把“Blog”翻译为“博客”或者“网络日志”，前者取音，后者取音意。“Blog”一词，一般公认为是由Peter Merholz在1999年命名的。“Weblog”则是Web和Log的组合词。Web，指的是World Wide Web，即万维网或通称为互联网；Log的原意则是“航海日志”，后指任何类型的流水记录。合在一起理解的话，Weblog就是在网络上的一种流水记录形式——简称“网络日志”。

博客的界定分为广义和狭义两种。广义的“博客”是指任何网民在遵守网络规则制度的前提下都可以独立申请注册账号、对外开放的个人信息空间，通过这个空间可以完成个人的网页创建维护以及信息的发布和更新。网民可以充分利用网络的诸多特点，比如双向互动、超文本链接、动态更新、覆盖范围广等，集成互联网中有价值的信息资源和专业知识，或者将

---

① 刘津著．博客传播．北京市：清华大学出版社，2008．

个人生活空间的私人经历与情感加以及时记录并随时更新，表达自己的意见和思想，同时也能实现博客之间的交流和互动，实现深度的交流和沟通。而狭义的“博客”则指创作博客空间的人，指的是通过自己的博客进行信息的发布更新并与他人进行互动共享的网民，我们称之为“博客”（Blogger）。

对于博客，各位博客名人给出以下的认识：

博客是你自己写出来的东西跟别人来分享，你写的不管对不对，马上有人评论你的东西，所以，我觉得这是一个在互联网时代新的写作方式吧。

——SOHO 中国有限公司董事长潘石屹

博客，不就是日记吗，只不过是公开在网上的而已。日记，不就是记录自己每天琐碎的事情，发些小感慨吗？有则多写，无则废话几句，谁每天都有惊天地、泣鬼神的大事儿啊，谁每天老是感时花溅泪、恨别鸟惊心啊，谁每天老是哲学思辨上下五千年啊。

——演员徐静蕾

（二）博客中国

博客在中国的发展要比西方晚整整一个阶段，在西方博客已经搅动了社会的生活各方面的时候才开始进行，但发展的后续力量强劲而迅速。中国博客仅仅用了两到三年的时间，就走完了西方博客近十年的路。在此期间，中国博客实现了三个突破。

第一个突破：博客中国成立。

2002 年，美国社会称之为“博客之年”，而博客却才在中国正式冠以中文名字。这一年，中国互联网最值得记录的事件首先是在 8 月，中国第一家较有规模的专门的博客网站——“博客中国”（www.blogchina.com）正式成立。该网站由国内被称为“中国博客之父”的 IT 评论人方兴东等人发起，定位于 IT 新闻与评论，开始了博客在中国的启蒙、普及进而发展之路。

第二个突破：首届博客现象研讨会召开。

2002 年 8 月，中国博客成立，到了同年 12 月，博客已经先后进入主流媒体的视野，如《中国青年报》《南方周末》以及千龙网等。博客中国网站和千龙研究院联合举办“首届博客现象研讨会”的目的就是加大博客在国内各大主流媒体的关注度。在研讨会上，方兴东、徐东英等关注博客发展的 IT 牛人相继作主题发言，对博客是什么、博客浪潮是如何发生的、博客在中国是怎样起步、发展等问题进行了梳理，并围绕社会、经济、文化、信息传播等角度对博客进行了多方位点评。

第三个突破：木子美冲击波助推博客走向大众化

博客起初的定位只是 IT 新闻与评论，其受众范围主要是知识文化水平较高的 IT 人士，对于博客是什么、怎么用的问题，普通大众可以说是完全丈二和尚摸不着头脑，一窍不通。因此，博客在成立之初虽然受到主流媒体的广泛关注，但真正距离“红”还差十万八千里。博客之所以开始由业内关注的对象变成整个社会注目的焦点，全因发生于 2003 年 6 月的木子美事件及其引发的系列新闻报道。

木子美事件阐述：

2003 年 6 月 19 日开始，中国博客网的一名叫做木子美的用户以《遗情书》为名张贴自己的性爱日记供大众阅览，此轰动气氛不亚于后来娱乐圈发生的各种“艳照门”带来的火热程度。一时间人头涌动，原本正在反黄的中国博客网人气剧增，博客也因此为世人所注目，“博客”一词成了网络搜索引擎热门关键词。而到了同年 11 月 11 日，新浪推出专题报道木子美事件，再次为“博客”一词的推广制造良机，该专题报道一出，木子美的博客网站访问量一个月就达 16 万，可以说是木子美让‘博客’概念走向大众。

在经历了三大突破之后，2005 年，在全球博客数量突破一亿的时代背景下，中国博客的用户量达到了 1600 万。中国博客之父方兴东在 2006 年提到，“自 2002 年 8 月博客中文一词诞生以及‘博客中国’正式开通以来，博客在中国的发展，根据互联网实验室的调查研究，2006 年中文博客的注册数量超过 6000 万，估计 2007 年必将突破 1 亿大关。”而 2006 至 2008 年也正好是博客在中国发展最为迅速的时期。在博客走向大众化后，不管是个人、企业还是政府组织，都开始对博客本身具有的强大的传播力量虎视眈眈。

二、博客掀起新兴网络营销狂潮

博客营销是通过博客网站或博客论坛接触博客作者和浏览者，利用博客作者个人的知识、兴趣和生活体验等传播商品信息的营销活动。公司、企业或者个人利用博客这种网络交互性平台，发布并更新企业、公司或个人的相关概况及信息，并且密切关注并及时回复平台上客户对于企业或个人的相关疑问以及咨询，并通过较强的博客平台帮助企业或公司零成本获得搜索引擎的较前排位，以达到宣传目的的营销手段。①

在博客红火的年代，个人、企业或者非营利组织使用网络进行推广宣传的手段有很多，除了博客，还有企业网站、门户网站、论坛等平台，与这些平台相比，博客有着什么样的特色呢？

与传统营销方式相比，博客的目标受众更为精确，博客营销成本更低；博客是一个信息发布和传递的工具，博客广告具有交互性，与目标受众的粘度更高；博客与企业网站相比，博客文章的内容题材和发布方式更为灵活；与门户网站发布广告和新闻相比，博客传播具有更大的自主性；与供求信息平台的信息发布方式相比，博客的信息量更大；与论坛营销的信息发布方式相比，博客文章显得更正式、可信度更高。

（一）互动传播性强，可信程度高

博客是一个信息发布和传递的工具，博客的日志评论、留言本、博客圈均有利于博客主和读者之间的互动交流，再加上圈子内部博客之间的相互影响力很大，可信程度高，所以互动传播性非常强。

（二）与搜索引擎营销无缝对接，整合效果好

通过博客营销可以大量增加企业网站的链接数量，增加搜索引擎信息收

---

① （美）杰里米·莱特（Jeremy Wright）著；洪慧芳译．博客营销．北京市：中国财政经济出版社，2007.

录量，直接带来潜在用户的可能性迅速增大，同时也使传播在相当长的时间里得以继续不间断延展，而不仅仅局限于当期的宣传活动。

（三）博客传播具有更大的自主性

通常大型的博客网站用户数量大，有价值的文章通常更容易迅速获得大量用户的关注，从而在推广效率方面要高过一般的企业网站。同时博客文章的内容题材和发布方式比企业网站更为灵活，相对于论坛营销，博客主可以自由发布任何企业宣传信息而不担心被删除。

三、博客营销狂想曲

我们知道，博客在中国的发展要晚于西方国家，当西方国家的企业已经成熟地利用博客进行商业营销的时候，国内的博客正处于萌芽阶段。在了解国内的名人或企业是如何使用博客进行个人或商业营销之前，我们不妨先翻洋越海到世界各地去看看。

（一）南非“暴风谷”酒园

从古至今，若要说酒是人们共有的一种追求的话，那是无可厚非的。但谁又知道，迄今为止，世界上有记录的率先利用博客来进行营销的酒厂就是“暴风谷”酒园。“暴风谷”酒园是位于南非的一家规模很小的葡萄酒厂，因为没有太多的资金去做广告，所以它与南非的许多小酒厂一样，挣扎在竞争残酷的国际葡萄酒市场中。在事业的低谷时期，他们想到了利用网络来推广与销售自己的葡萄酒，并且选择了最新的、尚未有人尝试过的葡萄酒博客营销策略。

“暴风谷”酒园在市场推广方面做了如下的营销策划：

首先，建立属于自己的博客网站，“暴风谷”酒园的网站就是一个博客而非一个传统的酒厂网站，他们想通过与众不同的网络博客来营销葡萄酒。

他们给目标博客群体免费赠送葡萄酒，大约送出了100瓶“暴风谷”酒园的葡萄酒。只要博客满足以下条件就可以收到一瓶免费的葡萄酒：

A、已经到法定饮酒年龄并且住在英国、爱尔兰或者法国；

B、此前至少3个月内一直写博客；

C、博客读者多少不限，可以少到3个，只要是真正的博客；

收到葡萄酒并不意味着你有义务要写博客，你可以写，也可以不写，可以说好话，也可以说坏话。经过这个简单的市场推广活动后，这个酒厂取得了如下成绩：

品牌传播方面，在2004年6月，用Google搜索这家公司的只有500人，在同年9月8日却达到了20000人。而在这两个月中，他们自己估计有30万人通过博客认识了这家公司。

产品销量方面，在2004年，“暴风谷”酒园的销售量为5万箱，而到了2005年统计的时候达到了10万箱，而且这个数据还在上升。在南非葡萄酒市场上，他们的酒占据了19%的市场份额。

“暴风谷”酒园的老板在接受采访时说，他采用葡萄酒博客营销绝非“赶时髦”。他强调说：“博客绕开传统的市场调查和设计程序，与客户建立对话，让客户参与到品牌建设和品牌推广中。博客真的很棒，就像你一直在做焦点小组市场调查……我们是一家年轻的公司，我们想听到人们会说什么……我们想知道应如何改进。博客的巨大价值之一就是你可以问一些市场问题并且可以立刻得到回馈。当你听到了市场中的所有看法，你就会真正明白你要往哪走。要让自己的产品具有影响力，除了产品不错之外，还要有些有趣的东西可以说。博客能帮助你做到这些……这就是现在市场营销要做的：与人对话。”

纵观世界葡萄酒市场，葡萄酒业正不遗余力地“让人们对葡萄酒失去兴趣”。比如，商品架上品种丰富得不知道该挑哪一种、该怎么叫各种酒的名字、怎么选择酒等等问题足以让一个潜在消费者感到胆怯。而在博客世界里，讲究的是一种平等的对话，是一种消费者和企业自我融入、平等交流的对话模式，采用这样的模式更能让葡萄酒贴近普通消费者的生活。

（二）丢失的奥迪A3跑车

观赏完南非的葡萄酒园之后，我们再到位于太平洋彼岸的美国，看看美国人是如何利用博客进行商战的。

2005 年 4 月初，在美国纽约举办的车展上，当其他品牌车展台上的香车美女争奇斗艳时，奥迪 A3 跑车的展台上却是空的，取而代之的是 3 个告示牌。在好奇心的驱动下，人们都去观看告示上的内容，上面写着“注意：如果你有有关丢失的奥迪 A3 跑车的任何线索，请即致电 1－866－657－3268。”这是一个语音信箱号码，打进电话者将被要求提供丢失的奥迪 A3 跑车的信息。

随后，关于奥迪 A3 跑车的信息和图片在企业博客上发布。一时间，“丢车”成了博客的热门话题，并在互联网上迅速蔓延，动员起了数十万美国人寻找丢失的跑车。由此，这款新车被炒得沸沸扬扬，妇孺皆知。尽管在车展上奥迪 A3 没有露面，但其形象却借博客之势深入人心。奥迪就这样不费吹灰之力达到了目的——新车的知名度迅速建立起来。

奥迪 A3 跑车显著的营销效果，就在于营销思想的创新，对其他企业来说，也有借鉴意义。

实施差异化营销，提高新品 A3 的关注度。对于新品 A3 的推出，奥迪没有沿用“香车＋美女”的老套路，而是换了一种截然不同的营销方式，这一换确实是标新立异，吊足了观展人员的胃口。当人们看腻了“香车＋美女”的营销模式时，奥迪 A3 充满戏剧性的游戏设计，自然让人们眼前一亮，好奇之心顿起。由好奇产生关注，再由关注到进一步了解，奥迪 A3 一步一步地走入了目标群体的心中。在众多参展品牌车中，人们也因此记住了奥迪 A3。其实，营销的最高境界是营销思想。因为，对于产品的直接营销，消费者天然存在一种“警戒”心理，在购买时一般会反复思考、左右权衡，有时甚至会产生强烈的抵触情绪。而一旦商家的营销思想被消费者接受，消费者的“警戒”心理就会全失，被商家牵着“跑”，消费者也由以前的“要我关注”变为“我要关注”，营销效果自然也就不一样了。

博客营销及时跟进，充分展示 A3 跑车。车展上奥迪 A3 戏剧性的开场赚足了观展人员的眼球，但如果没有后续网络传播的及时跟进，那效果就要大打折扣了。车展后，奥迪在企业博客上发布了大量奥迪 A3 跑车的信息和图片，将事件逐步推向高潮，甚至有博友号召百万美国人去寻找丢失的奥迪 A3

跑车。而选择博客作为营销的载体，也使得更多的目标群体了解到了奥迪 A3 跑车的性能。

因为博客的核心是身份识别和精准，与传统意义上“广泛传播”不同，它强调的是“小众传播”，因此登录奥迪企业博客的浏览者可以说是奥迪的目标客户。先吸引目标群体的关注，再借助口碑传播，奥迪新车的知名度就迅速地建立起来，最终达到了影响目标群体购车选择的目的。

看过南非的“暴风谷”酒园和美国的奥迪 A3 跑车之后，我们再回过头来看看国内的名人、企业等主体对博客的使用情况。由于在博客之后，2010 年出现了新的社交媒体——微博。所以接下来要介绍的关于博客的营销案例，主要集中于 2006 年至 2009 年。

（三）博客女王徐静蕾与她的新浪博客

在博客的发展史上，新浪网所起到的推动作用是巨大且显而易见的。最初的木子美博客就是由于新浪网对《遗情书》的介绍和推广才发展成后来的木子美事件，新浪网的点击率也因此迅速大增。

2005 年 7 月，新浪网正式推出博客服务，由于其犯有“木子美事件”的前科，所以新浪博客一经推出，马上成为博客界最引人注目的焦点。2005 年 9 月底，新浪博客决定引入名人，而徐静蕾就是最早入住新浪博客的名人。

徐静蕾，既是影视演员兼导演又是当代中国文化经济先锋人物。1974 年 4 月 16 日出生，是有点“酷”的青春偶像。她的“酷”当然不是靠前卫的服装、前卫的化妆扮出来的。那张不是整天甜腻腻微笑的脸，那种内向的性格，都让人有一点点距离感，所以她就“酷”的很自然。徐静蕾曾经透露她现在的名气是一半靠素质一半靠机遇得来的。

2005 年 9 月底，徐静蕾应邀入住新浪博客，博客实名“小徐”。2006 年 2 月 13 日 11 时 20 分，徐静蕾的博客在开通 112 天后，点击量就突破了 1000 万大关，她因此而被称为 2006 年“中国博客第一人”。

从 2006 年 5 月开始，老徐的博客排名全球第一，博客访问量迫临 3000 万，而这和后来姚晨成为“微博皇后”的影响力是一样的。为了表达自己内心的喜悦，徐博客还特地为这事儿写了篇博文《幸运》：

徐博客这两天心情很好，先是昨天，得到了同行黑脸张的表扬，他看完我的新电影的剪接版后，对我说的第一句话就是：你又进步了。这是我最最爱听的一句表扬了，从来不期望自己一下子就把电影拍的怎么样，只希望每次都能有一点点进步，上来笨点儿没关系——天才毕竟是少数，能进步，就说明是一个会学习的人，这很关键，也是我对自己最大的要求。

然后是今天，一起床就得到了一个超级好消息，徐博客居然得了博客世界排名第一，这在半年前是怎么也想不到的，居然？居然！这得好好谢谢当初力劝我写博客的新浪和博学小姐，当然还有一直来看我博和留言评论的朋友，没有你们也没有我徐博客的今天，谢了，同志们！敬礼！①

——摘自徐静蕾博客《幸运》

“根据英国《卫报》日前（2009 年）浏览量统计，评选出了世界博客 50 强，从哈里王子到阿富汗服役到汤姆克鲁斯宣传演讲，再到缅甸起义，博客从未如此强大。不但可以帮助竞选总统，也能庆祝家中琐事。世界博客 50 强徐静蕾排第 12 位。”②

徐静蕾的博客为何如此成功？从网友对老徐博客的评价或许找得到答案。“真实，坦白，戴着明星名号，做着自己想做的事情，生活在我们身边的可爱小女子，文笔自然，不由公司代写，不像个人形象推销”，这些都是来自网友对老徐的评价。而这也说明了徐静蕾博客的成功，很大程度上是受其在博客中塑造的健康清新的博客形象决定的。徐静蕾博客的健康清新让博客世界诞生了一个格调高洁的形象，这也证明了即便没有色情、没有搞笑，博客依然有存在的价值和意义。

当然除了清新健康，徐静蕾的博客也不乏因传言而生的混浊。徐静蕾和“80 后”作家韩寒之间的博客互动，被网友调侃为“博客调情”。老徐和韩寒两人之所以会闹出博客调情这么一遭，还是事由博客。老徐凭借其演艺事业

---

① 徐静蕾博客《幸运》，http：//blog. sina. com. cn/s/blog_ 46f37fb50100031n. html.

② 中国南方网络新闻团队日志《徐静蕾博客》. http：//webhealth88. blog. 163. com/blog/static/1308592592009111405214665.

的成功，韩寒凭借其年少却出众的才气，两人的博客点击率分列第一、第二，这让现实生活中原本没有任何交集的两个人开始有了交流的契机。先是老徐去韩寒博客溜达并留言，再是韩寒撰写老徐出演电影的影评，接着老徐评论韩寒的《一座城池》。长此以往，关于两人的“徐韩恋”“蕾韩恋”就在网络上和社会上广为流传了。而这种话题性热议，也直接或间接地提高了徐静蕾的博客人气，成为老徐博客成功的秘密之一。

老徐博客成功的原因，除了上文提及的几点，还有一个重要的原因就是新浪网的热捧。不难发现，当时在新浪网的各个热门栏目中都会有老徐的博客链接，各大媒体也报道了老徐的博客，这两点合在一起就足以让新浪网从老徐的博客得到客观的新闻效应和高点击率，这是一种双赢。

案例分析：

徐静蕾博客成为网络营销中的一个经典之作，她的博客创造了点击量让别人都望尘莫及，甚至可以和当时红得发紫的“超级女生”“快乐大本营”等电视媒体相媲美，站在网络营销的角度，现在我来揭开她网络营销之秘籍。

1. 早下手为强

徐静蕾最开始是因为博客开的比较早，好多人还没有开博。起步早是她博客受欢迎的一个重要原因。

2. 有才气，真性情

上文提及徐静蕾的博客之所以能取得成功，很大程度上就是因为老徐身怀一手好文笔，被“蕾丝”（徐静蕾的博客粉丝）们尊称为才女，不但电影演得好、拍得好，写出的文字也很合大众口味——这也是徐静蕾塑造其优秀个人公众形象的最有力资本。而对于网友的好口碑，徐静蕾也很清醒的表示“完全真实不可能，我只能保证自己留在博客上的内容是真实的。”

3. 善于使用公众平台

博客作为一个公众平台，聚集了上亿的用户群，从商业角度看，高用户体验实质上意味着非常可观的广告收益和产品消费。这对于集导演、演员、作家于一身的徐静蕾来说，无疑是锦上添花，因为导演或出演的电影需要观众，出的书需要读者。由徐静蕾导演的新片《当梦想照进现实》之所以能够吸引大批的人走进影院，她的“中国第一博客”功不可没。

此外，徐静蕾不仅通过博客这个平台，推销了自己，让自己的名气越来越大，更通过这个平台让更多的广告主邀请她来代言广告，那些广告主在她的博客里面总会捕捉到他们的意向客户，这种双赢的手法让徐静蕾本人和广告主都赢利颇丰。而她后面的推手新浪网更大力宣传她的博客点击率之大，这样新浪网和徐静蕾也成了赢家，这种多赢的网络营销手法，堪称营销之经典。

（四）AMD 牵手徐静蕾

AMD 公司专门为计算机、通信和消费电子行业设计和制造各种创新的微处理器、闪存和低功率处理器解决方案，是一家提供高性能 CPU、高性能独立显卡 GPU、主板芯片组三大组件的半导体公司。

2006 年 ADM 开发了一项计算机领域的先进技术——双核炫龙 64 移动计算技术，为了推广这项行业领先技术，推动 AMD 在中国市场的进一步发展，AMD 公司聘请知名调研公司对目标消费者展开面对面的深度市场调研。调研结果表明，AMD 品牌在很多电脑爱好者以及 IT 人士心中占据着重要地位，是锐意创新、执着追求、客户为本的优秀品牌。更重要的一点是，这些 ADM 品牌的忠实客户希望 ADM 在品牌塑造过程中加入一些感性的元素，这会让 AMD 这个理性的高科技品牌凸现的更加饱满。经过商讨，ADM 高层最终决定采用明星代言的方式对 ADM 新技术和品牌进行推广。但邀请什么类型的明星来代言，奥运冠军？足球明星？流行歌手？还是演员、导演？一时间却难倒了 ADM 品牌的推广团队。

由于 AMD 处理器在动画制作、数字特效、后期剪辑等方面有着高端的卓越表现，AMD 得以与 DreamWorks（梦工厂）、卢卡斯工作室等全球知名的影视公司有着长久而密切的合作。这样独特的产品背景，让 AMD 很快将品牌代言人锁定为影视明星。而中国博客点击率最高，具有“中华第一博”美誉的徐静蕾跃入了 AMD 公司的眼帘。锐意创新的 AMD 打破传统，当即决定启用徐静蕾作为代言人。

2006 年 5 月 17 日，AMD 发布了双核炫龙 64 移动计算技术，这是首款专为轻薄型笔记本设计的 64 位双核处理器。当时的 AMD 移动产品事业部副总裁 Chris Cloran 介绍说："这一领先移动计算技术，囊括了针对顶级多任务的双核处理技术、64 位计算技术、更长的电池续航时间以及来自无线、互联和图形处理领域领先厂商的尖端技术。"

2006 年 5 月 21 日，AMD 公司在北京宣布，著名导演、演员徐静蕾正式成为 AMD 公司中国地区笔记本电脑芯片的形象代言人。同时，她将亲自执导并出演 AMD 即将在中国发布的 64 位笔记本电脑芯片的电视广告片。①

2006 年 7 月 1 日，徐静蕾抵达长沙，出席 AMD 双核炫龙 64 移动计算技术发布会。这也是徐静蕾正式成为 AMD 公司大中华区移动计算技术品牌的形象代言人之后的首次公开亮相。在发布会现场，徐静蕾公开播映了由她本人执导和主演的 AMD 电视广告片。

AMD 电视广告片内容：

几台红色的沙发在马路上急速穿行，与来往穿梭的车辆齐头并进，同时画面配上显眼的字幕"哪里有博客，哪里就有沙发"（音乐 + 字幕）。

徐静蕾正在用笔记本电脑浏览她的博客，在浏览的博客页面显示出"我第一个评论，我抢到沙发啦"的文字内容，然后一位网友搭乘着高速行驶的红色沙发飞奔向徐静蕾。期间穿插 AMD 双核炫龙 64 移动计算技术的 logo（音乐 + 广告语）。

广告语内容："有 AMD 双核炫龙 64 移动计算技术，随时随地上网，好心情迅速分享，炫出自由，随我左右，AMDAMD 双核炫龙 64 移动计算技术！"②

该广告借助了徐静蕾目前倍受公众欢迎的个人博客，运用极富创意的表现手法，很好地体现了 AMD 双核炫龙 64 移动计算技术的出色性能，使观众能更加容易地理解 AMD 公司的双核炫龙 64 位移动计算技术所带来的各种领先应用。

---

① 新闻，博客美女徐静蕾牵手 AMD 新片开拍在即. http://tech.sina.com.cn/n/2006-05-22/1116949024.html.

② AMD 广告片，优酷视频. http://v.youku.com/v_show/id_XMzgxMTg4_playlist_playlist.html.

案例分析：

AMD 与徐静蕾的合作，实质是企业与博客意见领袖之间的合作。首先，自从 AMD 宣布正式签约徐静蕾后，越来越多的消费者开始通过徐静蕾关注 AMD 公司及其最新的产品技术，这显然已达到了 AMD 所期待的市场效果。另外，根据相关统计，徐静蕾执导的首部 AMD 电视广告片的招募演员公告一经推出，便吸引了来自全国各地“蕾丝”和 AMD 爱好者的广泛关注。据悉该公告推出首日上午 2 小时之内，后台数据就显示有 2 万余人点击了公告。而在接下来的几天中，该公告点击量更是一路飙升，不到一周的时间，已经有近 300 万人次点击了此次活动公告。这个活动的“火爆”程度也再次证明了 AMD 和徐静蕾的“完美组合”所带来的巨大的市场号召力。

AMD 选择徐静蕾博客进行营销推广，不仅仅是开创了一种全新的营销模式，更是精准地圈定了一批特定消费群。徐静蕾超过一千万的博客点击率，已经使得徐静蕾成为个人化媒体中最引人瞩目的明星，同时也拥有一大批忠诚的网络读者，而这种读者大都是一批素质高、文化知识高、同时具有一定小资气质的人士，这一批人正是 AMD 所要影响的消费群。可以说，博客这个营销平台强调的是互动、意图、身份识别和精准；而它的核心内容就是与传统意义上“广泛传播”相对应的“小众传播”，即所谓的精准营销——AMD 开展博客营销的目的，就是希望把营销的本质回归到口口相传的口碑式营销上来，强调互动传播，强调小众传播影响大众传播，让传播的效应从数字上的成功（点击率、PV 数）转移到传播的质量上来。这种精准化的营销正是许多企业希望达到的。

（五）蔡明博客邀你抢博洛尼沙发

蔡明拥有的北京科宝博洛尼厨卫家具有限公司是 2001 年 10 月成立的一家合资企业，这家企业通过深入研究国际知名设计师品牌和奢侈品品牌的运作方法，了解价值观不确定时代人们的家居心理需求，试图在国内打造一个高端的家装品牌。

蔡明的新浪博客与其他家装企业一样，虽然科宝·博洛尼对整个家居的各大产品领域进行了深度研究开发和大量的技术储备，但是，在竞争越来越激烈的家装行业，如何成功打造企业品牌却是科宝·博洛尼创始人蔡明一直头疼的事情。在发展的过程中，蔡明开始注意到网络营销，尤其2005年热闹非凡的博客潮引起了她很大的关注。后来，经过充分的准备和筹划，富有创意的蔡明决定利用博客来营销，大力提升企业品牌知名度。

2007年6月13日，一条标题为“读蔡明博客，抢总价值40万元博洛尼真沙发”① 的消息出现在新浪网首页，一时间前来打探的人络绎不绝，大批网民纷纷登录蔡明的博客察看详情。根据介绍，该活动分三阶段进行，第一阶段活动为6月17、19、21日3天。活动当天，蔡明在博客发文说，博友要是能抢得机会跟帖留言，第1、100、200、300位回帖者就可以获得博洛尼的三人位沙发一套，价值5380元。活动开始后，博友们异常热情，40分钟内得奖楼层就盖满，博洛尼决定第1000、3000位回帖者及最有创意回帖者同样可以获得一套沙发，一共送出18套沙发。在这3天里，蔡明博客的点击量就增加到了20万。

紧接着，博洛尼又推出第二、第三阶段的活动，除了通过线上线下结合的方式在北京、上海、南京、广州、深圳等五个城市同时开展现场“抢沙发”活动外，更在博客上发布了一篇名为《为中国设计，盖互联网史上最高楼》的文章，继续开展“抢沙发”活动，让整个活动达到了高潮。仅仅用了不到一个月时间，蔡明博客的点击量就猛增到了100万之多，许多原本对博洛尼一无所知的人，也通过这个活动记住了博洛尼。

案例分析：

1. 相比企业网站，博客文章的内容题材和发布方式更为灵活

在这个案例中我们可以看到，博洛尼创造性的采用了博客营销方式为自己做了一次非常成功的推广。这个活动很好地结合了博洛尼的产品，通过“抢沙发”这样一个一语双关的创意抓住网民最敏感的神经，在一定程度上实现了网络人际的深度互动，成功地达到参与者与企业的情感沟通。

2. 相比传统营销方式，蔡明博客营销的成本较低

在这个活动中，博洛尼投入的只是一些作为奖品的沙发等一些配合的电

---

① 蔡明博客，http://blog.sina.com.cn/s/blog_47677d1b01000a5v.html.

视及平面媒体推广费用，整个活动的投入估计不过区区数百万而已，但是它获得的品牌增值回报却是很多企业投资上亿元的广告都不能达到的。

3. 博客营销的强互动传播性，铸造蔡明个人名誉度

“抢沙发”活动不仅为博洛尼赢得了极大的品牌声誉，让人们通过图文并茂的博客认识了极具冷峻、前卫气质的蔡明和富有时尚、极美品位的博洛尼品牌，更让博洛尼超越橱柜产品而成为一个引领潮流的高端生活方式品牌。今天，博洛尼的博客营销事件已经成为一个经典，以至于现在很多人一提到“网络沙发”就会想到博洛尼，而蔡明博客的点击率已经达到了惊人的1200多万，这不能不说是网络营销的一个奇迹。

（六）“石头”也因博客疯狂

2006年6月30日，由中国大陆和中国香港联合制作的喜剧电影《疯狂的石头》，在国内各大影院正式上映。2006年7月24日，《疯狂的石头》成为央视二套的《经济半小时》专题报道——电影《疯狂的石头》为何疯狂。这部制作成本仅300万元的国产电影，在行销上不怎么花钱的情况下，却赢得了众人的关注，影片中冯董的一句牢骚话“200万的生意被你做成了1000万！”得以在现实生活中演绎——该影片上映仅17天，总票房就突破千万！

据相关调查数据显示，50%的观众走进电影院看《疯狂的石头》是因为亲友、同事的推荐，30%则出于“石头”在网上的超强人气。[①]

《疯狂的石头》在公映之前，其推广团队首先通过上海电影节上的宣传活动和影评人放映专场，先行在影评人和媒体等舆论领袖中进行预热；紧接着在五座城市做的免费放映，最直接地创造了口碑，提高了影片人气。有了好的口碑，紧接着在选择媒体宣传上，《疯狂的石头》主要选用当时观众获取电影信息的重要途径——博客、BBS等形式进行宣传。

① 范明刚、周萍,《疯狂的石头》之营销杂谈. http://www.boraid.com/article/html/61/61029.asp.

以下是部分观众在博客中写下的关于影片的感受：[①]

影片公映前：

一身骄傲的佩佩 2006－06－28　16：35：20

今天幸运地去看了宁浩的新片《疯狂的石头》免费场，乐疯了，乐不是因为免费，而是发自内心喜欢的这种胡来喜剧，终于在大陆导演的作品里出现了。除了爆笑的两伙大笨贼的故事，剪辑是我印象最深的，节奏之紧凑让你不敢喘息、场景转换之巧妙有趣非常讨巧，相当风格化，一看就受了《两杆大烟枪》等类型片的极大影响，试图走出一条把异国好东西本土化的路子，而且做得还很漂亮，学到了精华。

无事生非的 BLOG2006－06－29　17：03：54

《疯狂的石头》：没把观众当傻子，刚刚去看了《疯狂的石头》回来，很想写些东西，趁着自己还没有从观影的亢奋中再次被生活的麻木击中……上网搜了一下关于这个电影的介绍，似乎都不约而同的用了“好看”来评价这个片子。不能免俗的，我也只有这一个词汇来形容它。

影片公映后：

今夏的 BLOG2006－06－30　15：53：15

《疯狂的石头》是一部绝对好玩的电影，宣传单上说每隔 5～10 分钟，便可让观众大笑一次，一点不夸张……据说导演宁浩很年轻，不到三十岁，继续这样拍下去，还是很有前途的。

当然的童童 2006－7－3　10：16：00

昨天去看电影，没有特定目标去的，碰上什么看什么……发现了《疯狂的石头》，这部电影最近一直在炒作，是刘德华资助的“亚洲新星导”里一个中国年轻导演的作品。网上很多知名人士看了都说好笑，我决定看这个，就算不好笑，也可以骂骂知名人士。买票进场，两个人花了 64 块。事实证明，这 64 块是我近十年来花在国产电影上最值的钱！从头笑到尾不说，无论是故事的结构、拍摄手法还是音乐，都给了我极大的享受……请大家支持中国的年轻导演，去电影院看《疯狂的石头》，你一定不会后悔的！

---

①　博客，《疯狂的石头》全国观众口碑集锦一．http：//blog. sina. com. cn/s/blog_ 49f6e895010004lk. html.

2006年7月24日央视二套的《经济半小时》特别为《疯狂的石头》作了一期节目，名为“电影《疯狂的石头》为何疯狂”。就节目中记者采集的信息也足以说明博客推广是该电影取得高票房的关键：

不少观众告诉记者，他们之所以对《疯狂的石头》如此感兴趣，并不是受到了影片宣传的影响，而是因为它良好的口碑。观众：“我主要是经朋友推荐的，就觉得媒体报道挺多的，觉得拍得不错就来了。”与这些第一次观看《疯狂石头》的观众相比，不少人已经是多次到影院观看这部影片了，他们对《疯狂的石头》依然保持着疯狂的热爱。

观众：“看了大概得有三四遍。”

记者：“为什么会看这么多？”

观众：“因为我看过一遍以后吧，我觉得特别幽默特别搞笑，所以说，特别希望自己能看，所以就看了好多遍。”①

而有关《疯狂的石头》的博客信息，光从GOOGLE搜索一下，就有129万之多。可见，互联网成就了《疯狂的石头》的行销，而博客的疯狂传播，让它“疯狂”再“疯狂”。

案例分析：

“石头”的疯狂也再次彰显了网络口碑传播的强大威力。他们没有选择烧钱式的、狂轰滥炸的广告攻势，而是看重了口口相传的病毒式口碑效应。优秀的影片内容，再加上口口相传的传播方式——博客、BBS等，为“石头”赢得了高票房。

BlogCN（中国博客网）曾在首页做过一期《疯狂的石头》的热点话题，光一天的访问量就达122万之多，文章评论和留言不计其数。在这个传播过程中，我们可以看到博客平台作为一个载体承担了信息发布和信息回馈的双重作用。博客具有的个人性的行为、个人性的角度、个人性的思想，吸引了博客本人和读者的力量源泉，也是造成“疯狂传播”的动因。这种以个人意志和思想作为搜索引擎内容和发源的传播形式，只要愿意，博客几乎可以以任何形式抒写有关于《疯狂的石头》的任何信息，博客日志再

① 博客，7月24日央视二套的经济半小时电影《疯狂的石头》为何疯狂. http://blog.sina.com.cn/s/blog_49f6e8950100054g.html.

通过对其他网站的超级链接和评论，进行人对人的超级传播。这种人对人的传播具有鲜明的社会性和互动性，“自我”的意愿倾向明显，在博客中可以说平时不敢说的话，做平时不敢做的事，这也是能起到“疯狂传播”的一个因素。

（七）五粮液“结缘博友共赏美酒”

“现存的市场由两种海洋所组成：即红海和蓝海。红海代表现今存在的所有产业，也就是我们已知的市场空间；蓝海则代表当今还不存在的产业，这就是未知的市场空间。”①

在中国的白酒市场，五粮液所面临的是一片“红海”——国酒茅台的地位难以撼动，水井坊、泸州老窖、山西汾酒再加上地方品牌酒等增长强劲，白酒市场处于激烈搏杀的“红海”中。五粮液在继续做强做大白酒的同时，推出红酒挺进“蓝海”是必然之举。而从白酒到红酒，五粮液的“跨越”距离仅有一步之遥。五粮液如何挟白酒品牌之优势，成功地向红酒领域延伸呢？2007 年初，五粮液选择了博客作为推出红酒、挺进“蓝海”的营销手段。2007 年 1 月 29 日，中国五粮液集团全资子公司——五粮液葡萄酒有限责任公司宣布，与跨平台博客传播网络 BOLAA 网携手合作。通过该平台，在红酒爱好者中组织一次“结缘博友，共赏美酒——五粮液国邑干红浪漫体验”活动，旨在利用互联网新媒体对其红酒新产品进行大规模市场推广，这是传统名牌酒类企业利用互联网渠道进行的一次重要营销突破。而这次博客体验的五粮液红酒是由欧洲国家直接进口优质原酒灌装生产而成的国邑系列干红葡萄酒。

活动开展后的短短几天内，报名参加体验活动的人数就突破了 6000 人，最终五粮液葡萄酒公司在报名的博主中挑选了来自全国各地的 500 位知名红酒爱好者，并分别寄送了其新产品“国邑干红”供博友品尝。博友们体验新产品后，纷纷在其博客上发表了对五粮液国邑干红的口味感受和评价，在博客圈内迅速引发了一股关于五粮液国邑干红的评价热潮，得到了业界的普遍

---

① （韩）金，（美）莫博涅著；吉宓译．蓝海战略超越产业竞争，开创全新市场．北京市：商务印书馆，2005.

关注。

而活动开展之前，五粮液国邑酒业公司相关负责人王晓军，对使用博客来营销红酒提出了自己的看法：

为什么选择博客营销?

“博客营销不是异想天开，用博客宣传葡萄酒产品和葡萄酒文化也不是我独创。去年就有报道澳大利亚一小酒厂靠博客宣传他的葡萄酒取得了很大的成功；今年新浪有一博友前段时间也利用博客宣传一家酒厂的葡萄酒，有几十位博客参与。”

如何进行博客营销?

“仅靠一个博客的宣传效果是有限的，因此，作为五粮液这样有实力的知名企业，我想到了组建葡萄酒博客联盟平台，加入联盟的网站现有博客群体都是我们的资源，这是国内葡萄酒营销的首创，具有里程碑式的发展意义……葡萄酒消费在国内毕竟还不普及，但在葡萄酒相关网站上建博的大都是葡萄酒的爱好者和感兴趣的人群，他们的博客话题也多与葡萄酒有关，因此，葡萄酒博客联盟初期就以这部分博友为起始。”①

案例分析：

简单来说，五粮液的“结缘博友共赏美酒”主题活动，就是五粮液通过博客发布活动信息，让其博客报名参与，再通过五粮液挑选幸运儿博主参加此次活动，分别寄送了其新产品国邑干红供博友品尝，博友们体验新产品后，纷纷在其博客上发表了对五粮液国邑干红的口味感受和评价，实现了超低成本而快速推广的目的。

首先，博客营销推动五粮液的品牌知名度和美誉度大幅度提升。与传统的口碑传播相比，基于互联网的口碑传播，在传播速度和传播范围上已发生了质的飞跃，其广告效果是几何级数的增长。更为重要的是，博客人群的消费特性与红酒产品的受众定位非常吻合。通过让博友真实品尝国邑干红葡萄酒，不仅能在第一时间内获得用户体验的第一手资料，而且通过博友体验进行的口碑传播，更能使红酒品牌得到广泛的传播。其实，博客可以说是原创

---

① 五粮液葡萄酒看好博客商机走博客营销路. http：//info. food. hc360. com/2006/12/05152791313. shtml.

资讯的采集地，尤其受搜索引擎青睐，并且有较前的排名优势，因为博客文章都被视为客观而有价值的，越是有价值的资讯搜索引擎就会越靠前推荐给网民。

再者，博客营销助推五粮液集团成功挺进红酒“蓝海”。以受众精准和高信任度为特点的博客营销，在提升企业品牌的同时，更容易激发消费者购买欲望，培育忠实用户群体。一些博友表示，五粮液国邑干红公司敢于将其新品交给博友体验，一方面体现了大品牌的大气，另一方面也表现了厂家对自己产品的自信，五粮液新产品确实口感不错，以后他们自己也会去购买五粮液国邑干红。另外，从此次主题活动和产品本身所具备的文化韵味来说，也比较容易让人产生共鸣。

（八）“封杀”王老吉

凉茶是广东、广西地区的一种由中草药熬制，具有清热去湿等功效的“药茶”。在众多老字号凉茶中，又以王老吉最为著名。王老吉凉茶发明于清道光年间，至今已有175年，被公认为凉茶始祖，有“药茶王”之称。

加多宝集团是一家以香港为基地的大型专业饮料生产及销售企业。1995年推出第一罐红色罐装王老吉，1999年以外资形式在中国广东省东莞市长安镇设立生产基地。加多宝旗下产品包括红色罐装王老吉、茶饮料系列，销售网络遍及中国大陆30多个省、市、自治区，并销往东南亚、欧美等地。

随着加多宝集团的不断扩张，王老吉的销售不可避免地遇到了瓶颈，各个地方对于王老吉的需求基本维持在了一个固定的数值。长此以往下去，不喝王老吉的依旧不喝，喝的却可能发现更好的饮品从而不再喝王老吉的。这只会让王老吉的销售业绩越来越差。

加多宝集团在汶川地震的赈灾晚会上，捐款1亿人民币，让全国观众记住它。捐款这件事本身，就已经营造了很强大的震撼效果。随后，一篇热帖起到了推波助澜的作用。“作为中国民营企业的王老吉，一下就捐款一个亿，真的太狠了。绝对不能再让王老吉的凉茶出现在超市的货架上！”这篇“封杀王老吉”的热帖，不断地被传播，却几乎不需要任何成本。这种利用博客网站和论坛将事件营销与病毒式营销相结合的方式，成为其2008年营销活动中最大的亮点。

步骤一：借势——事件传播的土壤

首先是利用了CCTV覆盖全国的收视率。其次，王老吉的捐款数额，一亿元人民币，是足以引起一片赞誉的。这使得加多宝集团在震撼了全国人民心灵的同时，也让他们记住了这个名不见经传的加多宝就是“王老吉”的生产商。捐款这件事本身，就已经营造了很强大的震撼效果，在当时“捐款比富”的形势下，捐款一亿所创造的影响力远远超过了投放四五个亿广告所能达到的效果。

步骤二：策划——制造事件

王老吉捐款一个亿的“壮举”在接下来的几天里迅速成为各个论坛、博客讨论的焦点话题。虽然充分运用了博客营销的优势让这个话题流行开来，但是话题是分散的，需要一个更强有力的话题让这场讨论升级。于是“封杀王老吉”成为了由赞扬到付诸实际购买行动的号令。“作为中国民营企业的王老吉，一下就捐款一个亿，真的太狠了。绝对不能再让王老吉的凉茶出现在超市的货架上，见一罐买一罐，坚决买空王老吉的凉茶，今年爸妈不收礼，收礼就收王老吉！支持国货，以后我就喝王老吉了，让王老吉的凉茶不够卖！让他们着急去吧！”网友是单纯的，也是容易被煽动的。于是“追杀令”将追捧王老吉的热情推向了高潮。

步骤三：推动——给传播一个源动力

充分运用博客营销中舆论向导的优势，把一个单贴，通过背后网络推手对于这个帖子的初期转载和回复引导大众的舆论走向。首发天涯等大论坛，然后迅速的转载各个小论坛，之后，就可以依靠自身的传播惯性去进行扩散了。

四、博客营销总评

博客自从2005年底开始大众化推广使用后，不管是企业还是名人都对博客本身所具备的强大的商业营销价值虎视眈眈。2006年到2008年这期间是中国博客发展的鼎盛时期，也是其商业价值体现最为显著的阶段，不论企业还是名人都争先通过“博客互动”来创造价值、获得盈利。在博客营销部分，我们总共介绍了6个案例，其中包括1个名人博客自我营销案例，5个企业博客营销案例。从这6个案例，我们可以窥视中国博客的商业化使用的大致规律。

首先是名人博客自我营销。通过“中国博客女王”徐静蕾的博客，我们可以看出，名人博客获得成功的影响因素，应该包括以下几点：

一是，具有一定人气基础。说到人气，其实就是名人的个人魅力。对于影视明星，其个人魅力就是在某部电影或电视剧中扮演的角色广受观众喜爱与认可，或是演唱的某首歌曲深深打动了歌迷的心。当然，最具魅力的影视名人无疑是人品、相貌与演技兼具者。但名人除了徐静蕾、赵薇等明星大腕，当然还包括各行各业的精英人士或领头人物，比如IT界的李开复、经济学界的郎咸平等。不管是哪一类名人，没有一定的人气作为粉丝基础，博客成功的大门是难以为他敞开的。

二是，具有一定才气。名人之所以为名人，自然是因为其具备了某些异于普通人的本领。比如徐静蕾是中国大陆首位荣获最佳导演、最佳女主角、最佳编剧等的女艺人。以下是徐静蕾在2006年成为“博客女王”之前的获奖经历：

2005，TOGH05毅人王年度人物

2004，第52届圣塞巴斯蒂安国际电影节最佳导演奖（银贝壳奖）《一个陌生女人的来信》

2004，第04届华语电影传媒大奖最佳编剧、最佳新导演、内地最受欢迎女演员银奖《我和爸爸》

2003，第23届中国电影金鸡奖最佳导演处女作奖《我和爸爸》

2003，第26届大众电影百花奖最佳女主角奖《开往春天的地铁》

三是，博主善于利于新兴的博客平台。

我们在前文介绍过，徐静蕾是第一批进驻新浪博客的名人，并且在她开博之后不到3个月就成为“中国第一博客”。在影视圈有句行话叫“人出名要趁早”，其实对于博客的使用也要做到先下手为强，假如徐静蕾在2005年没有进驻新浪博客，她还能成为中国第一博么？答案当然是——未必！博客作为一个公众平台，聚集了上亿的用户群，从媒介角度讲，徐静蕾的博客就是一正播映精彩节目的电视机、广播频率或是内容瞩目的报纸杂志，而浏览博客的博友则是广大的观众、听众或者读者！既然博客能扮演起一个广而告之的角色，为何博客主不能摒弃广告费高昂的电视转而通过博客来做营销呢？答案是不言而喻的。对于集导演、演员、作家于一身的徐静蕾来说，其新书、新片能热销，自然跟她的博客密不可分。

企业博客营销，相比名人博客自我营销，其运作规律大有不同。

首先是强调“体验”。不论是2004年南非“暴风谷”酒园的红酒还是2007年国内五粮液国邑红酒的浪漫体验，亦或是2006年电影《疯狂的石头》，都强调了“体验”。“暴风谷”的红酒和五粮液国邑红酒均邀请博客博友对产品进行体验推广，先让博友亲自品尝红酒，再请博友在博客中谈品酒历程的感受，以红酒爱好者现身说法的方式来制造并推广红酒口碑，这样一传十，十传百，病毒式地传播推广，以达到对红酒进行博客营销的目的。再者是强调“互动”。从2005年美国“丢失的奥迪A3跑车”到2007年国内“蔡明邀你抢博洛尼沙发”，都体现了博客营销的互动性。

互动和体验是企业博客营销的基础。此外，企业博客营销还具备的特点包括：

1）与意见领袖合作，诸如2006年的“AMD牵手徐静蕾”推出“双核炫龙64移动计算技术”，这是属于企业联手博客意见领袖，通过高点击率的名人博客进行产品推广。

2）饥饿营销，诸如2007年“蔡明邀你抢博洛尼沙发”，活动规则要求博友参与博文评论，并且在规定某几个楼层（即回复评论的顺序，如第一个回复即为第一楼层）回复评论的博友有机会获得蔡明送出的博洛尼沙发。为了抢到博洛尼沙发，博友只能争先评论“抢沙发”。

3）创意营销，诸如2005年美国“丢失的奥迪A3跑车”，当竞争对手仍采用车模作为博取消费者关注的时候，奥迪却另辟蹊径，故意散播奥迪丢失的消息并公告凡提供奥迪行踪者重谢，并在博客中与消费者进行密切的互动，创造性地变消费者对奥迪车的被动关注为主动式关注，最终达到产品推广和品牌传播的目的。

第四章　腾讯帝国的崛起

一、QQ：传奇的小企鹅

（一）QQ 的基本简介

QQ 是深圳腾讯计算机通讯公司于 1999 年 2 月 11 日推出的一款基于互联网的免费即时通信软件。通过 QQ 软件，用户可以与好友进行免费的沟通与交流。QQ 平台的功能非常全面，除了支持信息、自定义图片和相片的即时发送和接收，QQ 还具有语音视频聊天、群聊天、传输文件、共享文件、网络硬盘、QQ 邮箱、QQ 游戏、QQ 空间、QQ 音乐等功能。除了电脑以外，QQ 还可装载在手机、平板电脑等多种移动通讯终端。从 1999 年 2 月到如今，QQ 已经从仅有两名用户（指马化腾和张志东）的社交媒体，发展成为当下中国使用量最大、用户最多的个人的即时通信软件。

（二）QQ 发展年鉴

提起腾讯 QQ，大家也许会马上联想起两只胖嘟嘟的企鹅。它们已经让我们熟悉的不能再熟悉，以至于现在提到企鹅，就会让人想起腾讯 QQ。要描述腾讯 QQ 的影响力，可以说就在十五年前，网络刚刚开始普及，人们刚刚开始接触网络那会，桌面右下角的可爱的 QQ 企鹅就已经占据了我们的生活。小企鹅的跳动、滴滴的提示音，都让我们激动万分。可以说，腾讯 QQ 为代表的即时通信软件，已经影响到每一个网民的生活，并且成为必不可少的一部分了。

1. 从模仿开始的 OICQ

与中国许多成名软件相似，腾讯 QQ 最开始也是以仿照国外的 ICQ 即时通讯技术而引入国内市场的。熟悉腾讯 QQ 发展的朋友大概都还记得这只企鹅的曾用名叫做 OICQ。

ICQ 是 1996 年，三位以色列年轻人为了彼此之间能及时在网上联系交流而开发出来的即时聊天软件。它的名字取自英文"I seek you"的谐音，意思是我寻找你。这一软件充分利用了互联网即时交流的特点，第一次实现了人与人在互联网上直接快速的交流。ICQ 这一软件用户列表和即时聊天两种功能，它看似简单，却在短时间内风靡全球，几乎成为了所有上网者的必备玩具。推出 6 个月内其注册用户迅速攀升至 85 万，1998 年它的用户数量更是翻了 10 数倍，同年 5 月它的用户数量已经突破 1 亿大关，每天平均有 1000 万用户在线，每个用户平均在线时间为三个小时。①

在 1999 年，我国出现一大批模仿 ICQ 的在线即时通讯软件，如最早的 Picq、Ricq、Ticq（TQ）、Qicq、PCicq、Oicq、等，百度、新浪、网易等也开发了类似的软件，如百度的 Hi、新浪的 UC、网易的泡泡。腾讯 QQ 的前身 OICQ 也是在这个时候诞生的。在 OICQ 诞生之前，马化腾亲身接触到 ICQ 并成为它的用户，他感受到了即时聊天软件的强大魅力，也感受到了 ICQ 的一些局限，全英文界面与操作上的难度，都使得 ICQ 在国内难以普及。因此，在他决心开发 OICQ 的时候，就是要改良和完善 ICQ 的缺陷，降低使用门槛，让它更加开放。因此，腾讯将自己开发的即时聊天软件取名为 OICQ，即"o-pening I seek you"，意思是开放的 ICQ。

这种改良式的模仿，让 QQ 在众多的在线即时通讯软件中脱颖而出，击败了众多的即时通讯软件。到 2000 年的时候，腾讯的 OICQ 基本上已经占领了

① IM 的历史：十年辉煌. 2006 年第 3 期. www. Chip. cn.

中国在线即时通讯接近100%的市场，腾讯公司就是这样在不经意间打造了一个庞大的QQ帝国。同时，也是这种不经意的模仿，给腾讯带来了一系列的麻烦。2000年，AOL（ICQ是AOL的注册商标）向腾讯公司发出律师函，表明任何在名称中使用ICQ字样的同类软件都是侵犯其商标的使用权。因此AOL要求腾讯把OICQ改名，否则将诉诸以法庭。为了避免和ICQ发生法律冲突，腾讯从OICQ2000Build0325版的安装文件开始就自称为" QQ2000"，从此以后OICQ便以QQ这一新名称出现在我们的视野，并成为中国互联网的头号聊天软件。

2. 成就7亿用户的QQ

改名不换样的QQ软件，凭借可爱的卡通形象迅速收拢校园用户，并因为其容易上手的操作迅速占领国内市场，这个曾经不被看好的软件在不到一年的时间里就发展了500万的用户。这是因为，QQ并不仅仅是一个即时通讯软件，它还开拓了ICQ不曾涉足的领域，开发了手机聊天、bp机网上寻呼、聊天室、点对点断点续传传输文件、共享文件、QQ邮箱、网络收藏夹、发送贺卡等一应俱全的功能，并与全国多家寻呼台、移动通信公司合作，实现传统的无线寻呼网、GSM移动电话的短消息互联，这使QQ不仅仅是单纯意义的网络虚拟呼机，而是一种方便、实用、超高效的即时通信工具。

2002年，腾讯决心进入游戏市场，但其并没有选择多人在线网游作为自己进军游戏领域的第一站，而是选择了棋牌类休闲游戏。因为这类游戏的开发成本较低，而且关联性较大，可以较为轻松地进行整合，也符合QQ熟人交往圈、用户年轻化的特色。而这个只需四个人参与便能进行的QQ游戏，很快就获得意想不到的成功，2004年12月，QQ游戏最高同时在线突破100万，这是继2004年8月QQ游戏在线突破60万以后创造的休闲游戏平台在线新高。2009年5月QQ游戏的同时在线用户突破800万，达到了816万。此时的QQ游戏，成为国内各个游戏平台之首，也成为了网民们联系感情、休闲娱乐的首要选择。

2007年，腾讯推出QQ2007正式版，新增了丰富的在线状态功能，在原有在线、离开、隐身和离线这四种状态的基础上，新增了Q我吧、忙碌、静音三种状态，用户可以在在线状态菜单中自由切换状态。2008年3月腾讯QQ

的 IP 政策出台，实行限制用户异地修改密码的安全措施，进一步保护用户 QQ 账户的安全。同年 5 月 QQ 申诉功能优化改编，新增好友辅助申诉功能，使用户申诉人性化。在腾讯 QQ 版本的不断更新中，体现了腾讯 QQ 的功能服务不断完善，QQ 邮箱、QQ 游戏、QQ 空间等都让 QQ 获得了前所未有的收益和用户数量。

2010 年 3 月 5 日晚上 19 点 52 分 58 秒，QQ 同时在线用户数首次突破 1 亿。[①] 2011 年 9 月 30 日，QQ 即时通信的活跃帐户数达到 7.117 亿，最高同时在线账户数达到 1.454 亿。[②] 这不得不说，是我国互联网世界的一大奇迹。正如盖茨实现了要“让全球每个家庭的每张桌子上都放一台电脑”的雄心壮志，马化腾也实现了“让用户上网第一件事就是打开 QQ”的目标。[③] 腾讯 QQ 的发展深刻地影响和改变了数以亿计网民的沟通方式和生活习惯，无论互联网的明天将会如何，这只小企鹅都已不同往日。如同现在的 QQ 用户不再像十年前的 OICQ 用户一样对即时通讯软件感到吃惊，也不再把 QQ 仅仅看作一个“玩具”。QQ 已经深刻渗入到我们的生活的方方面面，像手机、电话一般变得与我们亲密无间。也正因为如此，QQ 成为了聚集大量潜在客户的平台，同时意味着可能兑换为现实资产的无形财富。从此以后，腾讯进入到了新的发展阶段。

（三）成长的烦恼

QQ 的发展并不是一帆风顺的，除了在发展初期因为版权问题被迫更名以外，QQ 的成长还遭遇了几次重大的挫折。

1. 外挂：珊瑚虫与彩虹

腾讯依靠众多的用户迅速称霸互联网，因此也吸引了大家的相继模仿。其中，最为著名的要数珊瑚虫 QQ 和彩虹 QQ。

珊瑚虫 QQ 是基于原版 QQ 的基础上的修改版本，去除了 QQ 的广告还增

---

① 《QQ 同时在线历程：2010 年 3 月 5 日最高在线破 1 亿》，http：//tech. qq. com/a/20100305/000559. htm.

② 王少杰．腾讯公司企业盈利模式探讨．考试周刊，2011（40）.

③ 吴昊 QQ 教父马化腾．北京：中国经济出版社．2011（1）：3.

加了 IP 探索功能，因此获得一批 QQ 用户的喜爱，其下载量曾在某一时段超过原版 QQ。这是腾讯 QQ 启动了维权措施，将珊瑚虫 QQ 的开发者陈寿福告上了法庭，但这时候的珊瑚虫还不属于外挂形式，也没有盈利目的，因此法院对腾讯的上诉不予采纳。然而，珊瑚虫死而不僵，继续获得用户的喜爱与追捧，根据电脑刊物 Pchome 称当时的珊瑚虫用户多大 4060 万①，这无疑侵犯了腾讯的商业利益。随后，腾讯继续对珊瑚虫提出控诉，将维权进行到底。珊瑚虫事件从 2006 年 12 月持续到 2008 年 3 月，历时 15 个月，最终以珊瑚虫 QQ 软件的制作者的入狱罚款而结束。然而，这却只是腾讯 QQ 维权道路的开始。

珊瑚虫事件后，腾讯启动了多项打击 QQ 外挂措施，首当其冲的是“显示用户 IP 地址”“显示用户是否隐身”等功能的彩虹版 QQ 外挂。相比较珊瑚虫 QQ，彩虹版 QQ 并没有将腾讯原版 QQ 打包提供下载，而是以一种独立外挂的形式提供，使用者需自己事先去下载腾讯原版 QQ，这使得法律上的性质相对复杂一些。因此，马化腾与彩虹版 QQ 外挂的开发者庞升东进行了一番较量，从走法律途径到强行卸载彩虹版 QQ，马化腾用坚决的态度来对待非法外挂，因此腾讯 QQ 又一次击败了侵权者。在一次次的侵权行为中，我们可以看到腾讯 QQ 坚决打击侵权者的态度，也看到了腾讯 QQ 所包含的巨大商业价值一直被竞争对手虎视眈眈，因此，腾讯的自我产权保护可以说是任重而道远。

2. 3Q 事件以及用户量首度下滑

2010 年 11 月，大部分 QQ 用户应该都有过这一体验，就是在装有 360 软件的电脑上突然不能运行 QQ 软件了。没错，这就是腾讯 QQ 和奇虎 360 在互联网领域所进行的著名的 3Q 大战。腾讯 QQ 和奇虎 360 可以说是目前国内最大的两个客户端软件。腾讯以 QQ 为基础，拥有强大的客户群体以及市场占有率，并不断向各个方面发展，吞噬着互联网各个领域。因此严重威胁了其他互联网应用的生存空间。其推出了 QQ 医生让以杀毒软件闻名的奇虎 360 感受到了威胁，因此引发了这场备受关注的 3Q 战争。关于 3Q 大战的来龙去脉，

---

① 吴昊 . QQ 教父马化腾 . 北京：中国经济出版社，2011（1）：90.

本章在下文中会有详细分析，在此就不赘述。但从这次事件，可以看出 QQ 的发展已经处于瓶颈阶段，新媒体的不断涌现，用户习惯的不断改变，这意味着 QQ 面临着更激烈的竞争与挑战。

QQ 作为腾讯的核心业务，其最高同时在线账户数常常被拿来作为腾讯自身发展的参考数。但从 2011 年财报数据来看，QQ 最高同时在线账户为 1.36 亿，同比上季度下降 0.4%。这除了受其他新兴的通讯工具的影响以外，很大程度源于 QQ 的各项功能已经发展至成熟阶段，对用户的吸引已经不足。这意味着腾讯 QQ 的发展，除了需要不断地向各个方面拓展，还需要寻求更多的途径与平台，因此腾讯在 2011 年 6 月的合作伙伴大会上，提出了要打造一个规模最大、最成功的开放平台，扶持所有合作伙伴的平台。

除了在版权问题上的纠纷以外，QQ 本身所存在的安全隐患也是令人担忧的。QQ 已经成为了我们互联网生活乃至现实生活的重要组成部分，因此 QQ 的安全对用户来说十分重要。QQ 所蕴含的巨大用户信息，让许多不法分子看到了其带来的高额利润。此外 Q 币的诞生，让 QQ 本身具有交易性质和盈利性质。因此 QQ 诈骗、QQ 盗号、网络黑客等问题层出不穷。可以说，这些问题是 QQ 成长过程中一直伴随的问题。

二、QQ 营销面面观

“腾讯不仅是一款即时通讯软件，更是一个媒介工具。”酷产品与其所具有的强大的传播功能使 QQ 一诞生就光芒四射。这是一个容纳数亿人的大派对，每个人都可以通过它和陌生人聊天。当参加派对的人越来越多，一些人开始独自听歌、看新闻、看电视、养宠物、购物或者闲呆着；一些人则三五成群地聚在一起侃大山。派对中央有一块巨大的显示屏，每时每刻都会有新的产品讯息跳出来，这个时候，你的手上已经紧紧握住它了，你要做的就是马上体验。这并不是一个消费的乌托邦王国，它实实在在地存在于腾讯的世界中。这个巨型广场就是 QQ，最原初的体验都源自这里。这对传统行业来说，将所有消费者汇聚一处是不可想象的，但对于互联网来说这并不是难事。

在传统商业领域，消费者是互不相识的陌生人。而在腾讯的世界里，消费者能在第一时间获得其他人对产品和服务的感受，口碑传播的波段更为宽阔，而时长却大幅缩短。对于这样一个现象，用一个流行语概括叫“病毒式营销”，用一个网络营销专业术语概括叫“QQ 营销”。

说到 QQ 营销，相信每个人都能说出对这种推广策略的个人理解。也可能很多朋友都会尝试去进行 QQ 营销推广，很多站长朋友绝对都这么做过。一般的步骤是，去注册很多 QQ 号，加入很多群，然后大量发广告或者大量发邮件。这样的结果一般都会是一样的：第一种马上被群主干掉，第二种没有被人干掉（群员在骂你，因为群主不在没有踢你）。大家对 QQ 营销于是形成了一种观念是：QQ 营销是一种惹祸而又不讨好的网络营销推广模式。难道这种形式的 QQ 发帖发广告就是我们通常说的 QQ 营销吗？我的回答当然是 NO。

（一）QQ 营销是 IM 营销的 N 分之一

QQ 营销是 IM 营销中的一种，那么什么是 IM 营销呢？IM 为 Instant Messaging 的缩写，中文翻译为即时通信或实时传讯。以各种 IM 工具为平台，通过文字、图片等形式进行宣传推广的活动，称为 IM 推广。[①] 顾名思义，IM 营销也就是即时通讯营销，指营销工作者们运用现有的网络通讯工具实现的及时的实时的信息交流和收发从而产生效益的一种销售手段。国内常见的 IM 营销手段又可以分几种：QQ 营销、MSN 营销、百度 HI、YAHOO、微博营销等，其中 QQ 营销是国内目前市场占有率最高 IM 营销。

QQ 营销或者 QQ 推广主要分为 QQ 邮件营销及 QQ 群营销。QQ 营销的精妙之处在于：感情的培养（混个脸熟）、与群员、管理员打成一片。这也是 QQ 营销必要的基础。好的 QQ 营销的效果是显然的，也就会成为传说中的精准营销，但是这种好的效果是建立在时间的付出基础上的。所以没有时间和精力的人去做 QQ 营销是费力不讨好的。

因为 QQ 用户在中国比较其他的交流工具有较多的使用者，因此在做营销

---

① 江礼坤编著．网络营销推广实战宝典．北京市：电子工业出版社，2012（1）：10.

时要考虑 QQ 营销作为我们的主要手段。QQ 营销所以在实际的工作中发挥着重要的作用，在于使用 QQ 的人数众多。网络营销人员可以通过设置脚本调用 QQ，实现及时的面对面的交流，及时的反馈和回答交流者双方的问题和答案。在交流中增进买卖双方成功的几率，因此成为现在流行的一种营销手段。在运用 QQ 营销时有几点要注意的地方：我们可以将卖家的联系方式和卖家的产品挂靠到 QQ 软件的表面和嵌入到 QQ 网站内部，一般的付费方式为按月付费和按点击付费等形式，在 QQ 营销的过程中要注意服务者的交流技巧以及运用合适的广告标语，达到最多的受众和最大的曝光度的效果。

（二）QQ 营销“三部曲”

QQ 营销，是利用 QQ 平台来对某一产品、品牌、理念进行宣传推广，以增加其被社会广泛知晓的认知度。从传播学角度来讲，在 QQ 营销中，发布 QQ 信息的人是传播者，QQ 平台是传播媒介，通过 QQ 会话窗口、QQ 空间、QQ 邮件等介质传递发送的一切信息是传播内容，而接受这些信息的 QQ 用户就是被传播者。要使得一条信息在 QQ 中完整地进行传播推广，除了要有传播的人和传播内容，还要有足够多的被传播者来接收信息。所以要完成 QQ 营销，必须要完成的三部曲是：QQ 好友添加、QQ 经营、QQ 营销。

1. QQ 好友添加

QQ 好友是 QQ 营销的基础，添加 QQ 好友的过程，是收集和储备目标消费者的过程。通过添加 QQ 好友的方式来达到 QQ 群营销、QQ 空间营销和 QQ 邮件营销的目的。添加 QQ 好友的方法有很多，可以通过“QQ 查询”功能查找指定 QQ 号添加，也可以到 QQ 群、朋友网、QQ 空间等多个地方进行 QQ 好友的添加。朋友网一直处于绑定 QQ 空间的状态，我们在写一篇日记的同时，朋友网的好友也可以看到。因此我们不要忘记每天通过 QQ 空间好友管理器来添加朋友网的好友。此外，还可以从竞争对手那挖取客户，比如可以进入到一些专业网站，加入客服的 QQ 号码，然后进入到这个客服空间里面添加访问该空间的人，正所谓不是一家人不进一家门，凡是访问该空间的人极有可能都是些志趣相投的人，即 QQ 营销的目标受众。

2. QQ 经营

QQ 经营无非是打理好自己的账户，比如 QQ 群、QQ 空间、QQ 邮箱和朋友圈等。QQ 群要保证每天的活性，只有群里的话语多了，才能长久地留住群里的客户，倘若一个 QQ 群长期冷冷清清犹如一潭死水，就像一户人家买了一台电视，但是电视里长时间都没有节目播送，那有群和没有群又有什么区别呢？同样的，QQ 空间也是一样，当我们添加好友的时候，并不是直接性地给好友发送垃圾广告，这样只会让你的好友排斥，因为我们通过 QQ 空间来经营这批客户。比如说某企业是做电子产品的，该企业的 QQ 维护者添加了一个电子产品 QQ 群的好友，那么当 QQ 维护者在空间里面发布一些怎么样维护电子产品的文章后，空间的好友看到可能会转载，也可能会对这些文章特别感兴趣，同时发布一些有价值的信息等，这样可以利用好友来拾取信用。

3. QQ 营销

QQ 经营是 QQ 营销正在进行时。在 QQ 说说与日志中适当加入一些 QQ 群号，就会有许多人通过转载以及直接加入到你 QQ 群，那么在你 QQ 群里面，目标受众多了，你就自然非常好经营了。然而有了足够多的目标受众之后还不够，还需要生产足够好的传播内容来维护与目标受众之间的关系，就像电视台一样，观众是全国各地几十亿的人，但看不看你的频道，就取决于你播出的节目是否有魅力了。

（三）QQ 营销的康庄大道——QQ 群营销[①]

QQ 是融合多种功能的社交软件，我们可以通过 QQ 文字、图片、视频、语音等方式进行 QQ 即时通信，可以一对一地双人聊天，也可以通过 QQ 群进行多人群聊。不过，在众多的信息推广平台中，当属 QQ 群的传播效果最好。QQ 群是 QQ 的一项特有功能，它是由不同的人通过兴趣、职业和人脉建立起的“小集会”，如宝马群、广告人群等。这是天然的分众市场，它毫不费劲地将数千万用户分解成不同的细分市场，就传播效果而论，QQ 群有着无限的商

① QQ 群营销策略技巧大全．http：//jingyan. baidu. com/article/4d58d541c8c2a89dd4e9c0bf. html.

业想象空间。

在QQ营销当中，QQ群营销是QQ营销最重要的一种手段，其营销形式是不拘一格、多种多样的，包括：QQ图片、QQ远程工具、QQ视频、QQ文件传输、QQ群营销、批量加群、群发好友信息、群发群信息、群发群成员、群发讨论组、群发群邮件等多种营销方式。

QQ群营销是互联网最重要的营销推广方式之一，掌握QQ群营销，对每一单互联网生意至关重要。众多企业家和营销人深知，营销的核心是流量，而成交的核心是信任，而QQ群营销正是建立在流量和信任双重保障的前提下而存在。

通过QQ群营销，无需要太多推广成本，只需发布一条广告信息，可同时传递给群中上千群成员，操作简单、推广快速，是流量获取的重要来源，并且通过与QQ群员的长期沟通交流，信任度建立非常快，对成交有着极大的提高。

1. 如何建立QQ群

做QQ群营销之前，必须先建立QQ群，建立QQ群时应注意，QQ群名称必须和你的产品或者行业相关。如投资交流群，美容群，大学生求职群等等。另外，群名称包括相关行业关健词，群简介用简短的内容概括群的基本信息，设置群标签，这样有助于用户通过搜索查找QQ群而带来精准客户。

2. 如何运营QQ群

当QQ群内有一定的精准用户后，就要开始培养信任，建立长期的沟通。发布热点内容、执点话题，鼓励用户沟通讨论；通过群相册、群文件来分享有价值的图片或者文件，如公司图片活动、产品说明文档、使用电子书等等。定期举办QQ群语音交流会，解决客户的常见问题和疑问。运营过程中，群内尽量减少广告发布次数，避免引起群成员的反感。及时清理群内不和谐、乱发广告的成员，及时提醒避免混乱，保证群内的和谐稳定。

3. 如何进行产品营销

通过运营一段时间后，可以开始促销自己的产品，常见的方式是发布群广告、群文件等，但最好的方法是举办QQ群语音产品说明会。准备完整的产品说明演讲稿，举办 QQ 群语音演讲会，通过演讲的方式来推广促销自己的产品，QQ 群也可应用于售后服务的场所，需要指定的运营人员及时解决 QQ 群内成员的问题和疑问，建立长期的信任感，为长期营销建立信任和准备。

一对一行动。可以找群中聊得不错的，单独出来聊，聊得过程中就可以讲一些与你相关的东西，还可以试问“你知道 XX 么？这个论坛不错嘢，上面的资料蛮全面的！”然后，对方会问：“真的么？地址是什么？”你就发个链接过去。

利用 QQ 群发邮件。如果是自己的群，可以再发群邮件，这样群友都可以看到。如果是别人的群，可以要求群主给管理员当当。但是你发邮件的时候，要写好邮件的内容，不要人家一看就是广告，要突出主要内容，或者整理下网站上的，对大家有用的内容。

倘若 QQ 群不是自己建立的，该如何进行 QQ 群营销呢？是的，QQ 群发！一说到 QQ 群发，肯定有人会说出很多东西，因为它表面上很简单，实质上这项工作要持续地完成好是很难的。QQ 群发作为网络营销的重要手段之一，主要有发 QQ 群、QQ 好友、QQ 群成员、陌生人群发和企业 QQ 群发以及邮件群发。

不管是 QQ 好友、QQ 群还是 QQ 群成员都是为了把广告发到对方号码上面，发群和发好友都是需要添加才能发到对方 QQ 上面的，没有陌生人群发来的快，来的直接。而陌生人群发，顾名思义就是不加好友直接发临时会话，可以让对方直接搜到的。一般人是这么做的：发发广告——走人——被骂、被鄙、被踢。那应该如何进行 QQ 群发，才不会被骂、被鄙视、被踢呢？

第一步：维护群员关系。第二步：寻找大量的搞笑的 GIF 或者大量的能够引起广大网民关注的话题、文章。第三步：图片化，或者 GIF 话，在右下角贴上自己小小的域名号。第四步：发送体验。也许还有很多朋友不知道在很多情况下你们被别人蒙骗了，例如，在 QQ 群广泛群发的爱心广告，帮助某某找某某，这些都是 QQ 营销工作者的 QQ 群发营销，有的人还在大量帮忙宣传。

三、案例集锦

（一）QQ空间：红米卖疯了

随着微博、微信等社交产品不断更新，QQ空间似乎已经成为“古董”，QQ空间真的被淘汰了吗？首先我们来看下面两组数据：

QQ空间月活跃用户达到6亿，2014年元旦期间，QQ空间说说发表量在第一个小时内就超过了2800万；元旦当天24小时内，QQ空间内容发表量超过10亿次。美国科技博客Business Insider近日按用户人数为全球社交网络公司做了一番排名。排名显示，截至2013年10月30日，QQ空间以7.12亿的月活人数位列全球第三，仅次于11.5亿月活的Facebook和10亿月活的YouTube。新浪微博以5亿的总用户数排名第四，微信则以2.36亿月活排名第十。①

从数据中可以看到QQ空间仍然有丰富的用户资源，QQ空间随着产品的不断改良和用户资源的积累，逐渐发展成为一个实力派的社交平台。而QQ空间联合红米的出色营销再次刷新了我们的认识。2013年8月12日，红米手机在QQ空间独家首发，开放购买的第一秒内就有超过14.8万用户点击购买，10万台红米手机在1分30秒内全部售罄。而在小米的QQ空间首发红米开放预约的3天内，有500万用户申请购买，共有745万用户参与预约。② QQ空间怎么创造这个神话呢？

1. 社交链条效应

人们在社会交往的过程中往往发生一系列的社交链条效应。我们可以来看这样一个实验：1967年，美国著名的心理学教授斯坦利·米尔格兰姆招募

---

① 移动+社交：社交网络引爆“眼球经济”. 腾讯科技. 2014. 2. 22. http：//tech. qq. com/a/20140222/006033. htm

② 从红米效应看QQ空间社会化营销能力. 硅谷动力. 2013. 12. 3. http：//www. enet. com. cn/article/20131/A11920131203007. shtml.

了一批志愿者，随机选出其中300多名，请他们邮寄一个信函给指定的一位股票经纪人。这个实验有意思的是，米尔格兰姆要求志愿者不能直接把信函寄出去，而是送给那些他们认为最有可能与目标建立联系的亲友。出人意料的是，最终有60多封信到达了目标股票经纪人手中，并且这些信函经过的中间人的数目平均只有五到六个。这就是著名的连锁信实验，米尔格兰姆教授从中提出了六度分隔假说：最多通过六个人你就能够认识任何一个陌生人。也就是说，任何两位素不相识的人之间，通过一定的联系方式，总能够产生必然联系或关系，这就是社交链条的效应。

虽然六度分隔假说没有得到过严谨证明的，但却描述了社交关系存在交互性的特点。QQ空间是腾讯于2005年开发出来一个个性空间，很多人把QQ空间当作一个私人的心情日记，却没有挖掘其社交属性。QQ空间从本质上来说是一个社交圈子，提供一个用户的兴趣分享的平台，用户可以自由设定空间的背景、音乐、图片、日志等，并允许好友访问空间，转发用户的内容。这个社交平台是基于共同的兴趣爱好和社会关系连接在一起，用户与用户之间有较好的交互效果。六度分隔假说又称为“小世界现象”，的确社交网络往往让我们觉得这个世界变小了，你可能在看朋友的QQ空间上发现她的朋友竟然是你认识的一个小学同学，这就是社交网络的聚合作用，把熟人与熟人联系在一起，每一个个体的社交圈不断放大。

不少人会提出这样的疑问：小米本身不是也有一个小米社区吗，为什么不在这上面发布红米？拥有6亿积极用户群的QQ空间，拥有基于真实好友的强关系，人与人的关系紧密，有很强的情感因素维系着人际关系，互动频率高。而小米社区是一种弱关系，用户来自各个行业，相互的情感关系较弱，相比之下QQ空间显然更具有商业优势。小米看中的就是QQ空间的强关系，这也是小米社区所希望得到的资源。由于QQ空间是熟人关系网络，我们主动分享和互动的能动性更大，一个人转发了红米发布的信息，就会在QQ好友、微博、校友等社交圈子里进行多次传播，这种传播效果是链条式的，一环扣一环，最终整个社交链条被不断延伸，形成“病毒式”传播效应。

小米公司联合创始人副总裁黎万强在接受媒体采访时曾表示：“小米手机新生代用户基因显著，这些年轻人群具有更强的社交网络参与性，移动互联网的活跃度非常高，不论是QQ空间、还是微博或微信，小米粉丝数的增长都令人惊喜。”小米公司通过QQ空间的强关系链进行口碑传播，成功引爆了人们的注意力，在2014年3月，在QQ空间参与红米note首发活动的人数已经超过了590万人，接近600万。①

在国外，商家也往往借助于社交网络平台进行商品的推广。Google+就是一个成功的典范，2011年推出的google+不断崛起，在2013年受欢迎的程度超越了Twitter，仅次于Facebook位居第二，超过7亿人注册。Toyota利用Google+定期更新页面，不仅分享企业信息和创新理念，还让消费者成为企业本身的合作伙伴，使用者可以邀请好友一起设计一款喜欢的Toyota，设计完成后的汽车还可以在Google map上试跑。

从QQ空间、Google+这些成功案例来看，社交网络的营销比一般传统营销具有更强的传播效应，通过熟人关系产生的聚合，将产生一个可信任的社交链条，这其中的商业潜能的确是无可估量的，未来营销将会更多地借助社交网络的力量进行社会化营销。

2. 大数据挖掘

IDC在《数字世界研究》做出这样一个预测：2020年中国数字世界将增长24倍，中国在全球数字世界中所占的份额将在2012年至2020年间从13%增至21%。到2020年，其数字世界，如果用文本打印出来，摞起来的书可以从地球到冥王星来回30次。②

我们正在进入一个大数据的时代。大数据给我们的感觉似乎是像宇宙星体一般，远在天边，看不到也摸不着。大数据真的那么神秘吗？如果把大数据还原成现实，你就会发现其实大数据离我们生活很近，大数据的世界很有趣。

日本先进工业技术研究所教授越水重臣所做的研究就是关于一个人的坐姿。当一个人坐着的时候，他的身形、姿势和重量都可以量化和数据化。越

---

① 小米：“红米note”不是“红米”. 网易数码. 2014.3.19. http://digi.163.com/14/0319/16/9NNDATGP00162OUT.html.

② IDC：预计2020年中国数字世界将增长24倍. 中文互联网数据中心. 2014.3.20. http://www.199it.com/archives/203071.html.

水重臣和他的工程师团队通过在汽车椅下部安装总共有 360 个压力传感器以测量人对椅子施加压力的方式。把人体屁股特征转化成了数据，并且用在 0 ~ 256 这个数值范围对其进行量化，这样就会产生独属于每个乘坐者的精确数据资料。在这个实验中，这个系统能根据人体对座位的压力差异识别出每个乘坐者的身份，准确率高达 98%。通过汇集这些数据，我们可以利用事故发生之前的姿势变化情况，分析出坐姿和行驶安全之间的关系。这个系统同样可以在司机疲劳驾驶的时候发出警示或者自动刹车。同时，这个系统不但可以发现车辆被盗，而且可以通过收集到的数据识别出盗贼的身份。①

一个人的坐姿就能够产生如此大的效应，甚至带动一个行业的发展，大数据的价值超乎我们的想象。作为国内互联网巨头之一的腾讯，面对月活跃度用户达到亿的 QQ 空间，当然不会浪费 QQ 空间的大数据资源。

“抢疯了”的红米也是基于 QQ 空间的大数据分析才获得如此火爆的效果，开发了一个社交体系的平台型广告投放系统——广点通，通过这个系统可以进行数据的精准配对。广点通基于对 QQ 空间的用户进行数据分析，确定对红米手机感兴趣的用户，再向他们推送红米的活动。准确配对下的用户又会点击关注红米的认证空间，同时分享到好友圈子里，直接用户的二次口碑传播，实现了倍增的曝光效果和提高目标人群的参与度。在第一轮“红米”促销结束后，QQ 空间能够发出对此次购买红米手机客户的性别、年龄及地区的数据统计，并把这些数据反馈给小米公司，让小米公司在下一轮的活动中更精准。

信息大爆炸的时代，运用大数据能为我们过滤掉超载的信息，找到有价值的信息。大数据无形中改变了商业的传统模式，创造了更大的经济效益。大数据像埋藏在地底深处的钻石，值得我们去发现和挖掘。

（二）腾讯的游戏王国

2014 年 3 月 18 日，腾讯游戏年度发布会的官方微博上的一句话很有意思：“始于游戏，不止于游戏。”游戏一直是公认的最暴利的行业之一，网易

① 维克托·迈尔－舍恩伯格肯尼斯·库克耶．大数据时代［M］．浙江人民出版社，2013：102.

董事长丁磊曾经这么评论网游：世界上投资最少的产品，每天睡觉都可以有成千上万收入。

根据艾瑞咨询公司公布的《2013 年中国网络游戏的数据报告》显示，2013 年中国网络游戏市场规模逼近 900 亿元，同比增长 33%。到 2014 年的规模有望突破千亿大关，达到 1150 亿元，而三年后的规模将突破 2 千亿。[①]

腾讯也自然不会放过游戏这块大蛋糕，早在 2003 年腾讯就进军网游领域，当时的腾讯游戏不被业界看好，一是没有技术人才，没有网络游戏运营的经验，二是腾讯主要做即时通讯平台，和游戏没有太多关系。但几乎没有人能够预料到，腾讯游戏逐渐发展成为国内最大的网络社区游戏，腾讯是如何做到的呢？

首先我们简单回顾一下腾讯游戏的发展史：

2003 年至 2006 年是腾讯游戏不断探索的四年，腾讯尝试各种手段运营游戏产品，其中以“QQ 游戏”平台为主打，覆盖了棋牌麻将、休闲竞技、桌游、策略、养成、模拟经营、角色扮演、flash 小游戏等海量游戏种类，逐渐吸引了大量的玩家。2006 年 7 月，“QQ 游戏”最高同时在线人数突破 200 万。

2007 年至 2009 年，腾讯游戏开始走上高速发展的阶段，腾讯除了自研一些游戏产品，如大受人们喜爱的“QQ 飞车”，还在韩国收购游戏版权，再结合中国玩家的习惯进行修改，使游戏具有本土化特色，如“穿越火线”“地下城与勇士”。2009 年，腾讯游戏市场份额达到 20.9%。

2010 年至今，腾讯游戏开始实行品牌发展的战略，以“快乐”“专业”“值得信赖”为品牌理念，一方面通过并购、业务拓展等方式发展游戏产业，另一方面探寻“泛娱乐”的市场潜力，把游戏拓展到电影、音乐等多个领域。

从发展史看，腾讯游戏在不断进行游戏方面的尝试，从休闲类小游戏发展为集聚各种网游资源，从单一游戏生产拓展为多线生产，涉足于视频、影视等领域中，可见腾讯的游戏版图在不断扩大。这值得我们思考，腾讯游戏如何打败众多竞争对手，在 11 年间发展成为“游戏产业的巨人”？

---

① 数据报告：腾讯的游戏去年赚了多少钱？太平洋游戏网 . 2014. 2. 10. http：//news. pcgames. com. cn/353/3533354. html.

1. 突破重围：业务捆绑方式

腾讯游戏一开始就借助于QQ资源进行业务捆绑，QQ游戏平台与QQ账号是绑定的关系，只要你有QQ账号，就可以玩游戏。早在2000年，腾讯就基本上占领了中国在线即时通讯接近100%的市场，基本上已在国内成了即时通讯行业霸主，2014年，腾讯QQ同时在线用户数突破两亿人次。这个天然的用户资源，无疑能为腾讯游戏带来大量的玩家。

从用户的行为成本上来看，腾讯简化了玩家进入游戏的手续，人们到从QQ账号快速到达游戏入口，而不用再去申请一个账号。QQ账号等同于是一个玩家的身份证，赋予了玩家自由进入的权利。有一些游戏公司费很大劲去统一玩家的ID，而腾讯从一开始就已经做到了这一步。马化腾也曾经说过："在腾讯上玩游戏，玩家会说玩的是'腾讯的某款游戏'，玩家的ID就是即时通信的ID，而玩其他公司的游戏时，玩家只会记住某款网络游戏"。

俗话说，背靠大树好乘凉，腾讯游戏依托QQ的用户资源，在市场竞争中处于优势地位。腾讯与联众的对战正好说明了这一点。联众是中国最早做游戏平台的公司，一度占有在线棋牌游戏市场85%以上的市场份额，但在腾讯游戏捆绑QQ之后，联众的地位一落千丈。2004年底，腾讯凭借强大的用户黏度迅速超越联众，腾讯当时的同时在线用户数达到一百万之多，而联众只有区区五十万。2004年8月，QQ游戏同时在线突破了62万人，跃居国内第一大休闲游戏门户。①

2. 深化发展：泛娱乐化战略

美国批评家尼尔·波兹曼曾在《娱乐至死》一书中惊呼："我们的政治、宗教、新闻、体育和商业都心甘情愿地成为娱乐的附庸，毫无怨言，甚至无声无息，其结果是我们成了一个娱乐至死的物种。"的确，现在是娱乐至死的时代，在消费主义原则的支配下，娱乐逐渐成为人们满足物质需求以外的精神愉悦需求的重要途径，现在绝大多数消费产品都带有娱乐功能和娱乐因素，轻松有趣、休闲的文化艺术更容易吸引人们的注意力，娱乐产生了巨大的经

---

① 联众：寂寞的咸鱼．新浪网．2007.4.12. http://tech.sina.com.cn/i/2007-04-12/09251461652.shtml.

济效应。正如沃尔夫所说的："娱乐经济已成为新的世界通货，21 世纪的货币不是欧元，而是娱乐。"

说到娱乐，它一直是腾讯游戏突出的特色，腾讯游戏在 2012 年提出了"泛娱乐"战略，以网络游戏运营为基础的跨领域、多元化商业开发模式，通过网游营销手段整合漫画、影视、文学、音乐等资源，目的是实现泛娱乐产业链。在动漫方面，2013 年 1 月，腾讯与集英社、万代游戏达成战略合作，获得《火影忍者》《航海王》《龙珠》《圣斗士星矢》等 11 部经典漫画的电子版发行权，并将《火影忍者》做跨界开发，开发游戏《火影忍者 Online》。而在影视方面，腾讯联合了一些著名的电影导演，如陈可辛、袁和平、奚仲文和吴里璐等，以电影化的手法创作游戏，《天涯明月刀》就是其中一个代表作，它开创了"游戏"与"电影"融合的全新的艺术形式。腾讯游戏也积极在游戏中融合音乐，《英雄杀》《逆战》两款游戏则与陈楚生、张杰等当红音乐艺人合作，打破传统产品代言模式，将游戏内容、品牌与艺人的专辑、演唱会多方面融合，也实现了游戏用户与明星粉丝之间的快速渗透与转化。

实行"泛娱乐"战略，腾讯并不是第一家。盛大在 2009 年提出了全产业链架构，开始在文学、视频、音乐等方面全面布局，致力于打造互动娱乐帝国。但可惜的是，盒子的失败、文学的动荡、酷六的边缘化、边锋游戏和浩方平台的出售，在某种程度上说明了盛大的娱乐帝国梦的破灭。在盛大这次转型过程中，盛大耗费巨资却收获甚微，雪上加霜的是，在盛大疲于奔命的时候，其他网游竞争对手网易、九城则埋头发展网游，盛大往日的霸主地位已被动摇。

业界总结盛大失败的原因，主要认为盛大并没有做好基础流量和用户群体的工作，多元化的娱乐媒介都很难通过固有渠道把产品输送到用户面前，变现就更无从谈起。而腾讯依托于 QQ 这个即时通讯类软件，其用户间交互性强，用户能够转化为流量的自然入口。但腾讯依然要面对许多问题，如内容资源如何进行多版权变现、有效地整合线上、线下资源等。"泛娱乐"可以成为国产网游第三次井喷的发力点，也可能成为易碎品。未来腾讯的"泛娱乐"将走得多远，需要时间的证明。

3. 未来趋势：移动+社交

2013 年中国网络游戏用户增长明显放缓。网民使用率从 2012 年的 59.5%

降至54.7%。网络游戏用户规模3.38亿，网络游戏用户规模增长仅为234万。与整体网络游戏用户规模趋势不同，手机端网络游戏用户增长迅速。截至2013年12月，我国手机网络游戏用户数为2.15亿，较2012年底增长了7594万，年增长率达到54.5%。整体行业用户的增长乏力以及手机端游戏的高速增长意味着游戏行业内用户从电脑端向手机端转换加大，手机网络游戏对于PC端网络游戏的冲击开始显现。手机网络游戏的迅猛增长，让我们看到未来游戏移动化发展的趋势。①

我们正进入一个物联网的社会，一切物体都有可能成为各种移动化的终端。它深刻地改变着我们的生活，不仅仅是媒介的一种延伸，更是消费形态的变化。现在连小孩子都会拿着手机玩愤怒的小鸟，拿着ipad看故事。而一些穿戴式的智能终端的设备带给我们无限的想象力。开车怕打瞌睡？国外开发人员推出了一款名叫DriveSafe的谷歌眼镜专用程序，使用Glass传感器能够探测到驾驶者在打瞌睡，或者没有注意前方道路，就会发出声音或视觉警告提醒你，还会提供附近的休息站信息，能降低车祸的发生率。想一回家就舒舒服服吹空调？海信于2013年9月推出了一款互联网智能空调，用户不仅可以通过智能手机、PAD、PC等设备远程控制，还能通过微博私信与空调对话，我们可以随时随地对家中的温度、湿度、空气净化进行调节。以前在科幻小说里的场景，现在正出现在真实的世界里，让我们不由得感叹：科技改变生活，世界真奇妙。

手机、ipad等各种移动终端的普遍使用，使移动化媒体正在成为人们生活的一部分。腾讯顺应移动互联网时代的发展，把游戏与移动终端结合，让移动化游戏的市场快速扩大。2013年5月，腾讯移动游戏发行平台正式发布，截止到2014年2月，整个平台的累计注册账号数已经突破10亿（国内移动游戏用户覆盖率超过80%）。②

未来，游戏还呈现出与社交融合的趋势，社交为游戏带来大量用户。腾讯在手机QQ及微信上推出游戏中心，包括一系列自主开发及第三方智能手机

① 第33次中国互联网络发展状况统计报告．中国互联网络信息中心．2014.3.5．http：//www.cnnic.net.cn/hlwfzyj/hlwxzbg/hlwtjbg/201403/t20140305_ 46240.htm.

② 看起来那么美腾讯移动游戏平台细节公布．2014.3.3．http：//news.shouyou.com/news/03032014/184901045.shtml.

游戏。凭借手机 QQ 及微信提供的广泛用户群及社交网络效应，该游戏于2013 年第四季度录得超过人民币 6 亿元的收入贡献。腾讯首款上线精品“天天爱消除”发布 5 小时达到 Apple Store 中国区免费榜 TOP1；“天天酷跑”“全民英雄”“天天飞车”“全民飞机大战”这 4 款产品发布首日则斩获了 Apple store 中国区免费榜和畅销榜双榜第一；AppStore 中国区畅销榜 TOP3 的产品基本被腾讯占据。①

社交本身具有粘合性和互动性，好友可以聚集在一起玩同一个游戏，在游戏竞争中获得心理的满足和表现欲。例如在玩“全民飞机作战”时候，会出现游戏分数排行榜，引发玩家们纷纷刷屏秀战绩，开始激烈的“排位争夺战”，游戏中时不时穿插的金币关卡，更是激发了玩家的竞争天性。玩家还可以在自己的好友列表中选择好友，让自己的战机和好友的战机合体。合体后的新战机获得更强的战斗力，如果获得胜利，被合体的好友也能获取一部分金币奖励，这就形成了病毒式的传播，提高了游戏的参与度。

未来是湿的。克莱·舍基认为未来的组织方式将突破干巴巴的社会关系，而是变成湿乎乎的人人时代。社交能力是我们的核心能力之一，它在我们生活中的几乎每一个层面都以原因和结果的双重面目出现。社会不仅仅是个体成员的产物，也是群体构成的产物。个人与群体的集合关系、群体内部个人的集合关系，以及群体间的集合关系，共同形成了一个复杂的网络。② 未来的游戏也将会是这样，基于人与人之间的社交关系，游戏更注重互动性。

（三）两马之争：腾讯 PK 阿里巴巴

3 月 10 日，一则重磅消息传来，腾讯入股京东！腾讯发布公告宣布，将支付 2.14 亿美元收购京东上市前 15% 股份，同时把 B2C 平台 QQ 网购和 C2C 平台拍拍网并入京东，同时京东还获得易迅网少数股权和购买易迅网剩余股权的权利。腾讯和京东达成合作联盟，无疑是朝着电子商务进军的一大步，腾讯正式向“电商老大”阿里巴巴发出了挑战书。为了在互联网中占据制高

---

① 进击的腾讯：已覆盖国内 8 成手游用户 . 大中华新闻网 . 2014. 3. 3. http：//www. 0168. cc/game/esports/1393859716116071. html.

② 克莱 . 舍基 . 人人时代无组织的组织力量［M］. 中国人民大学出版社，2012：12.

点，腾讯和阿里巴巴之间的争斗早已是硝烟四起。

1. 社交平台大战

“企鹅走出南极洲了，他们在试图适应酷热天气，让世界变成他们适应的气候，与其等待被害，不如杀去南极洲”。马云这番狠话，正式向腾讯宣战。虽然马云的主攻点是电子商务，但社交网络所带来的红利是马云拓宽商业渠道的重要途径。早在 2013 年 4 月 29 日，阿里巴巴宣布以 5.86 亿美元收购新浪微博 18% 股份，开始了电子商务和社交网络结合的尝试。马云指出：“投资微博是希望微博更加健康与正能量，这是阿里巴巴未来发展非常重要的一步；阿里巴巴肯定会上市，但目前还不确定上市时间与地点。”从马云的谈话中，不难发现阿里巴巴把社交网络作为未来重要的战略部署。2013 年 9 月，阿里巴巴发布了移动社交应用平台——来往，阿里巴巴强调公司内部团结起来对抗腾讯，要求员工每人要给“来往”贡献 100 个注册用户，否则没有年终红包。在阿里巴巴推出“来往”一个月之际，阿里巴巴宣布注册用户数已突破 1000 万。而马云则在活动现场高调表示：“微信很强大，但我们就是要把不可能变成可能，未来要去挑战微信的权威。”

在移动支付领域，2014 年 1 月，新浪微博宣布与支付宝合作，推出微博支付，全面打通微博与支付宝账号。这也验证了马云将更多考虑如何将电商和社交网络融合并寻求合作发展的空间。当然，腾讯作为国内社交网络的老大，也制定了不少抗击阿里巴巴的对策。2013 年 8 月 5 日，微信 5.0 版本正式发布，该版本在功能上引入了微信支付，这无疑是腾讯想在移动支付上和阿里巴巴抢饭碗，怪不得马云惊乎“被偷袭珍珠港”了。

为了在互联网上争地盘，腾讯和阿里巴巴纷纷针对对方下禁令。2013 年 7 月 26 日，微信实施封杀微信营销账号策略，被封杀的账号多为接淘宝广告的公号，其中还包括粉丝数量达 80 万的公众账号。2013 年 11 月 1 日，微信启动对来往的屏蔽，对在微信朋友圈分享活动的内容，直接提示“含有恶意欺诈内容，终止访问”。阿里巴巴也毫不示弱，2013 年 8 月 1 日，阿里巴巴向微信的淘宝客类营销应用发出邮件，表示将从数据接口屏蔽一切微信来源，禁止商家使用微信在该网站上销售商品，并努力吸引用户用新浪微博账号登录。2013 年 12 月 2 日，阿里巴巴又拉拢了一帮自己的合作者——新浪微博、虾米等，取消分享至微信的按钮，达成“封杀微信联盟”。

2. 红包大战

2014年春节，红包抢疯了！腾讯和阿里巴巴上演了一场激烈的红包大战。根据微信和支付宝公布的数据显示，春节假期里，超过800万用户一共发出了4000多万份微信红包，平均每个红包在10元以内。而春节7天支付宝用户也发放了价值2亿元的红包，红包平均金额超过50元。虽然数额上来看，支付宝明显高于微信红包。但是，微信红包却在春节一夜走红，其营销效果超过了阿里巴巴，连马云也不禁感慨：“此次春节腾讯‘偷袭珍珠港’确实是计划和执行的完美。”

为什么微信红包这么受欢迎？微信红包最吸引人的地方就是“抢”的乐趣，在传统的红包里植入社交游戏。娱乐永远是人类的本能需求，而社交游戏模拟了真实世界里的人际交流。微信“抢红包”，用户只需点击“新年红包”公众号，填写发红包的金额和个数，附上祝福语，通过微信支付，可群发也可发给个人。对于过年的人们来说，这就像一个分享快乐的游戏，在“抢”的过程中产生更多欢乐，春节也比以往传统派发红包的方式更好玩、更有气氛。相比互动性强的微信红包，阿里巴巴的支付宝“新年讨红包”的玩法则显得过于简单、缺乏吸引力。支付宝页面上有“发红包”和“讨彩头”两个选择，“发红包”可进入手机通讯录选人，填写转账金额，捎上文字或语音祝福。“讨彩头”，则写上祝福语，找出通讯录朋友点击即可。阿里巴巴的“新年讨红包”明显还是传统发红包的一对一方式，少了那种大家聚在一起参与的热闹。

在“抢”红包的过程，微信红包的金额随机分配，大大刺激了人们的参与感，“抢”到大红包的自然觉得自己是新年的幸运儿，在微信、QQ、微博等社交平台分享自己的心情，让圈子里更多的好友参与到这个“抢红包”的游戏中，这就形成了病毒式扩张循环的过程。微信红包之所以能在短时间造成轰动，与这个产品背后的微信社交平台有很大关系。腾讯的微信用户已经超过6亿，通过社交平台的裂变式传播，这种病毒式扩张循环的力量是巨大的。它可以迅速让1个人变成15个，2个人变成64个，4个人变成100个等等当你把感兴趣的东西分享在社交网络的圈子里，你的朋友也许觉得这个东西也很有趣，自发也分享到自己的好友圈子里，利用微信的社交关系，无形中扩大了整个传播的范围。

3. 打车大战

2014年年初，“嘀嘀”与“快的”两个打车软件大战，掀起了全国范围内“免费打车”的潮流，背后其实就是腾讯和阿里巴巴这两个互联网巨头之间的烧钱大战。2月17日，“嘀嘀”宣布追加2亿元投入奖励使用微信支付的乘客和司机。次日，“快的”就宣布与支付宝联手再投5亿元奖励金大手笔返利来吸引用户。据统计，2014年春节7天，“嘀嘀”全国单日订单数突破100万笔，7天平均日增幅约10%，其中微信支付订单比例为68%；“快的”补贴活动期间，全国日均订单量为128万笔，单日最高订单量162万笔，突破了成立8个月的总订单量。其中，使用“支付宝”钱包付车费的日订单数最高突破60万笔。①

“嘀嘀”和“快的”两大打车软件烧钱血拼战不断升级，1月10日，嘀嘀打车软件在32个城市开通微信支付，使用微信支付，乘客车费立减10元、司机立奖10元。1月20日，“快的打车”和支付宝宣布，乘客车费返现10元，司机奖励10元。2月17日，嘀嘀打车开启“游戏补贴”模式，使用嘀嘀打车并且微信支付每次能随机获得12至20元不等的补贴，每天3次。而快的打车表示每单最少给乘客减免13元，每天2次，快的还对外宣称“永远比同行多1元”。

为什么腾讯和阿里巴巴在这场打车大战这么高调烧钱？天下没有免费的午餐，腾讯和阿里巴巴这样做无非是为了争夺移动用户资源，“免费打车”不仅仅是为了让用户形成用手机软件打车、移动支付的习惯，更重要的是打车背后的数据挖掘。在大数据的时代，什么最值钱？是数据！在使用打车软件时，乘客和司机都需填入个人信息，互联网公司便可第一时间获得庞大数据，通过对用户打车习惯、打车路径等数据的积累、分析，挖掘出消费者潜在需求，企业可以向用户推送打车目的地的生活服务信息，实现多种服务内容叠加，从而与商家及消费者合作，获得赢利。在使用“免费打车”软件的同时，

---

① 打车软件烧钱大战何时休．中国新闻网．2014－2－26．http：//news.xinhuaner.com/yzyd/auto/20140226/c_119505869.htm.

一次的免费就已经把我们所附带的有价值的数据出卖了，20 多块钱就把自己卖了都不知道，还傻乎乎帮腾讯和阿里巴巴数钱。

克里斯·安德森曾经说过：“如果我们能让消费者彻底抛弃头脑中‘到底值不值的问题，那么我们付出的代价也是值得的。”这种免费的策略很有效，就像这次“打车软件”吸引了这么多用户来体验，造成如此轰动的效果无形为微信和支付宝的移动支付打了免费广告。腾讯和阿里巴巴在这次打车大战中，表面上是亏钱，实际上从成本上来说还是赚了。艾媒 CEO 张毅指出“如果通过安卓市场等常规渠道，获取一个用户的成本在 2 元上下，获取 1 亿用户需要投入 2 亿，1 亿用户最后的留存率不到 1000 万，也就是说真实成本要高于 20 元。而计算下来，补贴十几元获取一个微信支付用户，这个生意只赚不亏。”无论是微信还是支付宝，都在这次打车大战中获得了大量用户资源，不断占据国内的移动支付市场。最终在移动支付市场谁输谁赢，这还是一个未知数，也是马拉松长跑的过程。

4. 火线交战的背后

腾讯和阿里巴巴这两大互联网的巨头的三次大战，可以说体现了未来互联网的一些震动和发展。腾讯和阿里巴巴各有其优势，腾讯擅长社交媒体的运营，有着高度的用户粘性和社交性。而阿里巴巴是从电子商务起家，有一套完整的移动支付系统——支付宝，拥有大量合作商家。而未来电子商务和社交媒体会趋向融合，从阿里巴巴入股新浪微博，到腾讯和京东达成合作，无一不显示这一趋势的发展。

从下图可以看到天猫商城的市场占有率是 50.10%，占据第一位，但是，从历年的数据来看，天猫的市场份额却呈逐年下降的趋势。主要原因在于其他 B2C 电商网站或平台的发力以及不断深化垂直品类，最具代表性的就是京东。[①] 可见，腾讯和京东的合作，将会成为阿里巴巴最大的挑战者。

伴随着手机的爆发式增长，手机成为互联网移动化的重要端口。中国互联网络信息中心发布的报告显示，截至 2013 年 6 月底，我国网民规模达 5.91

① 2013 年第三季度 B2C 市场分析报告．中国电子商务中心．2013. 11. 27．http：//www. 100ec. cn/detail－－6138472. html.

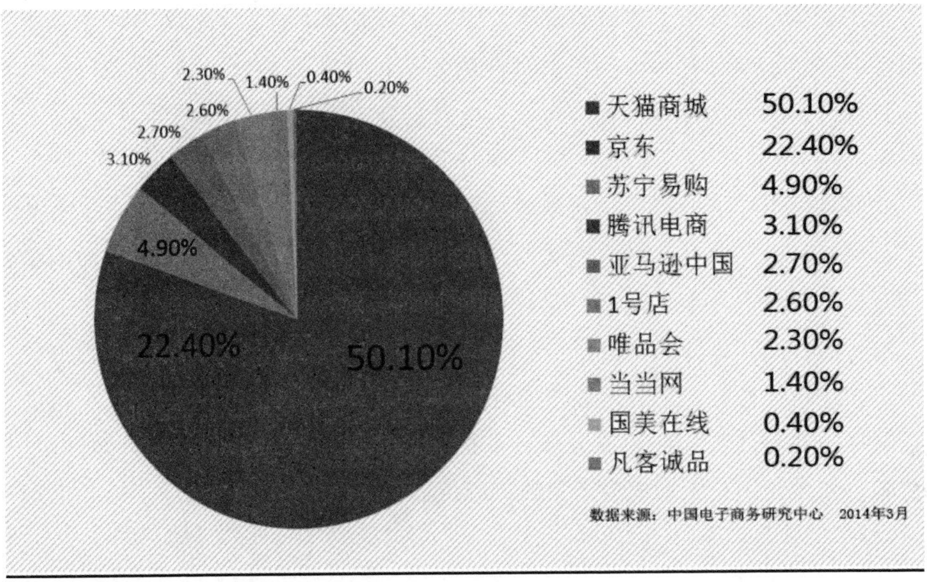

亿，其中手机网民规模达4.64亿。在2013年上半年的新增网民中，七成使用手机上网，手机成新增网民第一来源，越来越多的人使用手机购物。[①] 移动支付将成为腾讯和阿里巴巴竞争的焦点。

当然，由于阿里巴巴这些年的各种资源的整合和积累，其移动支付覆盖范围更加全面，吸引了大量的移动支付用户。根据支付宝数据显示，2014年春节假期，有1134万人在手机上通过支付宝钱包充话费，是2013年春节的6倍；220万用户在手机上还了71亿元的信用卡账单，是2013年春节的10倍；超过150多万人次通过支付宝成功付打车款；春运期间，已经有3000万人次用支付宝买火车票，其中1000万人用手机付款。[②] 不过，腾讯以其高粘性的社交网络，在移动支付有很不错的发展态势，像微信红包、微信打车都在抢夺移动用户资源，逐渐让人们形成用微信支付的方式。

很难预料未来腾讯和阿里大战谁是王者，只能说互联网将不断走向多元化。移动支付的抢夺只是冰山一角，其实深层次的是腾讯和阿里巴巴为了整

① 第33次中国互联网络发展状况统计报告．中国互联网络信息中心．2014.3.5. http://www.cnnic.net.cn/hlwfzyj/hlwxzbg/hlwtjbg/201403/t20140305_46240.htm.

② 支付宝钱包数据出炉春节期间手机支付超1亿笔．南方日报．2014.2.17. http://news.xinhuanet.com/fortune/2014-02/17/c_126144415.htm.

合一个服务行业的生态资源并对之占领，红包大战和打车大战只是一次试水，试探一下这水到底有多深，探索过河的安全模式，再把这种模式往其他应用场景推广，如饮食行业、服装行业、金融行业等，为人们打造“一站式”的服务。

经济学中有一个经典“池塘效应”：池塘里的荷叶在第一天长出了一片，第二天又长出了两片，到它覆盖半个池塘用了 49 天。可是，令人吃惊的是，荷叶全部覆盖另外半个池塘，仅仅需要一天时间！这是因为荷叶是以几何级数增长的，而非算数级增长。① 这个故事同样适用于互联网的世界，信息产品的更新是爆炸性的，没有人能够预料到底哪一个产品能够迅速占领整个市场。互联网的性质其实等同于服务业，谁把服务做足了，用户就买账。做好用户体验，才是让用户主动成为产品的口碑传播者的最佳方式。

① 马国良，南存徽，彭旋子. 新营销战社会化网络营销实战解密. 机械工程出版社，2012：71

第五章　视频：世界是“频”的

一、网络视频营销大揭秘

网络视频是在网络上以 WMV、RM、RMVB、FLV 以及 MOV 等视频文件格式传播的动态影像，包括各类影视节目、新闻、广告、FLASH 动画、自拍 DV、聊天视频、游戏视频、监控视频等等。[①]

网络视频营销指的是个人，企业或者机构，将各种类型视频影片，如宣传片、电视剧、自拍视频、微电影等，通过各种形式投放到互联网上，以达到一定宣传目的营销手段。网络视频营销与电视短片营销的形式相似，但其依托互联网平台，自然而然地拥有了视频与互联网各自的特点，这让网络视频的营销形式具备了两者的优点。

二、网络视频在中国

随着互联网的迅速普及，国外的 YouTube、国内的土豆优酷等网站的流行，视频在线播放成为视频应用的热门形式，网络视频的商业价值因此成为人们的关注点。

---

① 杨纪梅．网络营销操作操作手法全揭秘．北京：化学工业出版社，2011．

网络视频自诞生起，就成为了商业竞争中不可替代的营销工具，显现了无法比拟的营销优势。2006 年，中国网络视频市场步入发展阶段并取得不错成果。随着用户覆盖面扩大和影响力不断提升，在不到十年的时间中，网络视频已逐渐成为中国互联网的主流应用和基础性应用。目前中国网络视频行业主要分为四大阵营：首先是以优酷、土豆网、酷六网等为代表的网络视频分享网站，其次是以中国网络电视台、芒果网等为代表的网络视频，再次是以百度、爱奇艺、搜狐视频、新浪视频等大型门户网站为代表的视频网站，最后是以风行、迅雷看看等为代表的网络电视。①

2013 年 6 月 30 日，CNNIC 发布《第 32 次中国互联网络发展状况统计报告》，报告中显示截至 2013 年 6 月底，中国网络视频网民达到 3. 89 亿，较上年底增加了 1678 万人，半年增长率为 4. 5%。网民中上网收看视频的比例为 65. 8%，与上年底持平。② 通过分析可以看出不论是总体规模还是增长速度都是相当惊人，预示着中国的网络视频行业蕴藏着巨大的市场价值

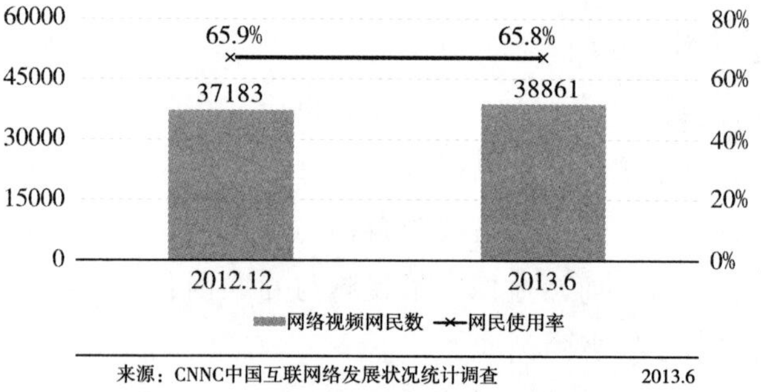

2012.12~2013.6中国网络视频网民数及使用率

近年来，网络视频行业在视频营销方面取得的巨大进展引人注目。尽管网络视频行业在发展过程中仍将面临各种各样的问题，但是用户对网络视频需求的不断增长以及网络视频广告规模的迅猛发展势头，预示着网络视频营销拥有巨大潜力，网络视频行业具有广阔的市场前景。

---

① 胡天状．近五年中国网络视频营销快速发展因素分析．东南传播，2011（6）：56～57.

② CNNIC. 第 32 次中国互联网络发展状况统计报告．2013 年 6 月 30 日，于 2014 年 2 月 9 日访于网易科技 http：//tech. 163. com/special/cnnic32.

三、视频营销新发展

视频带来的最大变化是受众收视行为的改变。以往人们习惯以家庭为单位，主要通过电视观看视频。如今，随着互联网的高速发展，人们有了电脑这一媒介，对视频的观看不再局限于电视屏幕。在过去几年里，除了在电视投放广告，许多企业都将目光转向了另一个主流屏幕——电脑屏幕，因此视频营销成功地完成了从电视到电脑的完美转身。

与此同时，伴随着智能手机、平板电脑、移动 PC 等移动终端的不断涌现，人们有了更多的媒介和场所收看视频，视频收看将以个人为主。用户被越来越多的屏幕包围，用户收看行为的改变，也将深刻地影响市场的变化，视频营销正在迎来新的价值爆发点，中国在线视频广告规模的不断增长说明了多屏视频营销已经成为了企业的必然选择。艾瑞的相关数据表明，2012 年中国在线视频广告规模超过 60 亿，而在 2013 年到 2015 年，这一数字将分别达到 127 亿、162 亿和 250 亿，其增长率远远高于其他主流媒体类别。[①]

在智能生活时代，屏幕越来越多地占据了人们生活的时间和空间，视频正成为品牌与消费者最有效的沟通媒介。与此同时，视频行业的发展也进入了新的阶段，兼并、收购的企业行为进入纵深阶段，行业的竞争更加激烈。一些综合实力强大的视频网站，依托母公司经济的优势，快速地并购其他视频网站，以达到强强联合，分摊成本，实现用户、人才、渠道等资源共享的目的。此外，部分视频网站不惜提供视频资源，与社交网站、博客、微博等社会化媒体联合，以实现用户共通，力图最大可能地扩大用户覆盖范围，增强竞争力。也有部分视频网站拓宽业务至硬件领域，推出智能电视或机顶盒，不但控制了视频的播放入口，还可通过出售硬件产品或内容赢利。

近年来，越来越多的品牌开始重视多屏幕的视频营销，更愿意在移动终端上推广。基于移动终端的蓬勃发展，网络视频的营销将走向双向传播、精

---

① 苏菲．2013 走进多屏视频营销．新营销，2013，01：30～32.

准内容、跨屏融合这三个关键点的升级整合。也有业内营销专家认为，移动终端、电脑终端、电视终端的跨屏多屏营销将更具发展潜力，其不但可以有效地提高目标人群的到达率，还可以提高品牌广告主在跨屏媒体预算分配的可行性。

四、网络让视频如虎添翼

视频与互联网的结合让网络视频具备了两者的优点。它既具有视频的特征，如感染力强、形式多样、内容丰富等，同时也具备互联网互动性好、传播速度快、成本低廉等优势。因此，网络视频营销也具备了视频营销与网络营销的共同特征，以下简要分析一下网络视频营销的特点。

（一）成本低廉、传播效果好

网络视频营销的成本并不会像电视广告投入那样高。一个电视广告其成本投入有时候会成百万上千万，就如此前加多宝投入《中国好声音》的节目冠名费，是相当惊人的。而网络视频营销的成本远低于同类电视广告，其制作成本可以低至几万甚至几千元，投入到网络中的费用也是几乎可以不计，但传播效果一点也不逊色甚至更加有效。此外，当观众们在网上发现一些或经典、或有趣、或惊奇的视频时，会更愿意、更主动地加以传播，企业品牌信息就会伴随着网友的自发地推广，在互联网以病毒扩散的方式蔓延。一个让人印象深刻的视频，可以获得观众的主动转发和传播，无形中可以为产品建立一个好口碑，扩大产品知名度。相比之下，网络视频营销的性价比是十分高的。

（二）互动性加强、提升品牌认知

网络视频打破了传统媒体单向传递信息的局面，网友不仅能够自创视频内容，同时也喜欢上传并与他人分享。网络视频营销不仅关心消费者是否看到这个广告，而更强调他们理解并愿意讨论它，同时分享自己的观点，比如视频发布之后，留意网友的评论并互动等。用户持续访问宣传页面，播放喜欢的视频，并将视频分享给朋友，这样的网络视频营销活动因为用户的广泛参与而精彩。同时，用户的积极参与使得他们对于营销活动承载的品牌或产品的认知度大为增强。高精准度和高信任度传播的特点，大大提高了网络视频在传播过程中与用户的互动，不但起到了提升企业品牌形象的作用，更易于激发用户的销售行为。

（三）病毒式传播、整合式营销

早期的网络视频营销限于营销投入规模和媒介渠道的不足，传播范围和影响力都较为局限。但网络视频营销在其不断发展的过程中，充分利用视频形式的特点，整合贴片广告、创新广告、植入广告、品牌专区、原创视频、主题征集等多种形式，实现全方位的综合互动营销方案。与此同时，具有病毒性传播的特质的网络视频营销，使得其能够不依赖媒介推广即可在受众之间横向传播，优秀的视频可以不胫而走，靠自身的魅力俘获大量网友为其作免费的传播。以病毒扩散的方式蔓延，能够很好地把媒体传播和人际传播有机结合起来，使用户身份从原来的受众群体转化为传播渠道，并以病毒扩散方式将产品信息蔓延开去。

五、4 +1 >5 的视频营销模式

目前常规的视频营销策略基本分为 4 +1 模式：事件营销、UGC 视频营销、微电影视频营销、病毒营销和整合营销。[①]

（一）会说故事的事件营销

事件营销一直是线下活动的热点，国内很多品牌都依靠事件营销取得了成功。企业通过策划、组织和利用具有新闻价值和现实价值的事件进行营销，

① 高玉兰．视频营销空间广阔．上海百货，2013（11）：19.

能够有效地吸引社会的关注和引起人们的兴趣。在视频中，事件成为了视频的主要内容、主要故事。将有影响力的事件编制成一个有趣的故事，并将其拍摄成视频加以传播，是一种非常好的营销方式。好的故事容易吸引人，有事件内容的视频也更容易被网民传播，将事件营销思路放到视频营销上将会开辟出新的营销价值。

（二）用户自产内容的UGC营销

UGC（user generated content）指用户产生内容，就是网友将自己DIY的内容通过互联网平台进行展示，或者提供给其他用户。换句话说，UGC模式就是唤起民间力量参与视频创造的积极性，让他们成为视频生产中的一个重要角色，不再只是观众，而是生产者。比如，利用主题征集、故事征集的形式，收集与企业相关的视频作品。比如，将企业的视频广告创意全交到消费者手中，让用户自创广告创意内容。这种视频营销模式，可以广泛地收集民间智慧，也可以提高消费者的积极性与参与度，让用户与品牌高度的互动，将品牌传递方式提升到用户参与创造的高度，增加了品牌粘性，深化了广告效果。

（三）短小精悍的微电影营销

微电影是指专门运用在各种新媒体平台上播放的、适合在移动状态和短时休闲状态下观看的、具有完整策划和系统制作体系支持的具有完整故事情节的视频短片。其内容融合了时尚潮流、幽默搞怪、商业定制、公益教育等主题，深受广大受众的喜爱，是不折不扣的品牌软植入广告类的电影模式。相比传统广告，微电影更具有针对性，具有较强购买力的年轻人是它的主要观看人群。与此同时，通过微电影，将产品功能特征、企业的品牌理念巧妙地编排到微电影的故事情节中，可以在潜移默化中树立企业的品牌形象。即用精彩的视听效果达到与观众的情感交流，并使观众形成对品牌的认同感。

（四）让人欲罢不能的病毒营销

视频营销的厉害之处在于传播即精准，用户首先会对视频产生兴趣，然后对视频进行关注，然后再由关注者变为传播分享者。而用户所传播的对象必然是和自己兴趣特征相似的人，这一系列的过程就是在目标消费者精准筛选传播。用户看到一些有趣的、经典的、轻松的视频会更愿意、更主动地将其传播出去，这种自主自发的视频传播，能使企业品牌信息像病毒一样在互联网上扩散。病毒营销的关键在于视频的内容必须是有价值的、有意思的，其次是视频的传播伊始需要一些易感人群或者意见领袖来帮助传播。

（五）全能全面的整合营销

由于每一个用户的媒介和互联网接触行为习惯不同，这使得单一的视频传播很难有好的效果。为了满足不同用户的需求，整合营销显得十分必要。因此，企业在进行视频营销的时候，可以先在企业的官方网站上开辟专区，以此吸引目标客户的关注。然后，与主流的门户、视频网站合作，扩大视频的覆盖面积和提升视频的影响力。此外，要注重线下活动和线下参与的全面配合，通过互联网上的视频传播，整合线下的活动、线下的媒体等进行品牌传播，营销的效果将会更加明显。

六、视频营销的案例分析

（一）PPS 爱频道开创 UGC 视频营销新模式

在我国的视频营销领域，网友对参与视频创作的热情似乎由来已久。远在 2010 年，美国独立用户肖恩·道森通过 YouTube 上传视频在一年内获得 4.3 亿次点击，分红 31.5 万美元的传奇故事，这让许多网友产生了无限的向往。然而，在我国真正让用户通过 UGC 分得视频营销领域的一杯羹的，却不是中国版的 YouTube——优酷土豆，而是以长视频为主打的、号称全球最大的网络电视公司 PPS。2012 年，PPS 就凭借爱频道掀起 UGC2.0 风暴，从根本上颠覆传统 UGC 模式中用户纯粹上传视频的简单玩法，授予用户最大化的权限来管理、运营自己的视频频道，并将视频的点击流量转化为用户的实际收入。

2012 年 7 月 10 日，PPS 网络电视对外宣布旗下新产品“爱频道”上线试运行。“爱频道”作为PPS复合平台的重要组成部分，是首个将视频行业由个人、企业或者垂直类网站自主运营的视频开放式平台，具备“上传+浏览+互动+运营”的多维模式，成为UGC模式的网络阵地。

实际上，视频营销的UGC道路并不好走，优酷、土豆曾耗费巨资制作UGC短视频，但收效甚少，更不敢妄想与UGC用户分享流量而成为真正的YouTube。而PPS推出的爱频道，却一反之前的亏损局面，不但赢得了用户的喜爱，扩大了品牌知名度，还成功地分利于用户，实现双赢的局面。现在，让我们来分析一下爱频道如此成功的原因。

1. 平台互通，用娱乐圈建立视频社交圈

爱频道是一个体系化、人性化的视频开放式平台。用户通过注册娱乐圈，可以创建自己的专属频道，并围绕频道主题获取、积累娱乐圈粉丝来建立自己的视频社交圈。如此属于自己的个性化频道就孕育而生。同时用户还可以通过平台内的订阅功能，订阅自己喜爱的内容，形成上传、观看、分享互动和运营多位一体的人性化视频服务体系。此外，PPS率先推出集“上传、采集、分享”于一体的“爱频道”，颠覆了传统UGC内容需要借助其他社交平台进行传播的使用习惯，用户可以像一个真正的频道主持人一样，上传和制作视频，维护和运营自己专属的视频频道，并在与观众互动过程中，不断改进视频的内容与质量，获取更多的观众与更大的流量。

2. 创新的界面、平等的平台

PPS自诞生以来，一直处于中国网络电视客户端的领先阵营，为5亿用户提供稳定、清晰、流畅的视频内容，带给网友优质的视频享受。“爱频道”独创视频页面布局、频道首页、内容页均以瀑布流形式呈现，自动将热播内容与观众评论推向前台，引导用户点击浏览，让用户更为自主地选择视频内容，而不是被动接受，也使优质的视频内容更容易吸引到用户的眼球，获取更多点击。在传统UGC网站上，视频网站掌握绝对的话语权，用户只能孤立茫然地为平台提供内容，并没有其他实际的运营权力。相比之下，PPS爱频道的用户自主运营机制，使用户不仅可以对自己的频道进行内容上的管理，还可以通过后台查看频道数据，并从中挖掘出用户行为的规律，改进频道运营管理的方式。我们可以说，PPS爱频道的创立，使得平台与用户之间的关系前所未有的平等，也让 UGC2.0 的意义上升到互联网哲学的高度。

3. 全新盈利模式，创造健康视频生态圈

在传统的 UGC 网站，无论用户的视频被插入了多少广告，用户都拿不到一分钱的广告收入。此次，“爱频道”的上线改变了视频行业长久以来的盈利模式：用户可以通过上传视频创造属于自己的视频频道，可以通过粉丝积累建立稳定的社交圈，可以通过有效的运营方式获得收益。用户上传视频的每一次播放都可以转化为收入，还有可能参与贴片广告的分成。用户可以通过视频上传管理分类等个性规划，吸引其他用户的观看，PPS 会根据视频的内容和人气，以现金分红形式奖励给视频上传者。此外，部分表现突出的视频原创作者或团体，还可以获得由 PPS 提供的专业指导及服务。这种优质的服务和功能，为中国视频业的中坚力量提供更全面的服务和参与可能，爱频道也因此获得了良好的口碑，在其刚刚投入试运行，就有一些知名的垂直类网站致电洽谈合作意向，更有众多草根达人们纷纷入驻爱频道，并在短时间内聚集了很高的人气。如此的良性循环，推动原创文化发展，创造了健康的视频生态圈，也进一步的扩大了 PPS 爱频道的知名度。

传统的 UGC 网站，就是视频达人的舞台，不停地推送达人作品，只能成就少数人的名气和虚假的 UGC 繁荣。而在 PPS 爱频道，企业用户、个人用户、达人都可以成为 UGC 的创作主力，只要善于把握视频用户需求、懂得如何经营视频内容，任何奇迹都有可能在此发生。据透露，爱频道试运行不到 2 个月的时间内，就已经有不少用户获得了月入万元现金收益。其中 2 个月的累计最高收益已经突破三四万，平均月度收入破 1.5 万元，已经达到一个中层企业管理人员的收入标准。在如今人才竞争激烈的市场环境下，这个数字颇为诱人。

到 2013 年，据在线视频网站 PPS 介绍，其爱频道的每日用户上传视频量已经突破 50000 个。可以说爱频道的推出，是 PPS 在 UGC 领域的一次成功尝试，这足以让 PPS 的 UGC 内容跻身国内专注 UGC 视频网站第一梯队。

（二）上海大众式的传奇之旅

“拥有桑塔纳，走遍天下都不怕”，这是 20 世纪 80 年代桑塔纳的一句宣传广告。说起上海大众桑塔纳，很多人都十分熟悉，在中国人心目中桑塔纳一直是“皮实耐用”的代名词。可以说，桑塔纳不仅对上海大众有着非凡的意义，对于中国现代汽车工业、汽车市场也有着无法忽略的影响。

2012 年 10 月 30 日，全新一代桑塔纳在德国沃尔夫斯堡首发亮相。作为老一代桑塔纳的继任者，新桑塔纳从车型本身的技术、设计、配置等与其前辈几乎没有关联，完全是一款全新的产品。此外，除了全新的产品，上海大众在营销上也选择目前影响力极为广泛的视频营销。上海大众携手腾讯视频共同启动了为期 45 天、跨越欧亚 14 个国家、全程 19500 公里、最终到达中国北京的“传奇之旅”。没有贴片广告、冠名广告、植入广告，只有一档专业制作的汽车类原创视频节目——《全新桑塔纳传奇之旅》。

腾讯视频专业团队将把这段传奇旅程拍摄成为系列节目，将时尚之都米兰、历史名城魏玛、巴伐利亚风情的晚餐、阿尔卑斯山的旖旎风光、闻名遐迩的瑞士钟表等各国美景和风土人情呈现给观众，以沿途的人文、地理、风俗、美食、建筑等多层面体验，形成了一道涵盖欧亚 14 个国家的亮丽风景线。这一系列视频引起汽车爱好者的兴趣与好奇，各国的风土人情也让劳累的驾车远征显得乐趣无穷，精良的制作受到广大汽车爱好者追捧，视频点击量一路攀升。

此次腾讯视频汽车类原创自制节目成功获得商业品牌认可和投放，首先得益于腾讯视频拥有庞大的月覆盖用户群，可以最大化地将传播内容传达给用户，使品牌得到最大程度的曝光。第二是，源于腾讯视频所拥有的媒体 DNA 属性，腾讯网汽车频道这一专业资讯平台提供的内容支持，尤其是对于汽车行业的洞察和理解，使得腾讯视频具备了专业基础。第三是，腾讯视频具有其独特的 PC 网页版及客户端双平台优势，双平台在内容和观看体验方面呈现的一致性和用户具有的相同价值，使品牌植入式营销也对用户产生了强大的认知沟通影响力。最后源于腾讯视频拥有的专业制作能力，硬件设备和专业人才上的不俗实力，有效保证了出品内容的高品质和专业度，腾讯视频不断聚焦原创自制视频领域，接连推出一系列高品质原创作品与节目内容，这些都为汽车视频化营销奠定了坚实基础。

视频营销的潜力和价值还远不止这些，由于缺乏差异化的视频内容以及广告主对传播效果所持的观望态度，使得视频营销并没有发挥出其应有的影响力。而伴随视频自制内容的影响力崛起，品牌冠名及信息植入视频营销模式逐渐得到广告主认可。此次获得桑塔纳品牌的青睐，正是腾讯视频汽车类原创内容商业化的成功标志。

此外，“传奇之旅”系列原创节目的成功拍摄，无论是内容的拍摄手法还是制作剪辑与编排，都与桑塔纳的品牌理念和设计精髓非常契合，使得全新一代桑塔纳迅速被消费者感知，品牌价值得到大幅提升。相比传统单向沟通的贴片广告、品牌冠名、植入等，传奇之旅的视频广告能够将桑塔纳的品牌和产品理念在故事情境中以‘润物细无声’的方式传递给用户，让用户感觉看到的不是广告，更易于用户与品牌建立沟通认知。

（三）一“码”当先的观影抢位

在视频营销的道路上，飞利浦可谓创新不断。2013 年飞利浦牵手爱奇艺，推出“TVC + Brand manifesto”（贴片广告 + 品牌宣言）的互动式视频营销，而在此前飞利浦与爱奇艺已经成功地进行了一次 V－STORE 视频营销。

要在短短 2 个月的投放周期内，最大限度地影响消费者，并触发他们的购买行为，飞利浦面对着以下几大挑战：首先，如何利用 15 秒 TVC 视频广告和品牌宣言影片在用户身上产生传播的叠加效应？其次，如何在尽可能扩大 TVC 的曝光、拉升产品知名度的同时，强化传递“创新为你”的品牌新定位？最后，如何引导用户形成一个新的观影习惯，在提高广告信息接收体验的同时，通过“TVC + Brand manifesto”（贴片广告 + 品牌宣言）的叠加来累积 3 次以上到达率的效果？

随着移动终端和移动互联网的快速发展，越来越多的用户开始移动化的生活，每天从上班到回家，都会变换使用电脑、手机、平板等多种设备，跨屏行为非常明显；此外，自媒体等网络平台的火爆，使用户互动和参与的热情高涨。飞利浦公司关注到了用户互动参与的强烈愿望，因此为了达到更好传播品牌宣言目标，飞利浦在爱奇艺上投放了 15 秒前贴片广告，并采用了互动的创新形式。

将飞利浦不同产品的信息投放到爱奇艺独家互动贴片产品当中，让用户可以在观看 15 秒互动前贴广告的同时参与扫码抢位互动。活动之余，用户可以通过移动终端获取品牌网址，继而在电脑端继续观看影视剧，这样就可以利用碎片化时间，随时随地观看 1 分 32 秒的 brand video 完整版。此外，用户还可以选择性观看更多意见领袖阐述飞利浦为他们带来的有意义的创新。

此次飞利浦广告的投放，创新性地采用了弱干扰的互动方式，递进性地传播产品信息，帮助用户在点播影视剧的过程中，潜移默化地将各条产品贴片广告和品牌视频有机地结合起来。这种做法，不但避免了用户因为多次观看相同的广告而产生的排斥抵触心理的可能，又起到了概念强化和解决方案落地的效果，真正体现了飞利浦品牌的人本主义。

飞利浦与爱奇艺打造的互动式视频营销，还改变了以往视频行业单屏传播的传统，充分利用多屏合一的趋势，通过组合 TVC + brand manifesto film 的最大化来叠加产生 3 次以上到达率的效果。并通过分析消费者对不同终端的使用习惯，兼顾“创新为你”的理念，为消费者创造更易于接受的交流方式和观看环境，以此触发消费者的主动跨屏行为，革新品牌体验。

（四）雪佛莱引发集体怀旧的《老男孩》

2010 年，一部长达 43 分钟的网络微电影《老男孩》悄然上线，随即通过微博、SNS 网站、QQ 群以“病毒式”传播速度席卷了整个网络世界，让无数“70 后”“80 后”潸然泪下。事实上《老男孩》是由中影集团、优酷、雪佛兰科鲁兹三方联手打造的“11 度青春”电影行动中一部压轴影片。

《老男孩》曾在两周创下 1000 万点击量，截止到 2011 年，该片仅在优酷网在线播放量已经超过 6400 万人次，评论超过万条，产生了巨大的社会影响力。2011 年，雪佛兰科鲁兹也凭借《11 度青春》营销创意登上国内权威杂志领奖台。这无疑是是市场、是观众对《11 度青春》的积极肯定，可以说，这实现了企业与目标人群的一次平等的情感对话，塑造了汽车业内一起成功的品牌营销案例。

《11 度青春》系列电影，无疑是微电影营销中的成功案例。微电影作为投入产出比最高的视频传播方式，一直是企业青睐的营销手段。微电影营销会根据不同的企业，进行不同的影视制作，而不是单纯的企业宣传片，是一种为企业量身定制的营销方式。微电影营销的优势在于更有吸引力、亲和力、可看性和传播力，通过精良制作的网络视频，以突出的亮点吸引观众观看和分享，很容易引发病毒传播的营销效果，起到很好的广告效应。

不同于那些具有恶搞性质网络短片，《老男孩》走情感路线，与观众一起严肃地探讨人生话题。首先，它成功讲述了一个以青春奋斗为主题的感人至深的励志故事，影片中构建了一群被岁月磨砺得有点焦虑和纠结，但是仍不会放弃梦想的年轻人形象，契合中国当下年轻人的心态和文化，在感情上引起了观众的共鸣，这使得《老男孩》在传播过程中所向披靡，无往不至；其次，视频并没有生硬地将广告植入到剧情当中，而是巧妙的将品牌内涵自然融入剧情之中，以此减弱了观众对广告的抵触心理；最后，《老男孩》所传达的青春奋斗理念正是雪弗莱一直秉承的企业精神，这种高度的理念契合，将企业精神展示的淋漓尽致，并在传播层面发挥了巨大作用。

包括《老男孩》在内的几部《11度青春》系列影片，把“70”“80”甚至“90后”的观众一网打尽，并重点抓住了核心消费群体“80后”。据了解，《老男孩》在走红之后，雪弗莱经销商经常会在专卖店遇到顾客问“这是老男孩里科鲁兹吗”的情况。此外，在《11度青春》微电影推广期间，雪佛兰科鲁兹的知名度与好感度都有大幅度的提升，科鲁兹的销量也呈现暴涨之势，其2010年销量实现了103%的增长。作为《老男孩》的赞助商，上海通用雪佛兰从灰色的“病毒营销”华丽转身到红色的“文化营销”，再配合同期电视宣传片《热爱我的热爱》，雪佛兰品牌逐渐成为中国“80后”的思想代表，也带来了让人眼红的收益。

《老男孩》的网络走红，让众多企业从中看到了微电影营销的前景及发展空间。微电影可以让受众在观看微电影时，潜移默化中接受企业的品牌理念与内涵，无形中拉近品牌与消费者的距离，这对消费者建立品牌的好感度与忠实度都有良好的推动作用。值得注意的是，微电影营销不能急功近利，倘若将企业或产品广告强行在微电影中做粗制烂造的植入，不但达不到宣传效果，更有甚者会造成传播失败，引起消费者对于品牌的反感。一蹴而就的营销方式往往只能实现短期的眼前利益，不能达到长期宣传企业品牌的作用。

（五）逃不出诺基亚的大视野

作为互联网营销的重要组成部分，视频营销一直受到诺基亚的重视。个性化的定制网络传播方案，是诺基亚网络视频营销的起点。诺基亚会配合不同项目的目的、目标用户等，来设计不同视频营销的目的和角色。结合产品特性的创意视频，使得诺基亚给观众留下了深刻的品牌印象。早在几年前，诺基亚就已经开始利用网络视频进行产品营销。2008 年，在中国视频网站尚处于萌芽状态时，诺基亚为 N96 而制作的《向李小龙致敬》系列视频却引发了一股李小龙狂潮，让用户了解到一个短视频能够带来的爆发性效果。以下，我们来简要分析诺基亚视频营销中的三个突出例子，分别是 2009 年《北京街头法拉利拉黑活》、2009 年《刘谦最牛街头魔术》以及 2012 年《逃不出我的大视野》。

1.《北京街头法拉利拉黑活》

2009 年 6 月 1 日，一个名为《北京街头法拉利拉黑活》的视频几乎同一时间占据了优酷、土豆等各大视频网站的首要位置。在视频当中，一名男子在路旁公开拉黑活，更不可思议的是，他竟然驾驶世界名车法拉利拉黑活，并且价格几乎和普通出租车一样，此举让广大网友哭笑不得！正在此视频引发网友无限猜测时，6 月 4 日又一则名为《真相大揭秘：北京街头法拉利拉黑活》的视频悄然出现在网上，并在视频的结尾处用一段话“法拉利不该在这里”为我们揭开了这个视频的真正用意。原来该视频是诺基亚为宣传 N－Gage 游戏服务平台，以及最新游戏《极品飞车之无间风云》而制作的营销视频。仅仅在优酷网和土豆网《北京街头法拉利拉黑活》的播放量均达到了 100 万次，保守估计该视频在网络上的所有播放量和传播量应该超过千万次。在各大企业还在将资金都往传统广告上砸的时候，诺基亚却在短短一周左右时间就成功地完成了一次成本低廉的视频营销，而且宣传效果比常规营销更为突出。

诺基亚视频营销，主要是准确地把握了创意的关键点。在信息轰炸环境之中，如果企业营销的内容、沟通方式、品牌体验都落入俗套，很难有效地吸引消费者，更谈不上成功地征服市场。新技术使传播平台和媒介形式多样化带来信息的多元化和文本的碎片化，这种环境同样也对受众提供了碎片化的信息，并在传播实践中塑造了撒播的、碎片化的受众。在开放、流动和复杂的传播生态下培养的碎片化受众，大多是喜新厌旧的，他们的目光容易被不断切换的信息所吸引，从一个关注对象跳到另一个关注对象。有消费研究表明，消费者对任何一种商业信息传播的关注兴趣取决于五秒钟的时间，因此不能快速地抓住消费者眼球的东西，都难以获得消费者的关注。因此，诺基亚利用群众的好奇心，吸引人们关注并争相转发，视频营销具有病毒传播的特质，在网民中再传播的几率更大，使得信息以病毒扩散方式蔓延、重复扩散。此外，当视频的传播量达到一定数额的时候，诺基亚又发布让人大跌眼镜的真相，让观众牢牢地记住了品牌信息。看似普通拍客的随手拍摄视频，实质是诺基亚精心策划的一则视频营销，不经让人捧腹又感叹其创意的无限。

2. 《刘谦最牛街头魔术》

同年，在网络上大受欢迎的《刘谦最牛街头魔术》视频，成功创造一阵手机魔术旋风，这同样也是诺基亚的视频营销杰作。在进行该视频的拍摄期间，由于是在街头上表演，保密措施并不严密，使得刘谦所表演的魔术内容被提前曝光在各大视频网站上。但诺基亚在应对这一问题上十分灵活，趁着网络上偷拍内容的人气，立马推出完整版视频，结果使得该视频瞬间攀升至各视频排行榜最前列。

诺基亚巧妙地将产品特性与刘谦的魔术结合在一起，使刘谦在创造奇迹的同时，诺基亚手机也自然成了人们关注的焦点。比如，刘谦将女孩胸前的鱼形胸针，变入 N85 的视频播放窗口，又将在视频播放窗口内游动的鱼倒入鱼缸，形成一条游动的活鱼，展示了 N 系手机的强大的视频播放功能，同时也展现了 N85 的 OLED 亮屏的产品特性；从 E71 变出信封，信封里变出鸽子，又把鸽子塞回信封，将信封变回 E71 里，这一系列看似神奇甚至有些残忍的戏法，很有冲击力地展示了 N 系手机的 E - mail 功能；在大街上将海报里的拉小提琴的美女变成真人的桥段，更是以“大变活人”的方式突出了 N 系手机的音乐播放功能。这些视频以魔术的方式，将手机多媒体功能进行了放大和夸张，却又与产品功能的结合是恰到好处，凸显了诺基亚这一系列手机的强大功能，以及这些功能给人们生活带来的潜移默化的变化。

3. 《逃不出我的大视野》

互联网时代的到来不仅改变了人们传统的社交、生活习惯，更为营销注入新的内容。2012 年，一组流行于腾讯视频并迅速被引爆于各大 SNS 网站的名为《逃不出我的大视野》的视频短片，显示了诺基亚布局网络时代全平台营销的战略意图。这组被网友定义为恶搞类视频，以诙谐幽默的方式突出诺基亚新近推出的lumia900手机拥有16：9的屏幕比例。这种诙谐幽默的方式，使视频上线在很短的时间内，点击就超过200万，并在腾讯微博被转发20多万次。

此外，该视频产生的过程也是相当有趣的，诺基亚相关人士说："《逃不出我的大视野》系列视频来自于一次有趣的沟通，当时我们与一些部分网友讨论Lumia900手机的使用感受。有一个团队提出这个想法，我们觉得非常有趣，就决定支持他们把短片拍摄出来。"① 从严格的意义上说，《逃不出我的大视野》不是诺基亚的视频营销活动，而是诺基亚与网友沟通与交流后的推广活动。创意来源于草根，其创意的实现，有效地激发消费者消费的产品。这便是从草根来的创意，影响扩散到民间去。

此外，诺基亚非常注重社交媒体的管理和营销，包括微博、SNS社区在内的社交平台，诺基亚都建立了官方账号。在社交媒体领域进行的全面开拓，成为《逃不出我的大视野》原创视频迅速蹿红的重要原因。《逃不出我的大视野》系列首先出现在腾讯视频，将目光瞄准伴随腾讯一起成长起来"80后""90后"等互联网核心用户，这种准确的传播平台定位，使视频迅速在腾讯微博得以传播，进而波及多个社会化媒体平台。腾讯作为中国互联网巨头，不仅拥有腾讯网、腾讯视频、腾讯微博等国内数一数二的平台，可以确保诺基亚Lumia的产品信息最大化地触达有效用户。更重要的是，腾讯通过传统门户、强关系链、社交互动、大数据挖掘等，可以为企业提供完整的品牌营销解决方案，最大化地释放营销价值。

成功的营销视频，大多具有强烈的病毒性质，可以让人们主动地进行传播，并达到四两拨千斤的营销效果。然而，最关键的一点还要看视频是否具有创意，能以幽默、悬疑的方式，来吸引人们的关注，诺基亚此次的营销视频，显然具备了让人眼前一亮的创意，因此可以得到极为广范围的传播。此外，视频营销能否达到最佳的宣传效果，则与从视频是否能够恰当地表现产

① 推一把：《诺基亚：网络营销"大视野"》，访于.http：//bbs.tui18.com/thread-2955838-1-1.html.

品的功能与特性，以满足人们的购买诉求，让人们乐于接受并在有相关采购时不经意间就回忆起来：这种产品正是自己需要的。诺基亚的创意无疑达到了这个要求。

（六）SKYCC：一个 IT 屌丝的自白

2012 年，视频《一个 IT 屌丝的自白》在网络上爆红，这一则看似普通的视频，却引起许多 IT 行业从业人员的共鸣。实际上，该视频是 SKYCC 制造的一次视频营销。该视频发布一周，优酷点击次数高达 31 万次，谷歌搜索相关信息约 134 万余条。单个论坛帖子点击近万，论坛总点击近 40 万，更有成千上万条的回复互动。而在该视频中间仅出现过的 5 秒钟的一款 SKYCC 组合营销软件，也借视频主角之口也瞬间爆红网络营销界。SKYCC 的百度指数在一周之内上涨 1608%，听起来好像有些不可思议，但这的确是一则名为《一个 IT 屌丝的自白》的视频所带来的非凡效应。

《一个 IT 屌丝的自白》讲述的是一个 IT 穷屌丝站长期以来坚持不懈地奋斗，想通过自身的努力来改变自己的生活现状，虽然通往成功的道路充满坎坷，但他始终心怀梦想，他坚持不懈的努力却摆脱不了贫穷的状态。视频发布仅一周的时间，单个平台点击就超过 31 万，讨论视频的帖子《让上万个站长感动流泪的视频：一个 IT 屌丝的自白》也成各大 SNS 社区、站长论坛热帖，引起广大站长朋友和 IT 创业者们的热议。

这则视频虽然讲述站长朋友的故事、坦露的是站长的真实心声，但却因为共同的生活体验而引起大部分网友的共鸣。网上的一些评论无疑也体现了这次视频引起的情感共鸣，同时对视频主角表示支持和鼓励。当然也有一些质疑的声音，但是不管怎么样，视频抓住受众心理，获得了很高的关注度是不争的事实。

随后，网上又出现《一个 IT 屌丝的自白》的后续视频《IT 屌丝真实身份曝光，再发视频揭秘事情始末》，同样引起了网友们的广泛关注。然而，这两则视频都有一个共同特点，就是通过主角的讲述，将 SKYCC 组合营销软件轻描淡写地带过，而且说得极其自然，没有过多篇幅的产品介绍，甚至连图片都没有，不仔细看，真的看不出广告的痕迹，看视频的网友往往会去关注视频的主线，但是又会在不经意间记住这款产品。

借 IT 屌丝之口讲述创业的艰难和坎坷，能够容易引起 IT 创业者和从业人员的情感共鸣，进而将该视频广泛传播。在传播高覆盖的情况下，即使只是在视频中出现过几秒的产品信息，也能提高传播范围。可以看出，视频营销并不一定需要高昂的成本投入和精良的视频制作，只要切入点好，抓住用户心理，引起用户的共鸣，只是简单的拍摄就能起到好的效果。

（七）别克的别一样精彩

目前，汽车行业已全面进入视频营销阶段，别克作为一个有竞争力的优质品牌，凭借着其品牌号召力，在汽车领域处于领跑地位，同时也在为其品牌延伸另辟蹊径。为此，去年别克两款不同风格的汽车营销案例，一个是别克的运动型 SUV，另一个是中等家庭收入的房车，两个截然不同的案例扭转了人们对汽车广告的看法，甚至是对别克的看法，同时也吸引着很多人对创意方案的关注。

Encore 昂科拉是一款以“80 后”年轻一代为主要受众所打造的新款城市 SUV。根据市场调研发现，这款车属于小型车，一些技术操控非常适合年轻人，能够唤醒人们对自由的共鸣。曾经“80 后”被贴上很多标签，很多人认为“80 后”是不靠谱的一代、堕落的一代。其实有很多“80 后”已在社会上找到了自己的位置，并且自立自强，非常富有正能量，能够面对别人给与的标签，站出来为自己说话。

针对昂科拉“年轻就要敢做敢闯”的品牌主张，别克策划出 6 则广告，表现出“80 后”自己的心声。其中一则广告充分显示出年轻人渴望“自由”的内心共鸣；另一则广告表述出跟着计划走是最不靠谱的，因为无论你计划什么，可能到头来都会泡汤，为什么不做一次说走就走的旅行？这则广告播出后，引起了年轻一代的很大反响，于是昂科拉携手国内知名网络视频播放平台爱奇艺，联合推出《说走就走！我们爱旅行》大型户外时尚旅游节目，显示出年轻人“说走就走”“我们爱旅行”的崇尚自由的率性心态。昂科拉所包含的不仅仅只是旅行，还有“80 后”的心声，所以别克以“年轻就去 SUV”为契入点，制作出 6 条广告片，让受众深刻体会每一条广告片，比如

《1986追求自由篇》这则广告，描述出每个人都会自由恋爱，都有自由的职业，买一座房子束缚自己不如买一辆车自由自在，最后用“我，1986”的口号，来显示出“80后”的骄傲。

区别于昂科拉面向的主流年轻人群所具有的动感阳刚和青春活力，别克的另一款车型——凯越，则是面向大众的中级车品牌。凯越汽车已经在中国驻足十年，十年已卖出180万辆，已具备强势影响力，然而凯越车价钱不贵，大小适中，基本上是一台很平凡的车，它所面对的受众是普通居民。

别克利用生活中一些平凡的小事，以及从经销商处搜集的真实车主的故事，改编成系列微电影“凯越人生”。这个系列由7个故事组成，每个长度仅1分钟左右，并且没有用大牌演员和导演来制作完成，而是记载了平凡人的平凡故事。每个故事的最后都会留下一段伏笔，介绍下一个故事的主角出场。最后一个故事的结局，又回到第一个故事，仿佛一个循环，而且环环紧扣，承上启下。作为一个平凡人，过着平凡的生活，但总有一些不凡的故事，在你的生活上、亲人间、同事关系里的点点滴滴，均可以因凯越而产生一些变化，而凯越透过这些最平凡的温暖，表达出“生活，实在不凡”的主题。这样七个故事的循环播放，带给了受众很大的震撼，每一次播放会使客户受到很大的感动，同时也在演绎着每一个平凡人不平凡的人生。在这七个系列播出后，别克乘胜追击，出版了一本书叫《365天的日记本》，在新凯越的上市发布会现场，送给凯越的客户。当时这本书在发布会现场大受欢迎，有的客户甚至求购5000本。

第六章 微博风暴

微博改变了我的生活，也将改变你的未来。

——李开复

一、中国的Twitter——微博

（一）微博是什么

微博，即微博客（MicroBlog）的简称，是一个基于用户关系的信息分享、传播以及获取平台，用户可以通过WEB、WAP以及各种客户端组件个人社区，以不超过140字左右的文字更新，并实现即时分享。[①]作为一种用户使用量强大的社交媒体，微博具有五大基本交流工具，即发布、转发、评论、私信、艾特。对于普通网民来说，只要在微博中参与交流、分享乐趣就足够了；而对于希望用微博融入社会的企业和个人来说，则应该对这些微博的五大基本交流工具做到细致的理解，并深入挖掘其背后的意义，做到这一点才能更好地利用微博。

发布：微博发布行为表示发布者发布了一条新的信息，而发布对象则是自己的所有关注者。

艾特：在待发布微博中写到了“@xx”的内容，希望这个被“@”的人

① 杜子建原创．无微不至微博营销实战指南．合肥市：安徽人民出版社，2013.5.

能够看到该微博，并发表评论或者观点，这种行为我们称之为“艾特”。除了在发布的时候使用艾特功能，另外也可以在转发、评论、私信中使用。所以，“艾特”是微博营销的重要工具之一。

转发：指的是转发别人发布的微博内容，转发行为表明发布者希望把某个话题分享给自己的朋友，此行为会对该话题产生二次传播的效果。如国内微博粉丝第一人陈坤转发的一条微博（截止 2013 年 12 月 14 日，陈坤的微博粉丝数为 6731 万人），我们可以看到这条以“@才让多吉”发布的一条微博为源头，经过陈坤、《北京晚报》之手被转发了三次——第一次转发是@陈坤转发@才让多吉的微博，第二次转发是@北京晚报转发@陈坤的微博，第三次转发是@陈坤转发@北京晚报的微博。我们可以看到，截止我们把这条微博拷贝下来作为分析案例之时，@才让多吉发布这条微博已被转发 7662 次，其中陈坤第一次转发贡献 5614 次转发量，第二次转发贡献 1498 次转发量，两次转发共计贡献 7112 次转发量，占原微博总转发量的 92.82%。可见，转发亦是微博营销的重要工具之一。

@陈坤：好的，谢谢，冬天太冷，能帮助一点是一点！小雪加油！//@北京晚报：感谢刚跟记者核实过了善款可以捐到这里：北京感恩公益基金会开户银行：中国农业银行北京白石桥支行；账户名称：北京感恩公益基金会；帐号：11050501040020063，注明：小雪救助款。//@陈坤：谁能帮忙联系上？我供养五仟元救急！◆

@才让多吉【是谁偷走了 3 岁小雪的救命钱?】请帮帮她——小雪 3 岁，来自河南农村，病毒性脑炎，发烧、抽搐、意识不清。因为贫困，小雪一家三口只能借宿在北京儿童医院楼道里。前天晚上，小偷偷走了小雪的救命钱 3000 元。这是姥姥卖掉口粮换来的钱。小雪还在发烧、抽搐，她急需住院治疗！http：//t. cn/8kJ21Hk

评论：在你看到某个微博内容之后，如果对该话题感兴趣，有自己的观点，并希望将该观点释放出来，与微博的发布者进行讨论，你便会发表评论。评论其实就是通知对方看你在他的微博中发布的信息，至于信息的具体内容是什么，是否与源微博的内容相关，是不作约束的。所以当我们打开某名人的微博，甚至是自己的微博，都会收到一些诸如以下内容的评论。这种行为其实就是借助微博的评论功能进行推广营销，不管营销的是一种产品还是一个概念。这在微博营销当中被称为点对点精准营销。

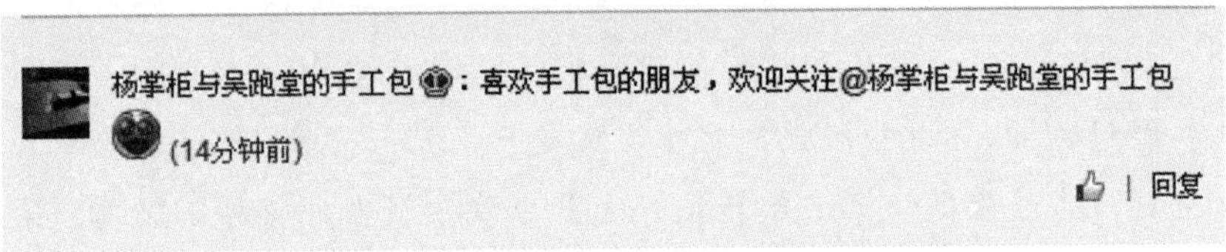

私信：是指给某个微博朋友发私信。发私信的前提是对方设置了接收该平台所有人的私信，或者你们互为粉丝。私信的隐秘性较高，除了接发双方，其他人是看不到的。其实私信和评论是性质相同的两个工具，它们最大区别就是一个是秘密的，而另一个是公开的，前者的评论内容只有通信双方知道，而后者的评论内容是公众皆可知的。很多企业或者个体经营者都通过私信来推广自己，而且目前新浪微博已经开通订阅关注者信息，在你关注某个企业或者名人微博后，只要一有新的信息发布，他的微博就会自动通过私信把新发布的信息内容传递给你。所以，私信亦是微博营销的重要工具之一。

截止 2013 年 12 月，进入微博首页，我们可以看到以下内容：首先看顶层第一排的设置，包括“首页”“热门”“应用”“游戏”等窗口。其中“首页”顾名思义，这是回到首页页面的按钮。

在首页页面，你可以发布新的微博信息（正上方白色框），包括文字、视频、音乐、表情等内容；可以浏览好友的最新动态（正中间）、近期网友热议的“热门话题”（右下方）；可以看看是否有新消息（左上方）或者你的粉丝数量是否增加（右上方）。此外，还可以看到各类贴片广告（信息发布框下方、右下方），从中或许可以找到近期最火热的影视大片、时下最流行的时装

服饰、附近最受欢迎的美食等等。

“热门”是进入“热门话题”的窗口。在热门话题页面，你可以找到近期网友最关注、讨论最多的话题，这些话题涉及“综艺节目”“社会”“电影”“电视节目”“美食”等各个领域。讨论热门话题较容易引起更多网民的兴趣，这种行为就如同平时大家面对面交流一样，交流双方都会力求找到各方面的共同兴趣，从而产生共鸣。比如，现在是2013年的12月，正是四六级考试之际，所以排名热门话题第一的是“四六级必过”。而近期火爆的电视综艺节目《爸爸去哪儿》及该节目中最受欢迎爸爸“张亮”分别着陆榜单的第六和第二位。

“应用”是进入“应用广场”的窗口。在“应用广场”有各种各样的应用，包括“娱乐”“生活”“交友”“新闻资讯”等。比如“交友”应用，按社交网络类型分，包括了微访谈、微吧、音乐人、唱吧等使用率较高的应用。

“微访谈”是建立在新浪微博基础上的访谈类产品。微访谈的所有问题都来自于普通网友，并且由访谈嘉宾直接进行回答，真正做到了嘉宾与网友之间的零距离交流。“无微不至，有问必答”是微访谈的宗旨。在微访谈中，有数万网民现场围观，网民各型各色的原生态提问都会在里面呈现，使得嘉宾和围观人群都有一种很刺激的“现场感”，在这个过程中，普通网友通过提问成为记者，而且可以与自己喜欢的明星进行对话。

“微吧”是一个基于主题讨论与交流的社区，2012年7月24日上线于新浪微博，它实现了微博内容按主题聚合，优质内容的沉淀，并且提供给用户深度讨论的平台，实现了潜在热点的挖掘发酵机制。

“音乐人”是一个范畴，能够基本独立制作音乐（如词曲创作、母带录制、配乐等）及众多相关制作的从业人员均统称为音乐人。音乐人必须要有深厚的音乐功底，最基本的要懂得乐理知识与精通乐器（基本上是键琴），最难掌握的要属音乐制作、录音及处理母带效果。一般来说音乐人有专业的录音师与配乐师，当然也少不了词曲创作者与演唱者。

“唱吧”是一款免费的社交K歌手机应用。这款应用内置混响和回声效果，可以将你的声音进行修饰美化。应用中除提供伴奏外，还提供了伴奏对应的歌词，K歌时可以同步显示，并且能够像KTV一样可以精确到每个字。此外，唱吧中还提供了有趣的智能打分系统，所得评分可以分享给好友PK。

“游戏”是进入微游戏的窗口。在微游戏中有不同类型的游戏，包括模拟类、策略类、角色类、棋牌类、休闲类和单机类。

（二）微博是怎么来的①

说到微博，有一个不得不提的英文单词——Twitter，也就是微博的前身。2006年5月16日，在美国硅谷，一个名为“Twitter”的网站诞生了。起初这个网站只有两个人打理，这两个人也就是美国blogger.com的创始人埃文·威廉姆斯（Evan Willians）和他的好友杰克·多尔西（Jack Dorsey）。在硅谷，每天都有无数这样的网站诞生和关闭。刚开始，威廉姆斯和他的团队只想把Twitter做成一个分享用户生活的休闲类网站，但谁也没有想到这个一开始只有两个人打理的网站会成为具有革命性和标志意味的网络符号，在极短的时间内迅速改变世界沟通方式，影响人们生活的方方面面，并成为互联网时代的神话。

2006年8月，美国旧金山发生了地震。美国人民最先得知地震消息的，既不是从电视上也不是从广播里，而是从旧金山当地正身临其境的市民第一时间发的Twitter上。而且，当CNN和福克斯新闻频道在电视上播出关于地震的新闻消息时，已经是地震实际发生时间的20多分钟之后了。这也足以说明Twitter的新闻传播力量之大。

奥巴马，可以说是美国Twitter发展过程不可忽视的人物。2007年，奥巴马还只是个普通的联邦参议员，他进驻了Twitter，并在此后的时日里对Twit-

---

① 胡卫夕，宋逸著．微博营销．北京市：机械工业出版社，2012.2.

ter“照顾有加”，不但坚持更新 Twitter 内容，而且还第一时间“反关注”关注他的粉丝。到 2008 年 11 月大选总统的时候，奥巴马已经更新了 250 条 Twitter。正是通过 Twitter 上的互动，奥巴马拉近了自己和选民之间的关系，甚至可以毫无谦虚的说，Twitter 是帮助奥巴马入住白宫的一大功臣。截止 2011 年 1 月 6 日为止，奥巴马的 Twitter 粉丝已经达到 312 万。而 Twitter 也成了越来越有影响力的媒体，在这个过程中，名人起到了推波助澜的作用，上至总统、国会议会、好莱坞明星，下至小学生，都在 Twitter 上找到了自己的位置。

当美国总统奥巴马正在用 Twitter 跟他的国民进行互动的时候，在大洋彼岸的中国也并没有落后。在中国，微博的发展也是方兴未艾。

2007 年 5 月，曾经创办过国内 Facebook——校内网的王兴推出了国内首个独立微博网站“饭否”。于此同时，还有其他诸如叽歪网、嘀咕网、做啥网、同学网和腾讯滔滔网等专业网站，他们在操作方式和界面特征上都与 Twitter 类似。在这些网站中，饭否网的发展最为出色，截止 2009 年上半年，饭否网的用户数一度从年初的 30 万激增至近百万人，其中包括陈丹青、梁文道、连岳等一批文化名人加入。但是由于技术和网站管理方面的原因，2009 年 7 月 8 日，饭否网首页无法登陆，国内 Twitter 用户对 Twitter 的访问也受到了限制，7 月 22 日，叽歪网和嘀咕网也同样面临关闭。国内独立微博的发展势头减弱。

在“饭否”网得到“否”的答案之后，国内新一轮的微博大战开始在各大门户网站之间展开了。2009 年 8 月 28 日，新浪微博正式开始内测，邀请诸多明星和意见领袖使用微博。由于名人效应的带动作用，普通大众也纷纷注册微博。

很多媒体开始纷纷报道微博、明星等话题，微博以强势的表现成为中国国内互联网业界的最热门话题。由于微博的大受欢迎，因此微博在中国已经有了一个昵称：“围脖”，每一次发微博的过程都被网友戏称为“织围脖”。新浪微博的推出，吹响了国内门户网站进军微博的号角，紧随其后的是腾讯、网易、搜狐等门户。除了各大门户之外，天涯社区、人民网、凤凰网等各大网站也纷纷推出各自的微博产品。

微博	推出时间
新浪微博	2009 年 8 月 28 日
腾讯微博	2010 年 3 月 5 日
网易微博	2010 年 3 月 30 日
搜狐微博	2010 年 4 月 7 日

从上表中可以看出，新浪微博是最早进入微博市场的门户网站，不仅“入行”早，而且也是长期被誉为国内表现最为出色的微博产品。与原来的名人战略一样，就像 2006 年“中国第一博客”徐静蕾带动了博客一样，新浪微博也打出了“名人牌”。新浪网覆盖各行各业各个领域的名人，名人效应让新浪的用户量大增。从 2009 年 11 月，新浪 CEO 曹国伟宣布正式在国内开放微博平台，到 2011 年 5 月 12 日，新浪微博的用户量已经突破了 1.4 亿。而新浪微博的火爆也激发了其他竞争对手对各自微博产品的投入力度，腾讯依靠其庞大的 QQ 用户群，把腾讯微博直接嵌入 QQ 的即时通信软件；网易坐拥 3 亿邮箱用户，它通过它用户的忠诚度较高的邮箱业务力推微博；而号称“头号推销员”的搜狐 CEO 张朝阳更是亲自上阵，“操刀”搜狐的微博业务。显然，对于微博的战略价值，业界已经取得了一定的共识。

根据 2010 年的一项调查，截止 2010 年 10 月，中国微博服务的访问用户规模已达到 12521.7 万人，活跃注册用户人数突破 6500 万个。中国的微博用户已经高达 6500 万人。6500 万是个什么概念，它说明了什么？或许我们不知道，在新闻媒介传播历史上，一种传播媒体若想要拥有 5000 万的用户，收音机要花 38 年的时间，电视得等待 13 年，互联网虽然快点但也要苦熬 4 年，而微博仅仅用了 14 个月。这也让 2010 年成为当之无愧的“微博元年”！

（三）微博有什么价值

微博大热特热是在 2010 年，仅仅一年的时间，微博就在中国网民的网络生活中占据了半壁江山。这个技术含量并不复杂的平台，到底是凭什么有如此作为？我想在我们了解了微博的三大特点之后，这个问题的答案自然不言而喻。

便捷性：我们都是大编辑

在微博出现之前，互联网上的主流社会化媒体是博客，但是博文的创作需要考虑完整的逻辑和不短的篇幅。这对于一般网民来说，确实负担不起。但微博出现后，在微博上，140 字的限制让更多想表达却因羞于文字水平低、而在互联网面前望而却步的普罗大众敢于在众人面前发微博、写评论，展示他们别具一格的才华。

即时性：现在进行时

微博的出现使得信息的传递和接收更加即时，使人们能够更方便地表达自己，更方便地获取信息。微博用户可以通过手机、iPad 等移动终端来即时更新自己所掌握的信息并搜索自己想了解的最新信息，相较于电视、广播等传统媒体的时间滞后性（现场直播除外）、地域限制性，微博的即时性让每个人都有机会成为新闻记者，对自己所掌握的信息进行“微博直播”。

传播性：关注和转发的力量

微博设有转发功能，当微博用户对收到的信息感兴趣并想占为已有时，就可以对信息进行转发，然后该用户的关注者也就是粉丝就可以看到这条消息，如果这些粉丝继续进行转发，微博的传播规模就是几何级增长，也就是我们所说的裂变传播。而且使用微博发布信息的低成本和易得性以及微博节点传播的特性，进一步推进了信息发布和扩散的速度，尤其是突发事件的信息传播，微博储藏着巨大的力量。

1. 新闻传播价值

微博的影响力首先体现在对社会的话语空间的释放。它以鲜明的“自媒体”（We Media）特征改写了传统新闻业的新闻产制标准。使信息从传统媒体的主观选择中解放出来，让公众得以更好的分享，在新闻报道速度、新闻背景的立体化呈现、新闻报道的现场感与互动性等方面与传统媒体相比有着独特的优势。

——@中国人民大学新闻学院副院长喻国明

微博带来的是传播方式的一场变革。以前的传播方式是金字塔型的，从上到下。而现在，社会进入了一个“全民记者”的时代，在这个时代，人人都是信息源。一些重大事件发生后，微博上都有大量的新鲜信息发布。从某种意义来讲，微博成为了新闻爆料站与民间集散地。正如2006年8月，美国洛杉矶的一场地震让世人领略了Twitter强有力的新闻传播力量——第一时间传播地震消息，领先电视新闻足足20分钟。而且相对于电视，Twitter凭借其信息传播的快、精、准以及Twitter用户随时随地接受信息的便捷性，其传播范围更广、效果更强。

无独有偶，和美国Twitter一样，微博首先给人展现的力量是其强大的新闻传播力。2010年8月8日，舟曲泥石流发生的第一天，当所有媒体因为交通原因无法达到灾区的时候，一个叫王凯的男生用最不专业的手机拍摄灾难，却用微博这种时尚的方式传递着感动。王凯将最新的灾情用手机发布到了自己的微博，包括新华社在内的主流媒体都在报道中大量引用了他发布的关于灾区照片。2011年7月23日，“7·23温州动车事故”也是洞察微博新闻传播力的一扇窗户。在事发当晚的20点30分左右，北京南站开往福州站的D301次动车组列车运行至甬温线上海铁路局管内永嘉站至温州南站间双屿路段，与前行的杭州站开往福州南站的D3115次动车组列车发生追尾事故，后车四节车厢从高架桥上坠下。这次事故造成40人（包括3名外籍人士）死亡，约200人受伤。

温州高铁事故发生的当天晚上20时27分，家住事发地附近的网友@Smm_苗正在家中看着打雷闪电的景象，无意间发现了正在行驶中的列车不寻常的状况。于是@Smm_苗立即用手机拍下了照片，并发布微博说：狂风暴雨后的动车这是怎么了?? 爬得比蜗牛还慢……可别出啥事啊……”果不其然，10分钟过后，在20时47分，第一条证实动车脱轨的微博发布了。被困车中的网民@羊圈圈羊在微博上求救说：“动车D301现在脱轨在距离温州南站不远处！现在车厢里孩子的哭声一片！没有一个工作人员出来！快点来救我们！”2小时后@羊圈圈成功获救，在事故后的几个小时里，她的微博被转发了9万多次，并成为媒体报道的依据。

2. 营销价值

现代社会正呈现着“碎片化”，人们的时间与注意力被打散；而微博恰以“轻姿态”“补丁型”媒体出现，将微分的生活间隙填满。微博、手机联动，打通了互联网与移动互联网，更增强了微博的“贴身性”，将现代社会的碎片化时间一网打尽。这是微博风行的原因。同时微博的媒体成熟孕育了微博营销发轫。

——中国电子商务协会网络整合研究中心主任刘东明

微博带来的传播变革，不仅开创了人际传播的新模式，而且开辟了企业营销的新阵地，深刻地影响着营销传播的发展。微博是一个以人为中心、以个体为基本单位的群体多维、多边、实时的互联网平台，是企业有效的实时营销平台。从企业角度讲，微博为企业的产品和服务提供了一个直接的、即时的展示、沟通、服务平台。从消费者角度讲，消费者可以利用微博这个社会化媒体更加立体地了解和选择自己所需要的产品和服务。而微博作为最引人关注的新兴媒体，它集中了的营销功能包括市场调研、产品推介、客户关系管理、品牌传播、危机公关等。

2010 年末，国际知名快消品巨头百事可乐宣布了一个让整个营销界震惊、同时振奋的消息：2011 年百事将大幅消减在电视、报纸上的广告预算，同时加大百事在微博等社会化媒体上的广告投放。这无疑是微博元年里的一个具有里程碑意义的消息。百事可乐的广告投放战略，无疑对整个行业产生了一个积极的示范作用，也带动了越来越多的品牌和中小企业加入微博营销的阵营。

二、微博营销

（一）什么是微博营销

如果你学过传统营销，肯定了解 4P 的营销理念。4P 营销理论（The Marketing Theory of 4Ps），产生于 20 世纪 60 年代的美国。1960 年，美国的杰罗姆·麦卡锡（E. Jerome McCarthy）在其《基础营销》（Basic Marketing）一书中第一次将企业的营销要素归结四个基本策略的组合，即著名的“4P’s”理论：营销无非是开发出一个产品（Product），确定价格（Price），然后投放到市场（Place）进行推广（Promotion）。

不过现在微博营销的模式更依赖于4C的营销理念，即在一个特定的语境（context）中发布大量相关的、知识性的内容（content），用户通过内容来与自己喜欢的事物（人、企业或非盈利组织）建立深度关系（connection）并形成相应的共同社区（community）。微博营销是个人、企业或非盈利组织利用微博这一社会化媒体影响其受众，通过在微博上进行信息的快速传播、分享、反馈、互动，从而实现市场调研、产品推介、客户关系管理、品牌传播、危机公关等功能的营销行为。其实就是个人、企业或者非营利组织通过微博的五大交流工具——发布、"艾特"、转发、评论和私信，来对满足自己的营销需求。在微博中，由微博主发出的信息在用户之间不断呈现病毒式扩散，具有显著的社会化特征，每位受众既是信息的接受者，也是信息的传播者。作为营销主体的这部分个人、企业或非盈利组织可以使将其传播的诉求与其受众高度互动体验——在微博上，与用户进行深度对话，并使用户在对话的过程中产生对自己形象、品牌和产品的信任。成功的微博营销可以从旁驾驭社会化环境下的意见领袖，并让品牌的拥护者高度卷入，让营销往正面发展。

（二）从4C理论看微博营销

4C理论是由美国营销专家罗伯特·劳特朋（Robert F. Lauterborn）在1990年提出的，它以消费者需求为导向，重新设定了市场营销组合的四个基本要素：即消费者（Consumer）、成本（Cost）、便利（Convenience）和沟通（Communication）。与产品导向的4P理论——产品（Product）、价格（Price）、市场（Place）推广（Promotion）相比，4C理论则强调企业首先应该把追求顾客满意放在第一位，其次是努力降低顾客的购买成本，然后要充分注意到顾客购买过程中的便利性，而不是从企业的角度来决定销售渠道策略，最后还应以消费者为中心实施有效的营销沟通。

1. "消费者Consumer"

微博营销可以提高个人、企业或非盈利组织的关注度，直接带来潜在的顾客。在微博的世界里，每一位用户都是其关注者的消费者。在你关注了某个微博之后，只要对方发布了新的消息，你就可以在自己的微博界面看到这些消息，即对其消息进行“消费”。微博有价值的内容会吸引大量潜在用户转发，从而达到向潜在用户传递营销信息的目的。

2. “成本 Cost”

不管是个人、企业还是非盈利组织，开通微博的成本是很低的，只要在各大微博网站上开设账号，即可以加入微博的大家庭，发布自己的微博，浏览别人的信息。不像电视广告那样，费用高昂，只要通过微博用文字、图片、视频、链接等符号发布某一产品的信息，就可以低成本地轻松将产品推广出去，特别是高质量的微博账号，即粉丝量庞大的微博大号，效果更为显著。此外，对于市场调研公司来说，他们不用再像之前那样使用电话、走访等高成本的方式来收集某一领域的市场信息，直接通过“微博投票”就可以完成一次低成本的市场调研信息收集工作。

3. “便利 Convenience”

微博营销方便顾客获取信息，同时也方便顾客与个人、企业或非盈利组织保持良好的关系。只要你在微博上通过微博的五大交流工具——发布、“艾特”、转发、评论、私信和搜索功能，即便足不出户也能够轻松找到你想找的人，看到你想了解的信息。

4. “沟通 Communication”

微博营销可以建立直接、主动的沟通渠道，博得顾客的信任。发一条慰问的微博，在微博中“艾特”某个你关心的人，给顾客发的微博回一个有建设性的评论，帮人转发一条公益性微博，或者定时地定量地私信一下你的粉丝等等，通过这些互动来与你的消费者建立亲密关系，能够改变企业依赖媒体发布信息的局限，并且有针对性地服务于目标顾客群体，提高自身的品牌美誉度和顾客满意度。

（三）从“5R 理论”看微博营销

1992 年，全球第一部 IMC（Integrated Marketing Communications）专著《整合营销传播》，由美国西北大学教授唐·舒尔茨及其合作者斯坦利·田纳本

(Stanley I. Tannenbaum)、罗伯特·劳特朋（Robert F. Lauterborn）等人提出，它强调企业与消费者之间的互动。随后，舒尔茨对整合营销传播理论进行了扩展，提出了著名的5R理论——关联性（Relevance）、可接受性（Receptivity）、反应（Responsive）、认可（Recognition）和关系（Relationship）。微博的便捷性、互动性、即时性也让整合营销传播有了一个天然的平台。

1. 关联性 Relevance

关联性包括与顾客关联、与产品关联和与服务关联。在微博网站中，用户参与微博内容的创造为企业了解用户信息提供了便利，企业可以了解用户对产品、服务的需求，与用户建立互助、互求、互需的关系。通过微博，企业可以深入了解自己的顾客，了解用户需求、市场潜在机会以及竞争对手的弱点所在，并以此判断如何正确为用户创造价值。

2. 接受性 Receptivity

可接受性是指一个特定的时间点，品牌信息对待定的目标市场是否有价值、有帮助或者令人感兴趣。在信息爆炸的社会，消费者每天接触到的信息数以万计，但对消费者而言，真正有价值的、能产生购买欲望的信息并不是很多。因此，IMC品牌信息传播要考虑是否给消费者带来了价值，是否激发了消费者的购买欲望，或者创造了新的消费需求，最终实现购买行为。微博作为一个平台，具有空间的扩展性和信息海量化的特点，通过它可以将所有品牌信息加以整合，将品牌传播有关的所有元素通过网络进行聚合。但与其他渠道不同的是，对于大部分微博用户来说，他们对身边人所传达信息的信任度远高于陌生人的宣传，因此更容易刺激消费者的购买欲望，即用户的可接受性越高。

3. 反应 Responsive

今天的市场已经从过去单向推广式的商业模式，转变成高度回应需求的商业模式。面对迅速变化的市场，要满足顾客的需求，企业必须建立快速反应的机制，提高反应速度和回应力度。对于微博来说，由于用户可以发表文字、图片及各种应用在微博上，所以个人的形象更加丰满，具有更多数据属性。它更是天然的用户信息反馈平台，企业通过微博进行市场调查，不仅传播范围广，而且成本低。

4. 认可 Recognition

认可是衡量营销传播目标是否实现的标准之一。对企业来说，营销传播目标是建立消费者的品牌偏好和带给企业短期的利润回报。而通过微博的互动营销将品牌信息传递给用户，让用户在潜移默化中提升对品牌的认知度，从而刺激用户的消费欲望。

5. 关系 Relationship

在数字营销时代，企业和客户之间的关系发生了本质的变化，从抢占市场转变为与顾客建立长期而稳固的关系，从交易变成责任。这种转变要求企业处理好与顾客之间的关系，把服务、质量和营销有机地结合起来，通过顾客建立长期、稳定的关系实现长期拥有客户的目标。微博的信息传递方式是一种新型的沟通方式，它可以通过转发和评论的方式推送给其他好友，用户沟通不用一对一来完成，可以一对多瞬间完成，而接受方也可以选择回应或者不回应。当微博用户“关注”了企业的微博，企业关于产品的最新信息都可以推送给用户，关心和喜欢产品的用户也可以通过评论、“艾特”、转发、私信等方式来表达自己的关心点。这样，企业和用户就在微博中建立了关系链。

三、个人微博营销

有人称微博带来了一场“微革命”，既让普通民众找到了接近名人的机会，同时也让公众人物发现了情绪的“宣泄口”。微博已经超越网络论坛成为中国第二大舆情源头，仅次于新闻媒体报道。因为，微博虽“微”，但名人微博不“微”。由于名人效应的作用，名人微博一直都是很多人关注的焦点。姚晨、李开复、陈坤等微博热门人物的关注度和转发、评论的热门程度之高令人咋舌，微博门前动则排满几千万粉丝。时下，中国名人微博最火的两人，舍姚晨、陈坤其谁！

（一）姚晨：我是一颗很逊的卤蛋

1. 姚晨是一颗很逊的卤蛋，也是“微博皇后”

截止 2013 年 12 月 15 日，姚晨的新浪微博粉丝已经达到 58909559 人，在新浪微博名人排行榜中排名第二，仅次于排在第一位的陈坤，他的微博粉丝有 67412533 人。

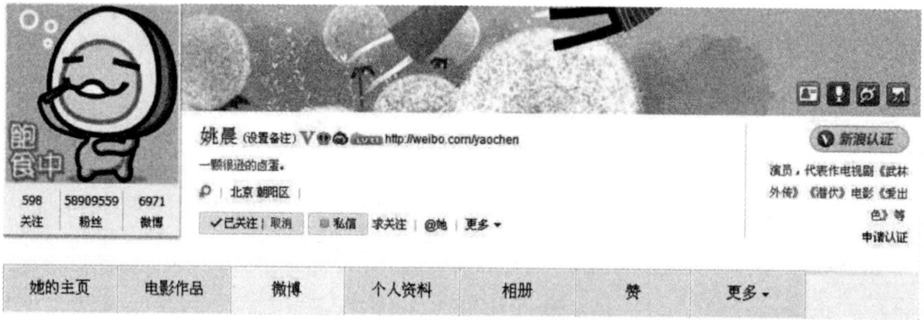

2009 年 9 月 1 日 15 时 34 分，姚晨在键盘上敲入一行字：支持朋友的新店“乐宠”，一起善待小动物。这是她的第一篇微博，是个友情广告、公益宣传与私人生活的奇怪组合。将她拉入微博世界的是一个好朋友，“她说我给你开了一围脖，你自己写一些。我说什么叫围脖呀，然后大概跟我解释了一下，我说那好吧，就开始写了。”

2009 年 10 月 15 日，关注姚晨微博的人次达到了 10 万。这让姚晨异常激动，甚至心里感到毛毛的。她想象了一下，这 10 万人要是站在广场上，那阵势是如何地壮观？“集体喊一嗓子都得把我震一大跟头。”

姚晨患上了微博综合征：明明拿手机是要打个电话，结果一走神，顺手就打开了微博。在后来的 100 天里，她写下了 684 条微博，平均每天将近 7 条，被称为目前国内“最会织围脖的人”。仅仅三个多月，姚晨就以 43 万的关注量登顶为新浪微博的“围脖女王”。在关注度排名榜上，她的后面有赵薇、李宇春等演艺明星，也有李开复、俞敏洪、潘石屹等业界名人。

2. 姚晨的姿态：我和你一样，我们都使用微博

或许姚晨不是最漂亮的，不是最有钱的，不是最会写人生格言的，也不

是最关心“社会不公”或“民众疾苦”话题的明星，甚至，因此遭到了微博网友的强烈诘问。在新浪微博上，她并非最红的明星，尽管她也被认为是“2009 年蹿红速度最快的中国女星”。不过，比起李宇春、周笔畅等明星随意一句话、就动辄几千的转发量来说，姚晨缺乏那种数量惊人的疯狂粉丝。但为什么“围脖女王”是姚晨？除了一种平等交流的心态，没有人知道她荣膺女王，到底是凭借什么“法宝”，这也许跟她的姿态有关。

“首先我是一个女人，其次我是一个演员。”这位凭《武林外传》郭芙蓉角色走红、借《潜伏》翠平角色深入人心的女星，谈到自我定位时如此认真地说。到了不认真的时候，她就称自己是“一颗很逊的卤蛋”。

姚晨“织围脖”的姿态是闲适的，自然的，她可以跟任何一个跟帖的关注者交流，即使对方是无名小辈。“我没有觉得自己是个明星就高人一等了。”她说，“其实在人类生存的这个链条上大家都是服务员，我觉得谁也不会比谁高到哪里去，我一直都是这样的一个心理基础，这可能就会决定我对事对人的一个态度。”

“围脖更像一个人，随时随地地记录一些东西，灵光一闪啊什么的，更随心所欲一些。”

之前，姚晨也写博客，但并不勤快。她内心实际上有点排斥博客，一写就要长篇大论，又累又不好玩，真正想说的又不能在博客里说，最后把博客弄成一个很虚伪的东西。

“郭芙蓉”的角色以及那招经典的“排山倒海”，让姚晨给人以大大咧咧的印象，可现实中，她并不是一个擅长跟人沟通的人。她从小就喜欢写东西，这种方式让她感到自信。“人都是有表达欲的嘛，有表达欲就希望有方式来表达，那么我的方式可能就是写。”

幽默是她微博的另一个特点，这倒是跟她最初“女周星驰”的名号有点合拍。看她这个段子：

@姚晨：拍车戏，上了车，发现是导演开车，有点不放心，问他的驾龄，答十四年，靠谱。半小时后，走错了五个路口，闯了三个红灯，逆行两次，最后彻底迷失在建国门外大街上，实在忍不住，又问，导演，您确定驾龄十四年吗？答，的确是十四年，八年在法国，对北京路况不熟……我倒。

（二）陈坤：二次元和三次元从来没有墙！①

颤抖吧人类，这才是最接近神的男人——陈坤

2012 的第一件网络大事件，就是你也许也经历了的“坤哥之夜”！陈坤一句“二次元和三次元从来就没有墙！”（二次元是动漫迷对 ACG 领域所在的平面世界的称呼，而三次元则是指现实世界。）引动漫迷为之疯狂。很多动漫粉丝在微博上表示，“陈坤大大，我是你的脑残粉”，更有网友 PS 了陈坤新书《突然就走到了西藏》的封面，改成了《突然就走到了二次元》。有意思的是，陈坤还转发了这条微博。粉丝们欢呼——颤抖吧人类，这才是最接近神的男人。

陈坤表示自己很久以前就喜欢看动漫：“我喜欢给儿子讲故事，陪他看动画片。准确地说，其实是儿子陪我在看动画片。比如之前看《滑头鬼之孙》，我已经每集在追了，我儿子还在看开头呢。我喜欢看《火影忍者》《死神》《银魂》《海贼王》……我现在追的有几十部卡通片，我觉得他们的世界很单纯。这也不是现在才有的爱好，我从小就喜欢动漫。”

陈坤在微博中颇受喜爱，早年演戏积累的人气、做公益活动营造的良好形象固然是一方面，他铁杆动漫爱好者的趣向，也为他赢得了不少动漫迷的喜爱。陈坤在微博中公开动漫迷的身份，并时常与动漫粉丝互动，而且常常成为动漫迷笔下的 COS 对象。他自己更是大呼：“二次元和三次元从来没有墙！”

2012 年 1 月 3 日晚，陈坤的微博粉丝数突破千万，众多网友自称脑残粉，称呼陈坤为男神、厂花或者中国首席 Coser。他就这么一下在微博上红透了。看来当明星有个爱好还是很必要的，没准就成了赚粉丝的奇招。想想春晚上动眉毛，微博上的动漫控，陈坤似乎是一个大孩子，与粉丝打成一片。即使有点搞笑，但这样的帅小伙，多几个又何尝不是件好事。

其实陈坤身为动漫迷这点并不令人吃惊，在去年 12 月份《新周刊》对陈坤的访谈上他就坦言自己经常看动画片，甚至新番都有在追，这次推荐

---

① 21cn 游戏，「二次元和三次元从来没有墙」演员陈坤为 Fate 粉丝．http：//game.21cn.com/comic/news/2012/01/04/10360766.shtml.

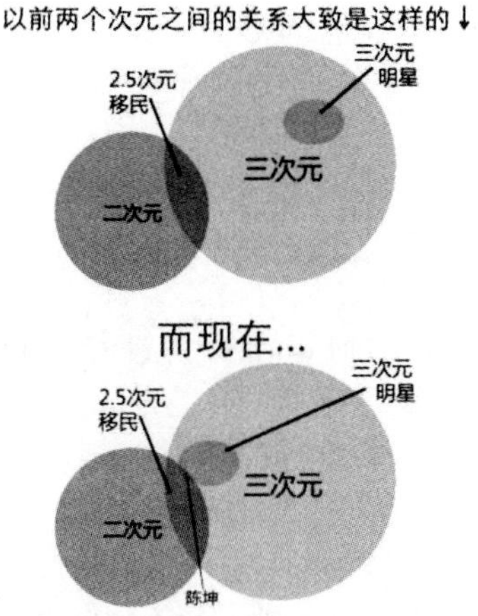

《Fate/Zero》也并不令人意外了。陈坤在微博上公开推荐了《Fate/Zero》后，除了有广大动漫迷追捧以外，也有人认为是陈坤及其背后的营销团队在借助动漫迷群体炒作。

2012年1月3日晚，因为坤哥微薄刷屏，被阿宅们戏称为“坤哥之夜”。一个名为“坤教”（困觉）的组织也莫名诞生！

一条三次元明星的无心为之的微薄，竟然引来如此之大的反响，二次元阿宅的世界观完全被颠覆。可见阿宅的心理是多么渴望被三次元所肯定！看动画有何错，阿宅们一直都在自己的小圈子里，相互肯定。但是却从来没有被外人所理解！看动画是小孩子的行为，大多圈外人士还是如此认为。现在有一个三次元大明星，走下神坛，和广大阿宅们一样追新番，看动漫，这让阿宅们多么欣慰啊！只是希望三次元中能有更多的人去理解二次元，至少不是鄙视、厌恶的态度。

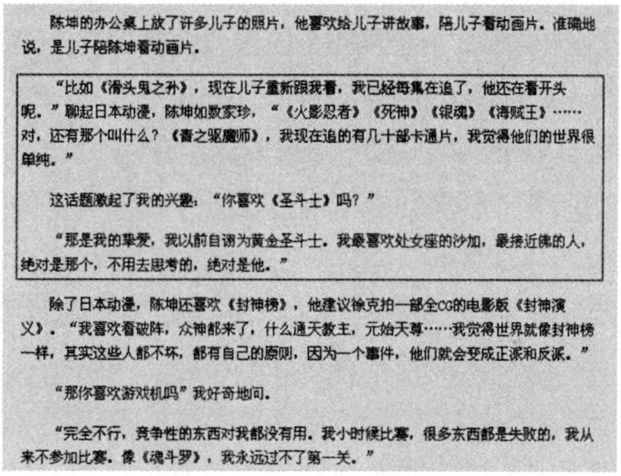
陈坤的办公桌上放了许多儿子的照片，他喜欢给儿子讲故事，陪儿子看动画片。准确地说，是儿子陪陈坤看动画片。

“比如《滑头鬼之孙》，现在儿子重新跟我看，我已经每集在追了，他还在看开头呢。”聊起日本动漫，陈坤如数家珍，“《火影忍者》《死神》《银魂》《海贼王》……对，还有那个叫什么？《青之驱魔师》，我现在追的有几十部卡通片，我觉得他们的世界很单纯。”

这话题激起了我的兴趣：“你喜欢《圣斗士》吗？”

“那是我的挚爱，我以前自诩为黄金圣斗士。我最喜欢处女座的沙加，最接近佛的人，绝对是那个，不用去思考的，绝对是他。”

除了日本动漫，陈坤还喜欢《封神榜》，他建议徐克拍一部全CG的电影版《封神演义》。“我喜欢看破阵，众神都来了，什么通天教主，元始天尊……我觉得世界就像封神榜一样，其实这些人都不坏，都有自己的原则，因为一个事件，他们就会变成正派和反派。”

“那你喜欢游戏机吗”我好奇地问。

“完全不行，竞争性的东西对我都没有用。我小时候比赛，很多东西都是失败的，我从来不参加比赛。像《魂斗罗》，我永远过不了第一关。”

四、企业的微博营销

目前，国内微博自2010年全面发展以来，已经走过了近3个年头，已成为一个以人为中心、以个体为基本单位的群体多维、多边、实时的互联网平台，已成为企业有效的实时营销平台。从企业角度讲，微博为企业的产品和服务提供了一个直接的、即时的展示、沟通、服务平台；从消费者角度讲，消费者可以利用微博这个社会化媒体更加立体地了解和选择自己所需要的产品和服务。而从功能上讲，微博营销集中了市场调研、产品推介、客户关系维护、品牌传播和危机公关等。微博开放的平台将会为进驻微博的企业带来更多的盈利模式。

（一）“祸”起微博的360与QQ大战

以2010年的“3Q”大战事件为例，分析企业如何运用微博进行危机公关。

1.360说腾讯流氓，腾讯说360色狼

2010年9月至12月，奇虎360和腾讯QQ两方阵营的网络巨头之战，经历了近3个月，并持续几个月成为网络上的热门话题。从开战之初，360董事长周鸿炜便每日在几大微博亲自赤膊上阵论战腾讯。360指责腾讯有“偷窥癖”，常窥视网友隐私，腾讯回击360涉黄，是“色情狂”。随即，口水战升级，腾讯一纸诉状将360告上法庭，360积极应战，这一轮双方胜负未分；接着，腾讯联合五大公司声讨360，360则推出一款名为“扣扣保镖”的安全工具，直指腾讯收入等核心要害。矛盾再次升级，腾讯宣布“作出了一个非常艰难的决定”，在装有360软件的电脑上将停止运行QQ，大量用户被牵扯到双方的争战之中，被当做交锋的筹码，最终，事件以工信部出面调停落幕。

360交战QQ事件的戏剧化进展，加上许多网络大拿有意无意的推波助澜，吸引了十几万网民驻足“观战”，以至于有网民留言称“班也没心思上了，就跟看戏似的，早早搬个小板凳等着直播”。

2.360与QQ的恩怨情仇

早在2010年9月27日“3Q大战”爆发之前，奇虎360和QQ两大网络巨头之间就已经结怨已久。

2006年腾讯推出QQ医生1.0Beta版，360推出“360安全卫士”；2010年春节，腾讯QQ“抢滩”安全软件市场，推出QQ医生3.2，界面及功能酷似360。腾讯凭借其强大覆盖力，一夜之间“QQ医生”占据国内一亿台左右的电脑，市场份额逼近40%。由于QQ医生3.2版的界面及功能酷似360，360则提示QQ医生补丁有风险，阻止“QQ医生”漏洞更新，成功短时间“围堵”QQ医生，360守阵成功，而QQ“抢滩”安全软件市场遭遇挫折。这

也直接为9月27日开始的“3Q大战”埋下了的种子。

2010年5月，腾讯QQ医生悄然升级至4.0版，360自爆与金山多年积怨；

2010年中秋（9月22日），“QQ软件管理”和“QQ医生”自动升级为“QQ电脑管家”，增加了云查杀木马、清理插件等功能，涵盖了360所有主流功能，用户体验与360极其类似，直接威胁360在安全领域的生存地位。这招让360和金山措手不及。也直接引发了360接下来的一系列举动，并最终演变成“3Q大战”。

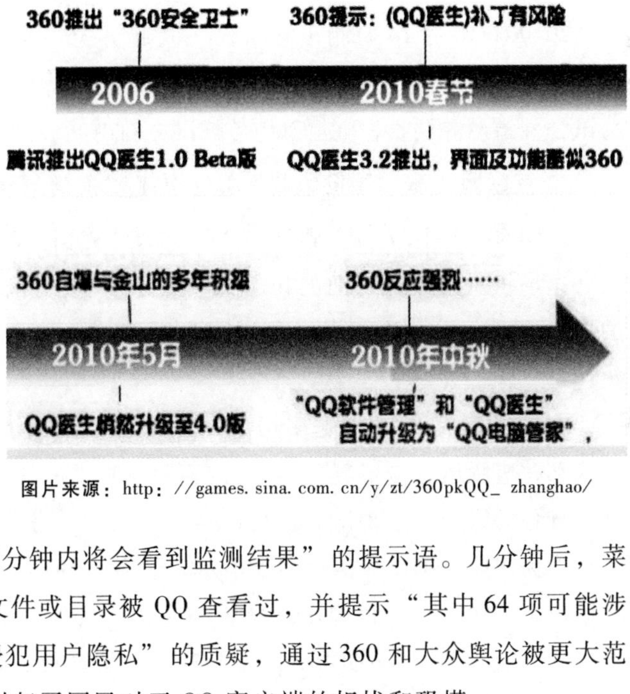

图片来源：http：//games. sina. com. cn/y/zt/360pkQQ_ zhanghao/

2010年9月27日，360推出隐私保护器，称腾讯QQ“窥视用户隐私”。

360发布直接针对QQ的“隐私保护器”工具，宣称QQ在未经用户许可的情况下偷窥用户个人隐私文件和数据。有网友在使用“隐私保护器”时，打开该软件后即弹出“建议打开QQ，五分钟内将会看到监测结果”的提示语。几分钟后，菜单显示电脑共有904个文件或目录被QQ查看过，并提示“其中64项可能涉及隐私”。由此，“QQ侵犯用户隐私”的质疑，通过360和大众舆论被更大范围地抛到网民面前，也引起了网民对于QQ客户端的担忧和恐慌。

2010年9月28日，腾讯发表文章，称360浏览器涉嫌借色情网站推广遭公安调查。

腾讯公司发表声明进行驳斥，称360某些报道对用户具有误导性，强调QQ的安全模块绝对没有窥探用户隐私的行为。与此同时，腾讯科技发表文章《360浏览器涉嫌借色情网站推广公安介入调查》，文章称360公司推出的一款软件360浏览器涉嫌通过一款叫“快播”的视频播放软件借色情网站推广自己，而360公司CEO周鸿祎正是快播公司的投资人。文章表示，“快播、360浏览器都是活跃在色情网站这条黑色产业链条上的幕后推手。深圳警方已经开始调查取证”。

2010年9月28日，360称腾讯造谣，360已向公安局报案。

360公司公关总监屠建路表示，腾讯科技这一文章“纯粹是造谣，360公司已经向北京市公安局报案，快播公司也向深圳市公安局报案”。此外，360开始在长假期间邀请用户在微博贴出截图证据，炮轰QQ打着为用户服务的名义“耍流氓”，风波愈演愈烈。

2010年10月14日腾讯宣布已正式起诉360不正当竞争，索赔400万元并要求360连续3个月向腾讯道歉；360随后诉腾讯网故意捏造假新闻，要求腾讯公开道歉并赔偿一元。360与腾讯之间由此展开一场软件纷争。

3. 互联网上演“弹窗大战”QQ联手“围剿”360连抛“炸弹”

2010年10月27日，腾讯与360掀起“弹窗大战”。

这场长达几个月时间的拉锯战，终于在10月27日以“强制用户弹窗”的形式爆发，双方的“口水战”演变成了“弹窗战”。360大战QQ进入白热化。

在这一天，360向3亿多用户发出桌面自动弹窗，题目是“360为保护用户隐私，遭腾讯打击报复”。弹窗内容除了将之前的回应做简述之外，还不忘将当日各大媒体对于腾讯老总马化腾“领取经适房补贴”的质疑冷嘲热讽。

作为回应，腾讯显然也不会浪费5亿多的QQ活跃用户量。几乎同时，所有用户桌面在这一天也弹出了腾讯与金山、百度、傲游、可牛等五家公司发布的“联合声明”。声明中，除了呼吁“广大同行一起做到不与360发生任何形式的业务合作”，还表示“目前法院已经受理了之前腾讯对360‘不正当竞争且虚假污蔑’的诉讼”。

值得玩味的是，这些公司中，金山是国内著名的安全软件厂商；百度是最大的中文引擎提供商；傲游是拥有5亿下载量的浏览器开发商；可牛是新兴安全软件厂商，其CEO傅盛曾任奇虎360总经理，被誉为“360安全卫士之父”。如此规模的“联盟”，已演变成中国互联网有史以来最大的一场围剿。

作为公关作风一向强硬的360，随后连抛“重磅炸弹”。

2010年10月27日晚，360回应，称要“披露腾讯偷偷扫描用户硬盘的最新证据——‘超级黑名单’”，CEO周鸿祎在微博上调侃五家厂商是“职业剽客、loser（失败者）和马甲”。

2010年10月28日，360在官方论坛发表文章，称通过微软的Process Monitor和360隐私保护器，发现了QQ在扫描用户硬盘时出现极其异常的行为。文章还指出，用户登录10分钟后，QQ软件即开始按照一个预置的“超级黑名单”扫描电脑开始菜单和桌面上的快捷方式。“超级黑名单”共包含685款软件，几乎囊括盛大游戏、搜狗输入法、迅雷、暴风等在内的众多软件。

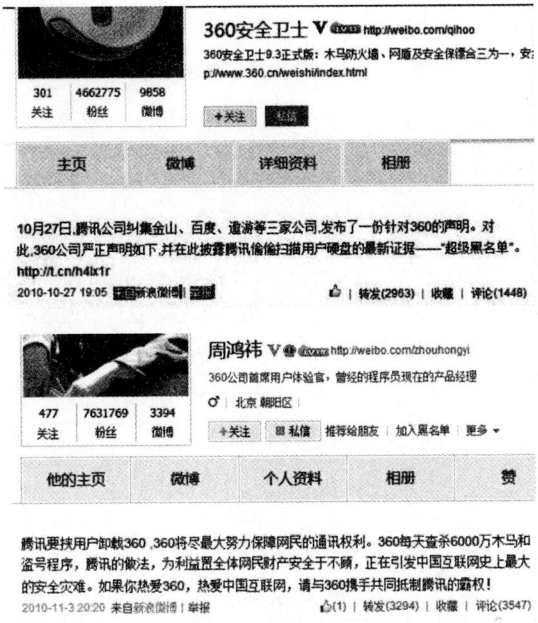

图片来源：http：//weibo. com/1708942053/Bh0q32rqIa?mod = weibotime

2010年10月29日，360宣布推出“扣扣保镖”，称该工具全面保护QQ用户的安全。记者在使用时，发现“扣扣保镖”可以让用户选择关闭QQ的诸多功能，其中一些功能涉及禁止启动诸多插件、屏蔽广告等，这些被禁止的行为已经在一定程度上影响到了腾讯的收入，特别是禁止启动QQ秀、QQ会员，这是其社区增值服务收入的最核心来源。

2010年10月29日，针对360公司推出“扣扣保镖”一事，腾讯称将会追究360法律责任。

2010年11月3日，腾讯以“自残”方式让用户二选一。这个做法迫使大量QQ用户卸载360。360受到巨大打击。360董事长周鸿祎随即通过微博进行维权。

2010 年 11 月 4 日，360 召回扣扣保镖软件。

2010 年 11 月 8 日，政府要求双方让步。

2010 年 11 月 10 日，360 称 QQ 已与 360 产品兼容。

2010 年 11 月 21 日，工信部通报批评 360 与腾讯，要求其道歉。同日，腾讯、360 均公开发表致歉声明。

2010 年 12 月 14 日，腾讯起诉 360 不正当竞争案首次开庭。

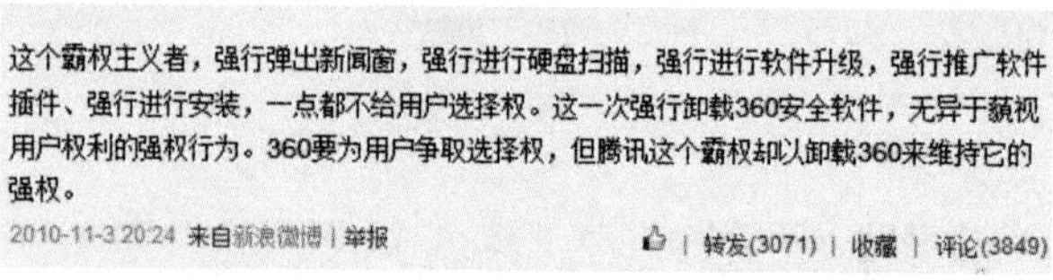
这个霸权主义者，强行弹出新闻窗，强行进行硬盘扫描，强行进行软件升级，强行推广软件插件、强行进行安装，一点都不给用户选择权。这一次强行卸载360安全软件，无异于藐视用户权利的强权行为。360要为用户争取选择权，但腾讯这个霸权却以卸载360来维持它的强权。

2010-11-3 20:24 来自新浪微博 | 举报 | 转发(3071) | 收藏 | 评论(3849)

2011 年 4 月 25 日，"3Q 大战"之腾讯起诉 360 隐私保护器不正当竞争一案宣判：

1. 360 停止发行涉案 360 隐私保护器；

2. 360 删除涉案侵权内容的宣传；

3. 在 360 网站的首页及《法制日报》上公开发表声明，消除不利影响；

4. 360 赔偿损失 40 万元；

5. 驳回其他诉讼请求。

4. "3Q 大战"引发的微博舆论

腾讯与 360 激战正酣，新浪微博成了围观这场纷争的主阵地。截至 11 月 6 日下午 16 点，新浪微博上关于腾讯和 360 之战的微博已经达到 512，2853 条，各界名人纵横捭阖精彩点评。

以下为微博语录精选：

@康国平：周鸿祎公开信：腾讯欲置 360 于死地，必须得反抗。QQ 和百度是中国互联网最多 bug 的巨无霸公司。要抓弱点一抓一大把，但要打死他几乎不可能。周鸿祎之所以能写出这么优秀的公开信而 QQ 几封信都是支支吾吾，是因为 QQ 太多把柄被人抓着。

@作业本：好像不支持 360 就是失去正义……这是一件多么可怕的事情？我说了一句：商业战争靠博取用户同情来获得支持属于无耻后，水军大面积杀入，问候我祖宗八代。真是太好玩了。

@郭晏平：选择 360 卸载 QQ 的人，属于电脑实用主义，理智，思维缜密，平时用 QQ 无非是延伸了电话和手机功能而已；而真正视 QQ 如命的，是因为他们的QQ加了许多让他们心如鹿撞的熟悉的陌生人！

@王功权：本想避免周鸿祎的360与QQ交火。因为只要交火，就是中国互联网界最惨烈的一场大战。我很希望双方会谈和，可惜没有。腾讯不分肥，往灭了360的方向上干，我心想：完了，血战不可避免了。周鸿祎哪里是商人，他是个几近疯狂的理想主义战士！

@李开复：美国硅谷媒体："（中国互联网的竞争）就像一个没有规矩的竞技场里，角斗士战斗到死。"

@王冉：我不愿看到腾讯一家独大，但我更害怕看到360借波称霸，简称波霸。所以，经过昨夜，世界虽然没有变得更纯情，但它至少没有变得更惊悚。

@金错刀：腾讯和360都是挟用户以令诸侯。360和腾讯都是强调用户体验的公司，但这次桌面弹窗大战，都有点携用户以令诸侯的意思。但总的来说，不管是免费，还是互为监督，对用户总是好事情。

@李树翀：网游式图解：带头大姐QQ与360美眉的战争

腾讯为首美女军团，居高临下，腾讯没拿武器，抱膀伫立，一副带头大哥的架势；百度手持魔掌，在旁保驾护航；金山手持利刃，已做好攻击准备，随时要出手；遨游没有杀伤性武器，只能助助阵；另一个，有些不够专心；再看，360飘逸的长发，微微昂起的头，紧握着利刃，已做好殊死一搏的准备，还有，360有盾。

@黄俊杰：360和QQ之争凸显网络安全法律法规之真空

360和QQ之争，凸显网络安全方面的法律法规之真空。理论上，凡是软件都有安全隐患并对用户具有潜在伤害，微软的Windows也不例外，对付费软件用户可以索赔。对免费软件，法律也应该给予用户索赔的权利，这对免费软件提供商就形成制约。

@杨海峰：软件企业要有公信力

我觉得软件企业要有公信力，这种公信力体现在类似360这种企业身上就是要把选择权交给用户，而不是360。你可以帮助用户去判断什么是流氓软件，什么是有可能侵犯你隐私的软件等等，但具体到是否应该删除或者屏蔽这个软件应该由用户来执行。软件公司可以提供这样的选项，经过我们的评判，建议这样或那样，但是否执行应该有用户掌握。这就是我对扣扣保镖事件的看法。

@付亮：在互联网里用户是上帝，QQ和360都不应得罪上帝

腾讯和360恶战不断升级，其实这是一个很好的管理案例。寡头和寡头之间如何恶斗，新进入者如何挑战领域老大权威，各有资源者如何在不同产品线同时对战，互联网透明的特点使两虎的行为都暴露无疑，这是其他领域很难见到的。不过请双方记住，用户才是真正的上帝，在互联网里上帝不会被长期蒙蔽，得罪了上帝，可能离死也不远了。

@张慧生：用户只关心电脑是否能够正常使用

360推出“扣扣保镖”，可以自动屏蔽QQ弹出的窗口。我不清楚周鸿祎的360何时变得这么高尚主动替用户着想，我只记得当初他开发的3721的流氓插件给我造成的痛苦。我的感受只是伊利蒙牛的口水战演变成360和QQ的口水战，只是那二个是从头至尾死掐，这边QQ是动了360的奶酪后才让周鸿祎和360有了伪装成高尚的道德感。我们的隐私早被微软和Intel看穿了，我关心的只是电脑能否正常使用，用不着你们的道貌岸然。

@魏武挥：360对抗QQ是一场利益争斗，周鸿祎以小博大。

360vsQQ，彻头彻脑的一场利益争斗。但从纯商业斗争讲，周鸿祎以小搏大，至少已经把自己放在了和马化腾平起平坐的份上，要知道，后者可是一秒钟能进账500多块的主。

@星期天下午：一切真相大白腾讯愚蠢之极

一切真相大白，腾讯愚蠢之极，今天360扣扣保镖的推出终于解释了最近周鸿祎对于腾讯所有的行为。愚蠢的是腾讯的配合使得这次360的营销行为无比的受关注，无比的成功。360设套，腾讯入套。哈哈哈，周鸿祎太高明了。

@信海光：从谷歌搜索趋势上看，这几天搜索“360下载”的网民可谓直线上升。这么几天高密度全媒体轰炸，相当于在中国给360投放了几百亿的广告费。腾讯该痛哉了。

此次360 VSQQ的公关之战，让我们看到了腾讯也能被挑战。虽然从结果来看是双输的局面，但360的公关还是做的比较成功的。其主要的原因有：

①360 懂得抓住对手的薄弱点进行攻击，如宣布 QQ“窥私”，将 QQ 与其他安全软件对比；发布 360 隐私保护器。

②拉拢众多盟友。

③知难而退，懂得变通。发现出现损失时，立马改变策略。

360 的公关案例中有许多值得企业借鉴的。比如，议论文似的公关方式——QQ 窥私为论点，将 QQ 与其他安全软件相比较为论据，发布 360 隐私保护器；争取盟友，使众多盟友产生群体效应和名人效应；灵活变通，它的勇气和对公关危机的处理速度。

（二）做人生的赢家，我能

以全球通“做人生的赢家”营销个案为例，介绍企业是如何运营微博，建立用户关系，提升微博价值。

全球通是中国移动针对高端消费人群的客户品牌，经过多年的品牌建设，多数高端人群已经成为“全球通人”，但是 2009 年包括天翼、联通在内的竞争品牌传播声响巨大，逐渐形成各自的品牌规模，对全球通造成一定影响。

2010 年全球通品牌以客户价值观的转变为出发点，根据消费者对成功的理解开始多元化，提出“做人生的赢家，我能”传播口号，以获得现有用户群的品牌认同和归属感。

“做人生的赢家”倡导的是一种生活态度，全球通人追求的生活不是单一的事业成功或是家庭幸福或是精神满足——而是这些的全部；并且，他们能够以创新的想法和做法，为人生创造出新的可能，对生活品质有新要求，并有能力实现它，即每一种社会角色，都能取得被人羡慕的成功。

如何把全球通 7000 万用户聚集起来发出声音，秀出自己，让全球通人展现自己多元化的人生？让全球通人用自己的方式诠释什么是“人生的赢家”是此次传播的任务。

消费者调查：偷菜，写博客，发微博……数以千万计的全球通人就活跃在互联网上，既然能够找到这些“全球通人”，那么，互联网让“全球通人做全球通”成为可能。

当全球通人在微博上八卦，在开心网上晒照片，在博客写日志，他们的言论、图片、动作已经是一幅活生生的“人生赢家”百态图；这包含了全球通人不同于普通人的兴趣、爱好、关注，以及他们的价值观。这将展示全球通人的生活态度——激起全球通人的品牌认同。

营销策略与创意亮点：微博是全球通人喜爱的互联网应用，并且集合大量名人。通过微博平台以官方及名人角度诠释赢家观点，展现赢家生活态度，可以影响到更多的目标用户，并通过引导用户在微博上思考和讨论来达到深度传递“做人生的赢家，我能”的目的。

执行过程：我们选择了新浪微博为全球通人搭建了一个“发出声音”的平台，让他们秀出自己全球通人的生活、“人生赢家”的诠释，引起更多全球通人的共鸣。从品牌主张、业务、结合热点话题三个不同角度共发起相关话题31个，定期实施微博互动活动，刺激微博粉丝主动阐述“人生多面”的各种话题及人生感悟。并且每天发布符合全球通品牌调性的精致原创内容，引导和丰富微博粉丝的心理体验。

新浪微博名称：全球通做人生的赢家

营销效果与市场反馈：

活动时间：2010年11月至12月，为期两个月

微博参与人数：超过16万微博粉丝，超过24万微博用户添加活动勋章，超过58万参与话题讨论

引入微博名人179人（如：董崇飞；河北解放；卓越兄；包月阳；张小盒；劳博；段永朝；程彦栋）共发布微博199条

微博名人营销效果：累计总转发量5万次以上，累计总评论量3万次以上

根据新浪的微博价值分析工具的分析结果，全球通做人生赢家在传播2个月的期间内，微博价值、原创率、转发评论数、影响力、关注度等指标均高于其他同类品牌数倍（此工具是基于微博账号的原创率，影响力等元素得出的平均数据，是目前较权威的微博营销数据分析体系）。

全球通做人生赢家微博价值已经达到了25万；原创率达到了90%以上；平均转发、评论分别为69次和252次；经过2个月的传播，影响力排名达到第800位。

所有31个话题在发布当天都进入了当日新浪话题榜的前50名，更有13次进入前10名，3次登上当日话题榜榜首。

全球通微博推广前期，在新浪微博“品牌一小时热门话题”排行榜中排名第31位，经过多日的维护和话题的发布，“全球通”关键词迅速跻身于排行榜第1位，在微博话题榜中一直处于活跃的状态，“全球通”排行的名次一直保持在前三名。

（三）暴雨成就杜蕾斯

以杜蕾斯多个创意微博发布（暴雨回家及草船借箭等）为例，分析微博的创意营销。

事实上，营销无处不在。但要把营销工作做好，让推销成为多余，却并不是一件容易的事。尤其是对于一些具有私秘性、敏感性的产品，比如卫生巾、性用品等，不能不顾忌公序良俗，在遵从社会道德的前提下，巧妙营销，不仅不能冒犯受众，还要迎合他们的心理，提高他们的品牌忠诚度。

而避孕产品品牌杜蕾斯，就是一个成功的代表，它的广告一直都做得很经典，在朦胧中有着调皮的幽默感。2010年被利洁时收购后，杜蕾斯顺应传播环境的变化，在中国市场加大了数字营销的传播和推广力度。

以下是关于杜蕾斯微博营销的策略，摘自《新营销》记者对利洁时家化数字营销市场经理陈慧菱的专访稿。

1. 内容：对粉丝说什么

在中国，像杜蕾斯这样的产品是很敏感的东西，在传播时要注意很多问题。杜蕾斯的口号是“LOVE&SEX”，因此在网络上会谈比较多有关LOVE的内容，有爱情才有伴侣嘛。除了爱情，还有几个传播关键词，比如性感、安全、时尚、幽默等。

其实一些看起来不相干的内容，都是与这些关键词紧密相关的，我们通过关键词的契合与品牌产生链接，不过这些帖子会有一定的比例，这个比例经常根据当时的情况做调配，以确保每天都有一些有趣的、生活的、小清新的、性感的内容。

杜蕾斯有专门的团队在做内容，我们与其他官方微博的区别在于我们有很多原创内容。

如同其他外资企业，市场营销执行工作大多委托代理公司执行，所以杜蕾斯官方微博有一个专属的合作外包团队。我们公司内部做数字营销的团队有3个人，负责5个品牌的数字营销。我与两个营销专员，主要负责对外与外包团队对接，以及对内品牌部门进行合作等。我们与外部团队保持着很紧密的合作关系，有着良好的默契。比如，我会随时随地给杜蕾斯官方微博发私信。

杜蕾斯官方微博运营采用两班制，分早晚班进行维护，因为我们休息的时候，粉丝并没有休息。尤其是过节的时候，粉丝不管跑到哪儿去，他还是会上网刷微博。

一般来说，做商业品牌的数字营销内容有几个重点：第一，不碰政治；第二，不涉及宗教；第三，不牵涉、不攻击竞争品牌，甚至任何人、事、物。有些品牌的微博很有趣，当粉丝攻击它时，它的维护人员会说“不喜欢我你就走”这样的话，但这种不好的反馈传播出去是很危险的，绝对要避免。并且，无论竞争品牌发生任何事情，我们都不会去评论和攻击，把自己的事情做好就可以了。

因此，只要是相关的热点，不牵涉敏感话题，我们很愿意和大家分享，包括公益、慈善方面的内容。温州动车事件发生的时候，利洁时家化旗下5个品牌的网络页面率先变成单色页面，挂上黑丝带标志，并且停止微博一天，这是品牌应该有的态度。

2. 方式：怎样与粉丝沟通

大家都讲“先微博、后营销”。作为一个官方微博，要先交朋友，然后才可以提品牌的事情。杜蕾斯希望通过数字营销让品牌更加亲切，和消费者更加亲近。与消费者互动最关键的一点就是要学会聆听。数字营销的好处在于可以迅速得知消费者的反馈，可以迅速做出反应。企业和品牌要放下身段，倾听消费者的心声。对于数字营销来讲，有“人味”是很重要的。

做数字营销，心态必须开放，与消费者互动。如果不跟消费者互动，那数字营销还不如不做。这不同于电视广告，买下时段天天轰炸式播放，那是单向传播。在数字营销领域，以微博为例，企业的心态必须转变。

杜蕾斯是几乎所有官方微博中最喜欢和粉丝沟通的。当品牌调性出来之后，粉丝的回复就会很有意思。前几天有个帖子，是一个网友把益达口香糖的广告词改了："兄弟，油加满……你的杜蕾斯也满了。"当时杜蕾斯回复了一句："杜蕾斯无糖避孕套，关爱牙齿，更关心你。"当时大家都笑疯了，我也乐坏了。之后陆续有粉丝把五粮液等品牌的广告变成杜蕾斯的。

在中国，人们认为性是"可做不可提"的事情，如果我们把它变成一种性感，一种时尚，一种你懂……而且是亲切的、娱乐的，大家都很开心。有个粉丝给朋友祝贺30岁生日，他买了小熊外型的包装糖果，把糖果取出，把杜蕾斯的各种产品单片塞进去，留言就是希望朋友"性福满满"，一定要把它们用光。

现在大家都特别喜欢给杜蕾斯投稿，杜蕾斯每天的回复、跟粉丝互动都是非常频繁的，让粉丝意识和感觉到，杜蕾斯不只是一个品牌，更是一个活生生、有个性的人，跟杜蕾斯交流是很开心的事情。

3、紧急事件：如何处理危机

事实证明了网络的威力：在国外，比如美国，当你去应聘的时候，面试官会把你近几年在互联网上的一切轨迹都调出来。他们不只注重实体的人，也开始关注人在虚拟世界的表现。品牌也是如此。在互动的数字世界里，比起传统的官方网站和传统媒体单向告知等形式，传播的风险要更高。

因此，对于数字营销，杜雷斯可以做到24小时支持且终年无休止。杜雷斯有专门负责监测的代理公司。一旦发现负面消息，必须马上做出反馈。

对于个别人的抱怨，杜雷斯会先与这个人沟通，询问发生了什么事情。如果是与品牌相关的，公司内部立刻有人去处理。如果是内容让网友觉得很不妥，比如发现某条微博负面效果太大，就会马上把它删掉。

举个例子，曾有人散播说"假的"杜蕾斯产品含有艾滋病毒，知道这条消息后，负责人在一个下大雨的周末下午赶到公司，与相关人员全程监控这件事情。后来杜雷斯没有介入，因为这篇帖子有明显的常识性错误，大家都知道病毒离开人体是没办法存活太久的。几个小时候，有趣的事情发生了，杜蕾斯的粉丝们纷纷站出来说话，主动对抗散布谣言的人，捍卫杜蕾斯品牌。对于这件事，我们一直盯到晚上，后来在粉丝的支持下它慢慢地、自然而然地平息下去了。

现在微博很火，但是微博毕竟只是数字营销的一部分，大家不知道明天是不是会出现一个新的应用，然后所有的网友又都跑到那边去。中国人不像美国人那样对某个产品有很高的忠诚度，而是有“跟风”的习惯。

做数字营销一定要有整体策略，绝不能仅限于微博或某个单一的互联网应用。要了解数字世界是怎样的，必须要有开放的心态和想法才能做好。

杜蕾斯数字营销经典案例

1. 鞋套哥——针对即时事件的迅速反应

2011 年 6 月，北京的一场大雨，让杜蕾斯官方微博着实火了一把。

正值北京傍晚临近下班时，大雨猛然间落下，微博上网友开始讨论如何回家。此时一个叫“地空捣蛋”的账号发出一条微博：北京今日暴雨，幸亏包里还有两只杜蕾斯。他在配图中，详细介绍了自己怎样把杜蕾斯作为鞋套。此微博一发出，便被网友疯狂转发，在 1 小时之内便被转发了 1 万多条。

事后，杜蕾斯微博外包团队的“首脑”、此次事件的“幕后主使”金鹏远在网上公布了创意过程：

2011 年 6 月 23 日 17：20，北京又一次瓢泼大雨倾盆而下。内容团队的同事说：“老金，我们想了好玩的东西，下来看一眼。”下楼，看到打开的两只杜蕾斯，以及杠子脚上套着东西：“杜蕾斯套鞋防止被淋湿。”我联想起小时候出门用塑料袋套鞋，避孕套有弹性更适合，何况我们用的还是凸点的，增加了防滑功能。

拍摄完毕，简单修图，杜蕾斯的客户经理张会有些担忧这样是否会对品牌造成影响。在社交网络上，我们团队的操作宗旨就是与热点结合、有趣胆大、快速反应、坚持原创。这个创意条条符合，没有原则性的问题，和 CEO 马向群简单沟通后，拍案决定可以做，但更换一种办法，先由杠子的私人账号“地空捣蛋”发出来，看看效果后再由杜蕾斯官方微博转发。

24：00，这条微博转发量已经超过 5.8 万条，牢牢占据了 6 月 23 日新浪微博转发排行第一名。3 天内，最高转发超过了 9 万条。如果以传统媒体的传播达到来比较，这次没花费一分钱预算的事件传播可以与 CCTV 黄金时间点的 3 次 30 秒广告效果媲美。一周后，《中国日报》英文版将此案例评为 2010 年最有代表性的社交网络营销案例之一。

2. 有我没事——针对热点人物的借势

杜蕾斯利用热点进行创意营销时，非常注意捕捉名人微博，与之互动。4月12日晚上，喜欢晚睡的新浪草根名微博“作业本”发了一条恶搞微博：“今晚一点前睡觉的人，怀孕。”杜蕾斯发现此条微博后，留下评论：“有我！没事！！”随后包括“作业本”回复并转发的两条相关微博，共被转发7000多次，当天杜蕾斯微博就增加粉丝3000人。

（四）微博营销，《失恋33天》因你而轰动

《失恋33天》改编自鲍鲸鲸的同名人气网络小说，是中国内地首部为光棍节定制的“治愈系”爱情电影。由《蜗居》导演滕华涛执导，当红演员文章、白百何主演。故事用亲切又不失幽默的方式讲述女主角黄小仙从遭遇失恋到走出心理阴霾的33天。影片已于2011年11月8日全国上映。至上映以来，《失恋33天》观影人气十分火爆，得到了观众的极力追捧。上映4天票房成功突破亿元大关，首周票房更是达到1.89亿，夺得当周票房冠军。截止影片影院下线，总票房为3.5亿元人民币，成为了年度票房市场的最大“黑马”，同时也是中小成本最卖座的国产电影。

自微博营销被企业运用以来，《失恋33天》俨然成为新媒体在电影营销上“发威”的成功案例。一部投资几百万的小成本都市爱情电影，能和一部好莱坞大导演作品较量，取得了票房奇迹——上线四周累计票房收入3亿4400万。《失恋33天》为什么这样火？如果它真是一部“神作”，那倒很容易解释，可它偏偏并不完美。不过，或许也正因为如此，《失恋33天》才成了一种“现象”，才值得人们刨根问底。

《失恋33天》的成功宣传得归功于“微博营销”。而且它的成功开始让一些还在怀疑微博营销威力的企业刮目相看了——微博推广花小钱办成大事！

时至2011年，中国电影进入营销时代已经不是一天两天了，《失恋33天》的营销之所以为业内津津乐道，在于它的精准定位，说俗一点，就是花小钱办大事。对于小成本的《失恋33天》来说，宣传公司承认，因为没有大导演、大明星，传统的宣传模式很难玩得转，只好另辟蹊径一头扎进了社交媒体，没想到却成了“微博营销”的经典案例。除了动员明星粉丝转发，宣

传方还特别征集普通人拍摄制作了“失恋物语”等视频，点击量超过2000万。

《失恋33天》是怎么营销的？

1. 传统媒介——情感入手，失恋物语流行

在传统营销手段遭遇瓶颈时，开始尝试新的网络营销模式。负责此片宣传的负责人早期利用传统媒介网络视频进行宣传。虽然电影预计上映时间是2011年11月8日，但宣传团队从6月份就开始着手影片的推广。切入点从情感入手，在全国几大城市寻找失恋青年，请他们说说失恋的事，并将其拍成“失恋物语”上传视频网站，最终将视频链接放到《失恋33天》的官方微博上。

2. 网络互动平台——微博营销，形成滚雪球效应

注册新浪官方微博，进行微博互动。《失恋33天》的官方微博于2011年6月10日开始在新浪微博发布第一条消息，并从此开始了它的微博营销之路。

《失恋33天》改编自鲍鲸鲸的同名人气网络小说，正是由于小说的超高人气，才得以改编拍成电影。而在进行微博推广的过程中，影片宣传方重点从《失恋33天》的小说迷入手，通过评论转发其微博与之互动，为电影的上映制造口碑基础。

除了通过微博评论、转发这种“点对点精准营销”的方式，宣传方还通过举办各种微活动，以“点对面的辐射营销”的方式来进行影片的推广。

明星及大号的推广。除了通过官方微博与网友互动进行宣传之外，宣传方还联合影片的主演人员通过其微博来宣传影片。而在影片中饰演男一号“王小贱”的文章，其个人微博拥有2596万的粉丝，更是微博推广的主干人员。女主角白百何的个人微博虽然只有75万的粉丝，但也共同为影片《失恋33天》宣传造势。截止2011年12月7日，微博上关于“失恋33天”的搜索结果已经超

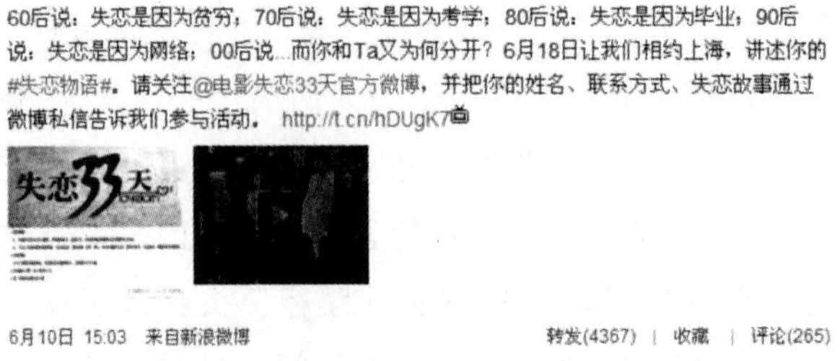

过 800 万，同时“王小贱”的搜索结果也近 150 万。

这样三个多月的运营，《失恋 33 天》官方微博粉丝量近 10 万，同时影片宣传方还打造了很多“失恋 33 天”的微博号码，像“失恋 33 天”经典语录、失恋 33 天心语”等微博号粉丝数都在十万之上，这样就形成了一个庞大的微博矩阵，由这个矩阵加上话题再加上各大排名靠前的草根微博转播和推荐，所形成的力量在微博上无疑是巨大的。最终，凭借官方微博的造势和扩张，这部影片拿下了 3 亿 4400 万的票房，得到了很好的网络口碑。

当然微博营销也绝不只是建立官方微博、进行网络互动、号召名人在自己的微博上宣传一下这么简单，微博营销说到底也只是一种传播手段，在各种技巧和策略之外，最重要的还是产品质量。不管是什么方式的营销，电影本身的质量，观众的认可度还是最根本的，而营销只是助力，如果产品不行，就算投入大量费用进行微博营销，在网络上打通各种关系让名人帮忙说好话，做各种秀也无济于事。对于《失恋 33 天》来说，微博营销只是为一部优质低成本电影插上一对有力的翅膀，让其在票房的高空中自由翱翔罢了。

“80、90”是《失恋 33 天》微博营销成功的关键

《失恋 33 天》能够取得成功，微博营销是关键，但微博营销能够取得成功，还是得益于这部影片的受众都是刷微博的。毫不夸张地说，《失恋 33 天》是一部彻头彻尾的“80、90”电影，编剧是个“85 后”宅女，故事讲的是一群“80 后”的恋爱与生活，营销选择了“80、90”热衷的社交网络，至于 3 亿票房的来源，自然也是清一色的“80、90”。除了“80 后”的白领，“90 后”的大学生乃至中学生的热情也不可小觑，无论是影院里还是微博上，都有他们活跃的身影。

“80、90”早已成为电影市场的主力，而我们的大部分电影人还没有完全意识到这一点，或者说，即使意识到了也不知道该怎样办。什么才是真正属于“80、90”的电影？《失恋 33 天》恰好提供了一个范本。有如影评所说，“主人公的言行举止、生活方式都是时下“80 后”小清新的范例，白百合从外形到神韵都很到位，文章塑造的‘Gay 蜜’也是时下美眉们热衷的新生事物，老一辈的电影人根本 hold 不住这类题材。”难怪北京电影学院副教授杜庆春也要大声疾呼，“告别老家伙电影，告别中年族群电影”。

《失恋 33 天》带动企业微博营销

《失恋 33 天》在新浪微博上的巨大效果引起了一些企业和品牌的重视。这些企业也快速行动，借《失恋 33 天》东风，抓住了实时营销的机会。像“街旁”在此次营销中，有机地将《失恋 33 天》营销话题热点和它的 LBS 结合起来，在自身微博的#圈地总动员#板块中发布了利用电影中取景的地点制作成地点册，并和电影失恋 33 天官方微博联动，吸引 1200 + 次转发，短链点击次数也超过 6000 + 次，借此次的实时营销获得了很好的效果。

同时“大众点评网 - 北京美食“也将《失恋 33 天》中出现的餐厅、咖啡厅的信息整理并通过微博推荐给用户，获得了不错的实时营销效果。拖拉网也利用《失恋 33 天》中太阳花睡枕在微博上引导流量并促进销售。当然还有不少电影中的企业并没有很好地利用此次大事件，从而错失了一次营销自己的绝好机会。所以企业如果遇到像“失恋 33 天”这样的大事件时应该把握住时机，通过寻找品牌与话题的契合点，做有针对性的营销，通过大事件的实时营销扩大企业的影响力。

（五）《甄嬛传》之微博角色营销

《后宫 · 甄嬛传》这部长达 76 集的后宫剧除了引起广大爱八卦的女性关注热议以外，此剧情也引起了很多男性观众的关注。而《后宫 · 甄嬛传》在背后的那些微博营销的故事可能你还不知道，现在就让我们剖析下甄嬛的微博营销故事。

《后宫 · 甄嬛传》缘何这般受欢迎？恐怕并不能完全归功于流潋紫的原著、76 集的长度或者是各主角的卖力演出。这并不是一个“酒香不怕巷子深”的荧屏时代，全面且到位的营销宣传才能让一部作品取得最大化的营销价值。回顾《后宫 · 甄嬛传》的营销策略，确有不少新鲜创举，其中尤以剧中各人物“实名”落户微博最有“吃螃蟹”精神。

如今微博宣传成风，哪部影视作品要不开个官博啥的，都不好意思说自己宣传到位，《后宫 · 甄嬛传》自然也不例外。但每日里为自家作品吆喝的微博数不胜数，一不小心就淹没在漫天的“王婆卖瓜”声中，若没点绝招，便很容易白费了力气。

官博天天“装嗲卖萌”

《后宫·甄嬛传》的绝招说简单也简单，就是天天装嗲卖萌：

“果郡王在甄嬛禅房外夜夜吹笛，精诚所至，金石为开，终于———此处省略一千字……【花心】”

“祺嫔指认甄嬛与温实初私通，皇上闻讯赶来，皇后要求滴血验亲（皇上：【怒】竟然敢给朕戴绿帽子！温太医：【黑线】不是我的，别让我背黑锅！皇后：【阴险】亲，来验一个！）温实初为保清白不惜自宫，恰巧被眉姐姐撞见……（PS：眉姐姐，你不要走！【泪】）”

以上是《后宫·甄嬛传》某日官博发出的当晚剧情预告，其中【花心】和【黑线】等都是微博表情。卖萌至此，一般人还真抵不住！“风筝节”线下博眼球在《后宫·甄嬛传》中，甄嬛过生日，雍正大摆宴席彰显圣恩眷宠之意，引来众妃嫉妒。在这场戏中，甄嬛放风筝以及果郡王以满湖莲花博美人一笑，最为令人印象深刻。为了配合《甄嬛传》的播出，安徽卫视便结合剧情打造出一个“甄嬛风筝节”，邀请合肥、南京、武汉、杭州等地的观众一起放风筝。花钱或许不多，但胜在有新意。此外，东方卫视也发起了“寻找甄嬛”的线下活动，将五个《后宫·甄嬛传》图标分别在北京五个地铁站由工作人员派发，集齐5个图标并拍照发微博的第一人，便可现场获得价值一万元金条的大奖。

最“恐怖”的来了！4月间，不少微博用户发现，竟有注册名为“钮钴禄-甄嬛”“雍正-四郎”“华妃-年世兰”“温太医”等神秘人士在微博发帖刷屏，点开一看，还都是加了V的实名认证用户，如“钮钴禄-甄嬛”的认证信息便写道：“本宫是《甄嬛传》角色———甄嬛，非演员。”虚拟人物通过微博认证，或许这还是头一遭。

虽然明显是微博跟电视台之间的联手宣传之举，更惹来坊间“如此是否坏了微博实名认证规矩”的争议，但无可否认的是，这一破天荒的宣传策略引起了巨大的社会效应，一时间围观者众。网民纷纷议论：“这样也行?!”在后期上新的整个过程中，这些从剧中“穿越”到现实微博中的宫斗主角们“互动”频繁，所议内容从剧情的演义，到现实中真实的沙尘暴，不一而足，为《后宫·甄嬛传》的播出推波助澜。

（六）一场由京东引发的电商大战[①]

以京东商城与苏宁易购之间的“8·15电商大战”为例，介绍企业之间如何利用微博进行商战。

2012年8月14日上午10：21，京东商城CEO刘强东在新浪微博中放出豪言：“京东所有家电将在未来三年内保持‘零毛利’，大家电比国美苏宁便宜至少10%。”

14日下午16：08，苏宁易购副总裁李斌在新浪微博上持以“不赚钱，也要堵截京东”的心态强势回应：“明天9：00开始，苏宁易购将启动史上最强力度的促销，我一定能够帮刘总提前、超额完成减员增效目标。”

随着苏宁易购副总裁李斌“一声令下”，一场“中国电商史上规模最大、最惨烈、最全面的价格战”日前在苏宁与京东商城之间开打，史称“8·15大战”。在这场由刘强东微博发起的“8·15电商大战”中，苏宁被迫应战，国美、当当网、易讯网等众电商不希望刘强东的京东商城“扶摇直上”，纷纷携自身秘密武器抗击京东，一时间战火纷飞，“8·15电商大战”越演越烈。

京东方面：

14日下午17：12，京东商城CEO刘强东转发了早在16：52发布的微博，并鼓动网友：“赶紧登陆京东商城，收藏好你准备购买的大家电，明天瞅准时机，下手一定要快、准、狠！”

14日19：13，刘强东“零毛利”叫板国美苏宁：“我为什么要打苏宁大家电？因为苏宁大家电毛利率高达25%，也就是你去苏宁店里购买一台5000元左右的冰箱，苏宁要赚你1250元！而京东只加150元就可以卖！只有大家电才有足够的价格战空间，其他品类即使便宜也就几元钱的事，没意思！要打就几百几百元的降！”

苏宁方面：

14日晚上20：24，苏宁电器副董事长孙为民也正式通过新浪微博发声：“公司在内部不止一次强调，京东还是个孩子，苏宁要帮它，共同做好中国的

---

① 8.15电商微博大战内幕：两个媒体人的对决. http：//www.cctime.com/html/2012-8-21/20128211436408435.htm.

电子商务行业，在竞争中培育对手、壮大企业，是苏宁20多年来始终坚持的经营风格。”

15日早上，刘强东立即转发孙为民的微博并予以回应，火药味十足。

而除了苏宁被迫应战，另外包括易迅网、当当网、国美电器等电商大户也随即加入“8·15大战”之中。

易迅网方面：

14日下午14：51，易迅网官方微博发声公开叫板京东的降价举动：

【京东敢不敢和易迅比比价】易迅网致京东商城CEO刘强东先生的三点回应！

当当网方面：

14日上午11：33，当当网CEO李国庆转发刘强东的微博，并调侃称刘强东在制造噱头。

14日下午17：24，李国庆转发了苏宁易购副总裁李斌的微博，宣布当当网手机、电脑和小家电等以及当当网国美在线大家电七家店全品种迎战。

国美电器方面：

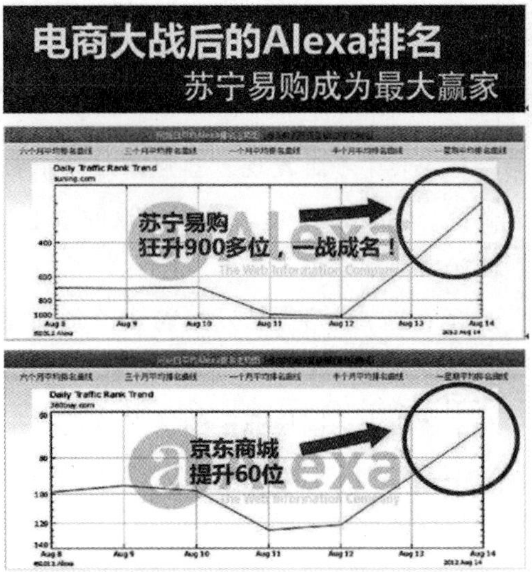

14日晚上，国美副总裁何阳青接受采访时表示：

“国美从不回避任何形式的价格战”，并表示从8月15日9：00开始，国美电器网上商城全线商品价格将比京东商城低5%；从17日开始，为方便不同消费群体购买，国美1700多家门店将保持线上线下同价。同时他也同意盟友当当CEO李国庆的说法，认为刘强东的挑衅言论只是炒作。

晚上21：47，国美电器官方微博发布消息称：

【京东卖一元，国美就卖九毛五】废话不多说，明天9：00起，国美电器电子商城全线商品价格比京东商城低5%。

2012年8月15日，在一场激烈的微博降价大战过后，苏宁宣布，截至15日18点，苏宁易购网站访客数（UV）比去年同期增长了近10倍，浏览量（PV）增长了近12倍，整体销售规模同比增长10倍；而在15日上午11点，价格战仅拉开两小时，京东透露家电销售额已突破2亿元。

Alexa排名[①]提升很直观告诉大家：在转化率没有大幅波动的情况下，流量的提升将必然导致销售额的提升，此等数据远比媒体关注量、用户关注量来得直接得多。此次大战京东商城和苏宁易购均受益，京东商城排名上升60位，而默默无闻3年之久的苏宁易购排名狂升900多位，显然是赢家中的赢家。

我们再来看看双方微博营销的实际效果。

京东刘强东 VS 苏宁易购李斌大战期间数据对比

名称	微博发布数	微博总转发数	平均转发数	微博总评论数	平均评论数
苏宁易购李斌	30	406998	13566	126523	4217
刘强东	65	426502	6561	158980	2446

从图表中不难发现，刘强东跟李斌都将微博作为主攻阵地，大战期间双方微博总转发数过40万。但李斌的单条微博转发数远高于刘强东，可见苏宁在此次微博战中投入力度。

取单条李斌最高转发微博和单条刘强东最高转发微博来分析两者微博转发趋势以及转发关键节点发现：京东转发节点相对疏散，不紧密；而苏宁的相对平滑集中，同样苏宁的转发节点看出“星座与心理”“全球冷笑话全收录”“神秘震惊时间搜罗”“药理学专家”这样的大号出现，也体现苏宁对此次大战营销重视程度。

① Alexa排名是指网站的世界排名NNT流量，主要分两种：综合排名和分类排名，Alexa提供了包括综合排名、到访量排名、页面访问量排名等多个评价指标信息，大多数人把它当作当前较为权威的网站访问量评价指标。

微博转发内容方面，苏宁转发 top20 关键词与京东转发 top20 关键词相比较，苏宁的转发内容中与“家电商品”关联度更高，主题也很明确，重点得以传播，而京东的转发内容则比较散乱，与商品契合度不高。

“8·15 电商大战”的背后

“8·15 电商价格大战”实则是京东与苏宁有默契的一次网络营销——微博名人效应和成功炒作

其一：利用微博等平台营销

微博是一个自媒体平台，微博主既是广告主也是受众。因此，交叉传播极其迅速。而微博的名人效应则体现在名人一言一行，会有很多人关注与转载。同样，成功炒作的一个影响因素也是如此。品牌企业任何动作，都会被媒体进行报道。这其中更关键的一点是，电商行业的悲剧在于降价。刘强东巧妙的利用了这一点，让苏宁易购、国美商城巨资降价促销广告费一一作废，而自己不花一毛钱，仅在微博上喊了几句话就达到了宣传效果，可谓是苏宁的悲剧、京东的骄傲。

其二：制造舆论爆点吸引各路媒体来为自己营销造势

此次电商价格大战伊始，京东、苏宁、国美等都高调行事，有意吸引来各路媒体，这些电商的 CEO 忙忙碌碌地穿梭在各大媒体之间未敢忘记发言或者回应，即使他们说的话可能并没包含多少讯息，但是媒体绷紧的敏感神经在特殊时期更加容易受到刺激，对这些言语能够放大甚至进行必要的联想，这样深度报道什么的都浮现出来了。

其三：竞争对手也是可以利用的朋友

相关企业之间的竞争是必然的事情，尤其是大企业之间竞争十分激烈，可是在一些特殊时期，这些本来互为竞争对手的企业之间也能建立某种程度上的友情。比如说此次电商大战中京东首先扬言要发起价格战，然后苏宁、国美等表示绝不示弱，纷纷迎战，虽然我们并不知道几大电商的产品是否在降价，但是我们唯一能够感受到是此次声势空前绝后，社会各界都在关注他们，他们扮演着价格战中的敌对双方，同时又通过关注回应等方式来对话，最终彼此都能够从中受益，从而达到营销造势的目的。

其四：利用名人效应来服务自己

什么是名人效应？说得通俗点就是人出名了关注的人多了，大家对这个人的一言一行都会保持关注的姿态，所以名人能够起到引人注意、强化事物、扩大影响的作用。现在很多商家就利用名人来替自己宣传造势，通过邀请名人写文章或者发微博等来达到营销的目的，名人包括影视明星、财经达人、商务智者等等，他们说的话不论出于何种目的都容易被关注。此次电商大战中几大电商都是在利用竞争对手这个“名人”来替自己宣传造势并且效果反响不错。

时至今日，8·15 电商大战已经成为业界众口纷纭的经典案例。鲜为人知的是，8·15 电商微博大战的背后推手，实际是两个曾经的媒体人的对决。根据《南方周末》8 月 17 日一篇报道指出，京东商城幕后的微博策划者来自于一家名为 NTA 创新传播机构的公司，该公司创始人为《创业家》前执行主编申音。而据同行透露，服务苏宁易购的微博运营团队是海唐公关，该公司创始人同样来自媒体、《京华时报》前经济部主任段志敏。从这两个人媒体经历不难了解，为什么一场本在市场竞争中司空见惯的“微博叫板”，最终演化成在新浪微博平台上衍化出 6000 万条话题的营销事件。只因为申音和段志敏两个人都出身媒体、深谙媒体，所以才有了这次电商微博大战的轰轰烈烈。

“8·15 电商价格大战四宗罪”

然而在此次“8·15 电商价格大战”中，也因为价格引发“价格战四宗罪”。

1. 虚构原价，即促销价高于原价。三家电商均存在虚构原价的行为，也就是说实际的促销价高于之前 7 日内交易的最低价。

2. 未履行“零毛利”承诺，京东曾表示，所有大家电将在未来三年内保持零毛利。但是，相关部门抽查发现部分产品即使促销后最高的毛利率也达到 10%。

3. 标明无货实际有货，众多网友反映商家缺货严重。有的电商承诺低价出售商品，但在网店上却标明无货，而调查结果显示商家仓库实际有存货。

4. 重合商品少，在价格战中，几家商家的产品重合度很低。有的电商促销的产品是独家经营，其他商家根本没有，因此也无从比较其此前承诺价格究竟是否为最低价。

“价格大战四宗罪”引起了发改委价监局的关注，经过调查，发改委价监局初步认为，价格战过程中，有些电商的促销宣传行为涉嫌虚构原价、欺诈消费者。多家媒体报道证实，电商的所谓价格战是实际的促销价高于之前7日内交易的最低价。“光打雷不下雨”“忽悠消费者”，消费者并未从这场价格战上获得多少实惠。

为了适应电子商务、网络购物发展的需要，商务部今后将加大这方面标准的制定力度，比如已经列入计划的《网店信用评价指标》《网络团购企业管理规范》《网络团购企业信用评价体系》《电子商务营销运营规范》。

五、政务微博营销

随着网络的日益普及，互联网在中国民众的政治、经济和社会生活中扮演着日益重要的角色，成为中国公民行使知情权、参与权、表达权的一个重要渠道。网络民意的凸显，一方面在于网媒的发展、公民意识的成长，另一方面更在于执政者对于网络民意的日益重视，而微博的出现则使政府与广大网民的距离进一步拉近。

据人民网舆情监测室《2013年新浪政务微博报告》统计，截至2013年10月底，新浪平台上的政务微博有100151个，较2012年增加40087个，其中包括机构微博66830家，公职人员微博33321位。相比去年同期增长4万余个，增长率超过60%，保持了较高的发展速度。在10万个政务微博账号中包含了24270个政法微博账号，其中包括17279个政法机构微博以及6991个政法官员微博。从微博总量上看，目前政务机构微博影响力“Top1000”和官员微博影响力“Top1000”本年度共发微博8609428条，平均每个官员账号发博3057条，平均每个机构账号发博5553条。另外，人民网舆情监测室通过对2013年新浪政务微博数据进行回归分析，预测新浪政务机构微博将可能在2014年底达到97259个，约为2013年同期的1.5倍；公职人员微博将可能达到 39985 个，约是 2013 年同期的 1.2 倍。

值得关注的是，2013 年是我国中央部委微博大发展的一年。据人民网舆情监测室《2013 年新浪政务微博报告》统计，截至 2013 年 12 月份，共有 77 家中央部门或其直属机构在新浪开通政务微博。今年以来，中国人民银行、国资委、国土资源部、证监会、保监会、中科院等一批“国字头”官方微博陆续开通。12 月 18 日，国务院办公厅政府信息公开办公室在新浪开通“中国政府网”政务微博，引发舆论关注。上述国家级微博的开通，成为 2013 年政务新媒体发展的最大亮点。部委微博运营良好能起到政府信息公开的表率作用，为基层政务微博提供经验借鉴，对于推动和引领各垂直领域政府部门政务微博发展有着重要意义。

接下来，我们一起通过一些典型的政务微博事件，来看看中国政务微 2010 年至 2013 年的发展情况。

（一）温总理微博问政

以温家宝总理通过微博与网友在线交流为例，分析政府如何利用微博与市民进行沟通。

2010 年两会前夕，2 月 27 日下午，时任的温家宝总理与网友在线交流。从各大网站的直播来看，温总理与网友们的交流是坦诚的。在线交流持续了两个小时以上，温总理妙语如珠，在很多问题上发表了令人佩服的真知灼见。而且，温总理已经和网友们约好，2011 年此时，会再度与网友们坦诚交流。这个承诺也兑现了。温总理的大国总理风范让人心服的同时，很多网友希望能够经常得到这种与总理在线交流的机会。

于是，很多网友希望总理能够开设微博客，以便提供一个经常在线交流的固定平台。毕竟，每年一两次的年度交流，满足不了网友们与总理交流的渴望。从当天总理与网友们精彩的在线交流来看，温总理如果开设微博，内容一定很精彩，粉丝队伍绝对会与日俱增。同时，在互联网时代，世界主要国家的政治家，无论是美国总统奥巴马、俄罗斯总理普京、英国首相布朗等等，都已经拥有了这个直接跟网友交流的现代化通讯工具。温总理如果开设微博客，是完全合理的。另外，温总理无论在哪个网站开设

“微博客”，都将给该网站带来巨大的流量，温总理的铁杆粉丝数量更有可能暴增，估计一年内可能达到上千万以上。这种微博客的火爆，对于文人、明星和商人可能带来商业上的回报，对温总理来说，却不一定完全是件好事儿。不过，还是期盼看到温总理早日开设微博。温总理如果开设微博，绝对是一件大事儿，到时候，总理微博必将成为观测中国民意走向的一个窗口。

在两会的时候，很多人大代表也开设了微博，在网上听民意，而大多数代表参加会议时也会发微博报道会议情况，当时很多代表提出的议案都在第一时间转发到了微博上，后来还有人总结了各种雷人提案，以及最给力语录。两会这个话题在微博话题排行榜上一直持续了相当长的一段时间，到会议结束大家还在讨论，有人愤慨，有人充当看客，老百姓们最真实的声音都在此体现。

（二）“表叔”以身试法微博反腐

这是一个以草根微博发起侦查“表叔”杨达才贪污的案例，旨在介绍平民力量的崛起，以及这种力量是如何推动微博反腐的。

2012 年，微博反腐可谓风生水起，格外耀眼。在众多的反腐案件中，均可以看到微博的身影。微博反腐，俨然已经成为一种最新的反腐方式。

微博的强大影响力，在很大程度上推动了纪检部门的查处力度。3 天，63 个小时，正厅级“雷冠希”倒下，被称为微博反腐“秒杀式”经典案例。速度之快，令围观者振奋。8 月，陕西省安监局原局长杨达才在“延安特大交通事故现场满面笑容”的图片，被网友发到微博中。网友们展开人肉搜索，发现他拥有数块名贵手表，进而猜测他有贪污腐败的重大嫌疑。9 月 21 日，陕西省纪委称，杨达才因存在严重违纪问题被撤职。10 月 22 日，广州市纪委宣布，被网友反映坐拥 22 套房产的广州市城市管理综合执法局番禺分局政委蔡彬，已被免去职务，番禺区纪委已对其立案调查。

目前微博反腐主要有三种形式：知情者故意爆料，一些腐败官员往往是被知情者通过微博揭发出来的，这些知情者中包括因腐败受到伤害的民众、知情的网民甚至是官员的情妇或亲人；“微博盲”不慎暴露自己，某些贪官因为疏忽与无知，错把微博当成了类似 QQ、MSN 之类的私密聊天工具，“一失足便成了千古恨”；个人信息外泄隐私曝光，当官员包养情妇的艳照或者个人信息无意泄露时，微博似乎成为曝光这些内容的最便捷渠道。

数据显示，微博举报已成为网络反腐的前沿阵地。而微博反腐知名人士认为，微博反腐只是制度反腐的补充，如果不能推动官员财产公开，公众信任危机会扩大；如果没有反腐制度，网络反腐的成效也将大打折扣。

微博反腐，对党委政府而言，多了一个制约监督权力的平台；对腐败分子而言，多了一种威慑力量；对公众来说，多了一种快速便捷监督官员、举报腐败的途径；对党员干部而言，多了一个警示约束自己的机制。所以，微博虽“微”，但反腐的作用不可低估。微博成为反腐的主阵地，不仅折射了公众对官员生态知情权、表达权和监督权的渴望，更体现了群众对反腐败与社会公正公平的强烈诉求。

中共中央党校政法教研部教授林喆：微博反腐是一种“低成本的反腐方式”。老百姓想要揭露腐败，往往需要长期上访，耗费大量的时间、精力和金钱，而且找不到对应的负责部门，网络的特性使消息一经发出就很容易引发关注，形成轰动效应和舆论攻势，促使事情得以又好又快地解决。微博反腐最大的优势在于提供线索，通过各种蛛丝马迹发现问题。

——2012 年 12 月 11 日人民网

中南大学廉政与法治研究中心主任李满春：一方面，有关部门需要把微博反映的情况进行多平台整合，从而扩大微博反腐的影响力，以实质性的效果来取信于民；另一方面，在制度层面需要设立明确有效的微博反腐制度规范，起到启发引导群众，推动国家政务公开和廉政建设的作用。

——2012 年 12 月 15 日《中国经济周刊》

（三）中国“史无前例”微博直播薄案审理

这是首例高级官员贪腐案件庭审的微博直播案例，旨在介绍法院微博为何、如何成为大案审理信源，它对政务微博、刑事诉讼程序具有历史性意义。

根据新浪微博联合人民网舆情监测室共同发布的《2013 年新浪政法微博

报告》显示，2013年法院微博直播庭审成为政法微博年度特色，法院微博成大案审理信源。8月，济南市中院对薄熙来案的审理情况进行了微博直播，这一举引发国内外舆论轰动。

备受关注的薄熙来受贿、贪污、滥用职权案2013年8月22日在济南市中院公开审理。22日上午8时09分，“济南中院”发布微博：济南市人民检察院提起公诉的被告人薄熙来受贿、贪污、滥用职权犯罪一案，将于今日上午8点30分在济南市中级人民法院第五审判庭公开开庭审理。更为难得的是，8月22日至24日，“@济南中院”连续三天对薄熙来案件审理的全过程进行微博直播。“@济南中院”通过官方微博发布了150多条微博、近16万字的图文，“直播”海内外高度关注的薄熙来案审理过程，数亿人得以“围观”庭审实况。政务微博首次成为大案要案审理中唯一消息来源。

济南中院微博粉丝达32万

8月22日早晨6点时，济南中院官方微博的粉丝约为4万，8点时增到10万。随着“济南中院”发布的庭审直播，临近12点时粉丝激增到22万。至晚间22时，粉丝达到32万。若加上不加粉丝的微博网友，这一数据还会大幅增加。

220余位记者在济南市中院门外等候时，除了镜头时刻对准大院，还在时刻关注济南中院微博的即时更新。在吉华大厦6层的媒体通报会现场，主席台两侧各设置两个大的电视屏幕，实时直播“济南中院”的庭审，让200多家境外媒体大呼过瘾。一位德国记者表示，薄案审理如此公开透明，大大超出了他的预期。济南中院官方微博除了用文字直播一些程序性的内容外，还有现场照片，甚至连记者们都比较关注的“庭审现场”“起诉书指控”都有，好比庭审实录，犹如身在法庭。

11时22分，“济南中院”发布首条“庭审现场”：薄熙来接受审理的一张图片，这条微博的转发量近7万次。

随后于11时29分发布第二条“庭审现场”微博，此微博为一条长微博，内容为庭审现场，审判长、被告人、公诉人以及辩护人的文字实录。被告人薄熙来在一开始说：“我希望法官能够合理地公正地来审判。”审判长表示：“法院会依法独立公正的行使审判权。”

【庭审现场】一经发布，引起网民和媒体的广泛转载和讨论，随后的文字实录涉及到案件的更多具体内容。文字、图片、音频，济南中院的官方微博通过直播，将备受关注的重大案件庭审完全呈现在网友面前，清晰可见，精彩纷呈。

国家行政学院法学部教授任进认为，此次济南中院对薄熙来案庭审情况进行微博直播，属于首例高级官员贪腐案件庭审的微博直播，开了刑事诉讼程序的先河，具有“标志意义”。而关心这一案件的民众也普遍认为，这彰显了中共惩治贪腐的决心，是法治中国的历史性进步。

BBC 中文网刊文用“相当罕见”来评价薄案的微博直播，并称“这在中国司法界是相当罕见的做法，不过也间接显示了薄熙来案的受关注程度”。

“大公网评论员方乐迪”在题为《薄熙来，微博时代的受审“局委”》的文章中称，某种意义上讲，官方通过微博直播此番庭审也是一种顺势而为的举动，与其放任微博中肆意传播真假混杂的消息，不如掌握舆论主动，顺应当下公众对于信息的需求。

“如此公开和透明，在以往类似的案件中从来没有过。该案注定具有独特历史意义。”复旦大学司法与诉讼制度研究中心主任谢佑平在微博上认为，通过微博，完全有自己置身法庭之中亲耳旁听之感。

微博的出现为庭审直播提供了更加大众化和更具互动性的新载体。武汉大学教授沈阳在微博上表示，微博直播是在信息公开和庭审秩序之间的均衡，满足了社会的知情欲望，是近年庭审使用新媒体的标志性事件。每一条微博都是历史的电子印记，而微博评论的丰富性增加了事件的解读角度。

“微博直播导致信息主导权转移到政务微博，政府机构面对重大热点事件直接发声，必然能够减少信息变异误差，提升信息传播精准度，压缩不实信息传播空间。某些卫视直播主要是念微博，加上背景介绍、观点评论，发布速度略慢数分钟。微博成为庭审直播的核心来源，记者某种程度被微博同一化。微博舆论场有其自身的情绪特点，“@济南中院”综合运用了长微博、文字直播等形式，网友评论热烈。新华社播发了押解薄熙来车辆的图片，网友在热议中对庭审中媒体展示的渴望也激起了共鸣。微博的信息公开作用凸显，直接、互动、简洁。微博平台本身获取信息红利，使用微博的用户能够在第一时间跨越媒体获取资讯。微博的公共传播性再次得到现实支持，重要新闻在微博中首发再上台阶。”

——武汉大学教授沈阳

第七章　微信：社交战略新王牌

当微博方兴未艾，又有一股新兴的狂风浪潮席卷我们的社交网络。没错！那就是微信！微信可以让一个人一夜成名，也可以让一个企业名声大振。它的力量不仅可以影响个人、企业、组织、机构、甚至是国家乃至世界。《纽约时报》曾撰文表示："微信让世界对中国公司刮目相看。"① 因此我们可以相信，微信已经成为了一个改变世界的神奇力量。

一、异军突起的微信

如今在街头、商场里，看见有人对着电话自言自语你也许不再陌生，在地铁、公交上，听见叮咚一声你也能清楚地辨认声音的来源，或许这就是微信改变我们日常生活的最直观的表现。微信的诞生不仅为我们搭建了更为紧密的沟通桥梁，还为社会化营销注入了强大、鲜活的能量。如今，微信已经成为我们不能忽视的力量，如何运用这一新兴力量在新一轮的社交战役中获取胜利成为了人们的关注焦点。但在此之前，我们应该对微信这一社交媒体有一个全面、清晰的了解，才能在瞬息万变的互联网时代把握先机、抢驻战略制高点。

本节从微信诞生之时说起，主要介绍微信的基本概念、功能特点、发展历程以及现状未来，向读者逐步展示微信的神秘世界。

---

① 纽约时报：微信让世界对中国公司刮目相看，http：//tech. qq. com/a/20140123/015823. htm.

（一）微信是什么？

1. 微信的概念

微信是腾讯公司于2011年初推出的一款快速发送图片和文字、支持多人语音对讲的即时语音通讯软件，海外版本为WeChat。微信的操作十分简便，用户可以通过手机、平板、网页等，快速发送图片、文字、语音和视频。微信的诞生，使人们可以随时随地地进行交流，真正地突破了地域的限制和平台的界限。

2. 微信的特点

微信的出现，可谓是颠覆式的创新。相比传统的手机电话、短信等，微信更加新潮、便捷。相比微博，微信更为私密，安全。相比QQ，微信更省流量，交流更加即时。总体而言，微信作为一种超强的社交媒体，具有下面三个特点。

（1）跨平台，交流无障碍

微信的操作平台可以是手机、平板等移动终端，也可以是电脑网页、外部客户端等，基于跨平台和多平台的操作，微信使人们的交流突破了地域、平台的界限。微信支持苹果手机操作系统（IOS）、安卓操作系统（Android）主流的智能操作系统，在微软手机操作系统（Windows Phone）、黑莓手机操作系统（BlackBerry）上也可以使用，让使用不同系统的用户间可以互发信息，畅通无阻地交流。此外，微信还支持多人群聊，提供有多种语言界面，用户可以随时随地和三五好友进行无障碍交流，企业组织也可以利用这一特点，进行在线会议，不但快速便捷，还节约成本。

（2）亲密交流，轻松安全

相比微博、QQ等社交媒体，微信的交流显得更加私密、安全。微博只需要添加关注，成为对方的粉丝便可以关注对方的信息，QQ只需要在搜索框中随机输入名称或号码就可以和对方进行交流，用这样的社交媒体进行交友、发布信息固然便捷，但随着人们对信息安全的意识提高，人们对使用这类媒体的担忧也随之增加。然而微信的出现，消除了人们的这一忧虑。微信添加好友的方式是以手机电话和QQ好友导入为主的，所添加的好友都是熟悉的、或是认识的，其交友圈是安全、私密的。

此外微信内置的摇一摇、查找附近的人、漂流瓶等交友方式也对信息安全作出了保障，漂流瓶结识的陌生人只能显示地域，未添加的陌生人只能观看到自己的部分信息，这些信息用户可以在隐私设置中隐藏，只有当陌生人成为好友并获得权限时才能看到。

(3) 省流量、省钱更省心

在微信发语音进行交流，相较于传统电话通话，在时间上虽然有所滞后，但也算得上即时通话。但在费用上面，微信既没有通话费，流量费也极低，因此相较电话通话，微信的直接语音对讲对大家更有吸引力。和微博、QQ相比，微信无好友在线状态、QQ空间动态等信息，上传的音视频、图文也都经过优化处理，因此其运行所需的流量也更少。微信后台运行只消耗约2.4K/小时，1M流量可发约1000条文字信息，1000秒语音信息，约1分钟视频信息。[①] 因此，用户无需担心使用微信会耗费自己大量的金钱，在没有wifi的时候也不必担心它会耗掉手机里仅有的流量。可以说，微信不仅省钱、省流量，而且更加灵活、智能。

（二）微信的超强功能及服务

2011年1月21日，微信1.0版本的正式发布。一时之间，微信拢获了上亿用户的心，赢得了无数企业的青睐，成为了当下手机用户的掌中必备。微信的成功，除了其迎合时下人们对亲密交流的渴望，更得益于其超强的功能及服务。微信作为社交新宠，具备以下三种基本功能。

1. 便捷的多媒体交流

微信界面支持发送语音短信、视频录像、文字和图片（包括表情、照片）。便捷的多媒体交流方式，是微信的一大功能，也是微信获得大众青睐的一大原因。

在互联网时代，相比简单的文字，图文并茂的消息更容易让人们记住。因此，新兴的社交媒体要具备发布文字、图片的功能的重要性，这里就不再

---

① 百度百科：http：//baike. so. com/doc/5329667. html#5329667 －5564841 －4_ 2.

赘述。

然而，在微信多媒体的交流方式中，语音聊天应该是最为突出的功能。微信的语音交流十分便捷，用户只需要按住语音键说话，松开语音键之后便能将语音信息发送出去，十分方便。如今，大家通过微信把手机用作对讲机的现象已经不足为奇，这足以证明用语音传递信息的便捷。此外，微信语音交流，不但省去了打字的繁琐，还增添了几分人情味。文字可以是华丽的、修饰过，但是声音是真实的、富有情感的。相比文字，声音更容易反应人们的真实情感、喜怒哀乐。通过语音进行交流，拉近了用户之间的距离，让沟通更加真实，因此微信的语音交流不单便捷，更是前所未有的情感沟通体验。我们不难想象，微信早期为什么会以“会说话的短信”“免费对讲机”作为噱头进行推广。

此外，视频发布也是微信的一大特色功能。在微信交流中，除了可以在交流界面发布视频，还可以进行实时视频通话。随着科技的进步，我们拍摄一段视频的成本已经越来越低。在互联网上，我们随处可见情侣们互相制作视频表达爱意，同学们制作毕业视频以此怀念青春时光。有了微信之后，用视频表达自己的思想感情变得更加容易。

通过微信的多媒体交流功能，我们可以准时地为好友送上一首生日歌曲，我们可以随时随地与家人进行视频通话表达思念，在旅游观光时也可以随兴拍摄异地风光和朋友分享。这样图文、语音、视频的互动交流，让我们的沟通更有乐趣。

2. 多种途径添加好友

据腾讯公布的数据，微信用户量超过三亿，我们身边越来越多的朋友也开始使用微信，微信既能接受 QQ 离线信息，让你随时随地的和 QQ 好友保持联络，又能通过微信查找到附近的俊男靓女，交流沟通十分方便。当然，这也得益于微信多种多样的添加好友的方式。微信可以通过多种途径添加好友，微信支持导入 QQ 好友添加好友、查看手机通讯录添加好友、查找微信号添加好友、分享微信号添加好友、二维码查找添加好友、摇一摇添加好友和漂流瓶接受好友等 7 种方式。其中以查看 QQ 好友和手机通讯录添加好友两种方式最为便捷、安全。

微信可以自动识别用户 QQ 账户和手机通讯录中使用微信的好友，并向用户进行推荐。早期微信是通过 QQ 导入来添加好友的，用户通过导入 QQ 好友，免去了填写资料，专门寻找好友，鉴别好友等繁琐事宜，十分高效、便捷，更重要的是形成了亲密的交友圈。微信起步时仅通过 QQ 账号体系来导入关系链，后来才发展到通过用户允许，匹配手机通讯录进行好友推荐。早在几年前，互联网行业就有人指出手机通讯录将成为比邮箱更有价值的社交媒介。而在微信以前，存在的社交媒体如，微博、Facebook、Twitter、QQ，都没有利用手机通讯录这一价值。通过手机通讯录添加的好友，大多都是用户已经认识的人，可能是家人朋友，或者是同学，朋友圈是真实、可靠的，人际关系是熟悉的、紧密的。现在许多微博使用者都纷纷向微信转移自己的交友圈，就是因为微博的交友圈十分复杂、虚拟，微博好友中可以存在很多用户自己不认识的粉丝，也可能是许多并不存在的“僵尸粉”。

此外，用户可以在微信的隐私设置功能中的“加好友权限”里，选择其他人是否可以通过 QQ 号或者手机号搜索到自己。当用户打开了好友验证设置后，任何人添加用户为好友，都必须先向用户发送好友验证请求，避免不必要的骚扰。

3. 跨地域的多人群聊

微信群是腾讯公司推出的多人聊天交流服务。多人群聊的功能在 QQ 上早已存在，但不同于 QQ 上的聊天群，微信的聊天群没有创建门槛，用户可以随机添加好友进行多人群聊。用户可以根据自己的要求定义微信群的属性、名称，也可以随意添加或更改群内成员。在微群中，除了聊天，还可以共享图片、视频、网址等。所有成员都可以发送文字、图片、语音、视频等，与其他成员进行沟通，没有地域限制，没有时间限制，操作十分方便，因此深受大家喜爱。据了解，2011 年 5 月前，微信只积累了约四五百万用户，微信对讲功能的加入使得用户数量进一步增长。

微信的这一功能，运用到工作中进行信息交流，不仅便捷，还可以节约许多成本。工作上的一些信息、通知，通过微信群发布，这样省去了工作人员一个一个打电话，发短信的环节。工作中需要召开的一些会议，在微信群上进行讨论，不但可以节省会议成本，还可以防止信息遗漏，因为用户在微信群上发布的每条信息都会被保存下来，这样就便于漏听漏看的成员回顾。特别是一些紧急会议，一时之间无法聚齐所有成员，或者设备不允许的情况下，通过组建微信群，可以随时随地聚集成员进行交流，十分灵活。

此外，微信还具有实时对讲机的功能，这一功能可以说是多人聊天的升级版。用户可以通过发起实时对讲机，邀请好友在语音聊天室进行语音对讲。但与在微信群里的语音不同，实时对讲机中的聊天消息几乎是实时的，在手机屏幕关闭的情况下也仍可进行并且不会留下任何记录，但同一时间，只能允许一位成员进行语音发布。

除了基本功能以外，微信还支持朋友圈、漂流瓶、摇一摇、查看附近的人、QQ 邮箱提醒、私信助手、语音提醒、语音记事本、通讯录安全助手、群发助手、微博阅读、流量查询、游戏中心等多种功能，以下为读者简单介绍微信这十二种功能。

朋友圈：用户不但可以通过朋友圈发表文字和图片，也可通过其他软件将文章或者音乐分享到朋友圈，还可以通过“评论”或“赞”等行为与好友进行互动，用户只能看共同朋友圈的好友的评论。

语音提醒：用户可以通过语音提醒，告诉“语音提醒”需要提醒的时间和事项，以提醒自己打电话或是查看邮件。

通讯录安全助手：开启该功能后可将手机通讯录上传至服务器，也可将之前上传的通讯录下载至手机。

QQ 邮箱提醒：开启后可接收来自 QQ 邮件的邮件，还可以在微信上直接进行回复或转发的操作。

私信助手：开启后可接收来自 QQ 微博的私信，收到私信后可直接回复。

漂流瓶：通过扔瓶子和捞瓶子来匿名交友。

查看附近的人：开启该功能后，微信将会根据用户的地理位置找到在其附近同样开启本功能的人。

语音记事本：可以进行语音速记，还支持文字、图片、视频记事。

微信摇一摇：通过摇手机或点击按钮模拟摇一摇来进行随机交友，启动该功能，微信可以匹配到同一时段触发该功能的微信用户，从而增加用户间的互动和微信粘度。

群发助手：通过群发助手把消息发给多个人。

微博阅读：可以通过微信来浏览腾讯微博内容。

流量查询：微信自身带有流量统计的功能，可以在设置里随时查看微信的流量动态。

游戏中心：可以进入微信玩游戏，例如“飞机大战”“天天爱消除”等。

（三）回顾发展、前景眺望

1. 发展脉络

2010 年 10 月，腾讯控股有限公司筹划启动微信，并由腾讯广州研发中心产品团队进行打造。2011 年 1 月 21 日，微信 1.0 版本正式发布，微信作为一股新兴的力量登上社交媒体的舞台。此后微信用户的数量不断增长，微信的版本也不断更新，其每次版本的更新都会伴随新的功能开发，引来新一轮的粉丝增长浪潮。

从表 1① 我们可以看出，至微信 1.0 版本正式发布后，微信版本的更新接踵而来，在微信 4.0 版本发布之前，微信平均一个月更新一次版本，更新频率十分快。微信 4.0 发布之后，到 2014 年 1 月 26 日，微信最新版本 5.2 发布，微信版本平均三个月更新一次。

从表 2② 我们可以看出，微信使用用户的数量是爆发式增长的。从微信 1.0 正式发布到用户数量突破 1 亿（2011 年 1 月 26 日到 2012 年 3 月 29 日），微信平均每天增长 23.36 万用户。微信用户数量从 1 亿到两亿增长阶段（2012 年 3 月 30 日到 2012 年 9 月 17 日），微信平均每天增长 58.14 万用户。

① 微信官方网页：http：//weixin. qq. com.

② 腾讯微博官网：http：//t. qq. com.

微信用户数量从2亿到3亿增长阶段（2012年9月18日到2013年1月15日），微信平均每天增长95.24万用户。微信用户数量从3亿到6亿增长阶段（2013年1月16日到2013年10月24日），微信平均每天增长1067.16万用户。截止到目前，微信用户的数量仍在不断增加，腾讯高层曾经在非官方场合透露，微信将在2015年达到8亿用户。①

结合表1表2，我们可以看出微信版本的更新与其使用用户数量存在一定关联，在微信1.0正式发布到使用用户数量达到3亿之前，（2011年1月到2013年1月），微信平均每月增长1250万的用户数量，微信用户呈爆发式增长，微信版本更新速度较快。微信使用用户数量从3亿到6亿阶段（2013年1月到2013年10月），微信平均每月增长3000万的用户数量，微信用户稳步、成倍地增长，微信版本基本功能稳定，其版本更新速度才有所减缓。

此外，从其版本更新的功能服务，我们可以看出，微信在逐步完善其社交功能。从中文再到支持多种语言，微信界面支持的语言越来越多。从QQ好友推荐到7种方式添加好友，微信添加好友的方式更加多样。从支持掷骰子到游戏中心的添加，微信的娱乐性不断增加。从交友设置到隐私设置的不断完善，微信的交往更加私密。

2013年8月5日下午3点微信5.0上线，除了在基本功能上面作出部分调整，微信5.0版本还加入微信支付。这意味着，微信与电商合作的道路已经开启，为电商的微信营销提供了基础。截止到2013年10月24日，腾讯微信的用户数量已经超过了6亿，每日活跃用户1亿。

表　微信版本更新图

版本	主要更新内容	发布时间	更新周期	特点
1.0	1. 快速消息 2. 照片分享 3. 设置个性化头像	2011-1-21		涵盖发送、接收信息的基本功能

① 赵黎．玩转微信．北京：石油工业出版社．2013.2.

版本	主要更新内容	发布时间	更新周期	特点
1.1	1. 与腾讯微博私信互通 2. 支持添加好友备注 3. 支持通讯录及会话列表搜索 4. 支持点击打开好友发来的网址 5. 新消息通知的好友帐号改为昵称	2011－3－10	20天	沟通腾讯微博与微信两大平台
1.2	1. 支持多人会话 2. 支持通过验证工作邮箱 3. 增加黑名单功能	2011－03－21	11天	开始有多人会话功能
1.3	1. 优化了交互体验 2. 支持插入表情 3. 增加找朋友栏目 4. 增加邀请朋友方式	2011－04－06	16天	增加添加朋友的方式
2.0	1. 多人对讲功能 2. 微博发图助手 3. QQ邮箱提醒	2011－05－10	34天	丰富多人对讲的功能
2.1	1. 寻找手机通讯录好友 2. 看看谁在用微信 3. 增加LOMO相机滤镜 4. 分享微信号 5. 隐私设置	2011－06－08	28天	增加添加好友的方式以及隐私设置功能
2.2	1. 接收QQ离线消息 2. 好友推荐消息 3. 好友验证 4. 插件管理 5. 查看正在使用微信的好友	2011－06－30	22天	沟通腾讯QQ平台
2.5	1. 持视频即拍即发 2. 查看附近的人 3. 语音记事本 4. 支持修改群名备注 5. 手机号注册 6. 个性签名 7. 系统通知	2011－08－03	34天	基于LBS应用的功能出现

版本	主要更新内容	发布时间	更新周期	特点
3.0	1. 摇一摇 2. 漂流瓶 3. 通讯录安全助手 4. 支持繁体中文语言界面 5. 增加保存群组到通讯录功能 6. 系统插件可装卸．安装 7. 支持查看好友的大头像 8. 增加插件免打扰功能	2011－10－01	59 天	新添交友方式和丰富界面语言
3.1	1. 支持英文界面显示 2. 语音记事本支持同步内容到 QQ 邮箱记事本 3. 文字．语音切换体验调整 4. 支持语音播放时听筒模式与外放模式切换	2011－10－27	26 天	优化语音播放模式和界面输入模式
3.5	1. 分享自己的二维码到微博上 2. 支持透明背景的动画表情、Emoji 表情、自定义表情 3. 支持全球超过 100 个国家的短信注册 4. 支持对话中启用石头剪子布和扔骰子游戏 5. 支持自定义对话页面聊天背	2011－12－20	53 天	丰富对话中可发送的内容，如动画表情、游戏
4.0	1. 支持微信相册 2. 支持把照片分享到朋友圈 3. 微信开放接口，支持从第三方应用 4. 支持图片、视频转发 5. 支持发送当前的地理位置 6. 朋友标星标， 7. 支持对多个微信好友群发消息	2012－4－19	121 天	开放第三方接口
4.2	1. 新增视频聊天插件 2. 朋友圈新增评论回复功能及发图可见范围 3. 名片设计	2012－7－19	91 天	丰富朋友圈功能

版本	主要更新内容	发布时间	更新周期	特点
4.3	1. 摇一摇传图 2. 语音搜索找朋友 3. 微信号可以解绑 QQ 号和手机号码 4. 网上下载动画表情 5. 扩宽"扫一扫"功能 6. 聊天置顶 7. 滑动查看图片 8. 朋友圈权限更新	2012－9－5	48 天	完善微信多种功能
4.5	1. 实时对讲 2. 摇一摇听歌 3. 生成微信群二维码 4. 搜索聊天记录 5. 迁移聊天记录 6. 设置语音提醒 7. 聊天可发送多张照片 8. 撤销语音发送 9. 可以给自己发消息 10. 备注陌生人 11. 导航朋友发来的位置 12. 截图快速发送	2013－02－05	153 天	新添实时对讲机，让实时对讲成为可能
5.0	1. 增添表情商店 2. “扫一扫”，可扫条码、图书、CD 封面、街景，可翻译英文单词 3. 游戏中心 4. 绑定银行卡，实现一键支付 5. 新增收藏功能 6. 按住添加朋友 7. 语音识别技术 8. 折叠订阅号的消息 9. 定位最新一条未读消息 10. 双击查看全文	2013－08－05	181 天	实现一键支付和新添游戏中心

版本	主要更新内容	发布时间	更新周期	特点
5.1	1. 调整微群人数上限为 100 人 2. 替付充话费及心意卡 3. 长按表情可预览 4. 未发出的消息保存为草稿	2013－12－20	137 天	调整群聊上限
5.2	1. 共享实时位置 2. “我的银行卡”中增加多项生活服务。 3. 搜索聊天记录 4. 长按语音转换文字 5. 新增“图片墙” 6. 推荐已下载的表情 7. 表情分享 8. 在群聊中被人@到，会收到提醒 9. 丰富朋友备注内容	2014－01－26	37 天	扩宽可支付范围

注：数据来自微信官方发布

表　微信用户数量变化图

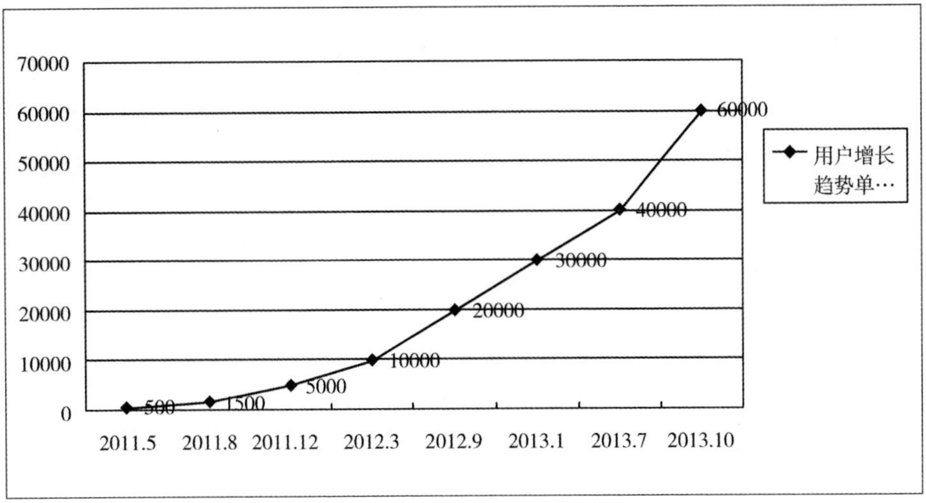

注：数据来自微信官方发布

2. 发展前景

当微信在移动互联网创造了惊人的奇迹之余，我们不得不惊叹互联网时代的革新与变更。互联网上新事物不断涌现，当下微信是移动互联网的新宠，那么往后，微信是否会一直得宠？

在国内，微信的地位是无人能及的。拿曾经风靡一时的新浪微博来说，微博曾经创造了1年1个亿，4年拥有4亿用户的神话。但微信却在3年时间内，注册用户超过3亿，而且增长态势超过微博。拿海外社交软件巨头Facebook和Twitter来说，微信具备它们的所有功能，而且在国内的用户已经习惯使用微信，因此不必担心Facebook和Twitter的入驻中国市场会瓜分微信的用户数量。而毫无疑问，微信已经成为当下国内最热门的社交媒体。

除了在国内夯实基础以外，腾讯微信也将目光投向了海外市场。2012年4月，腾讯公司开始做出将微信推向国际市场的尝试，为了微信的欧美化，将其4.0英文版更名为“Wechat”，之后推出多种语言支持。2013年8月15日，微信海外版注册用户突破1亿，一个月内新增3000万多名用户。在移动社交软件中，微信在包括马来西亚、泰国在内的东南亚国家以及沙特的苹果商店下载量一度排到第一位。据一项针对全球30个国家的青少年调查显示，在Facebook上保持活跃的青少年数量已从2013年第一季度的76%降至第三季度的56%。活跃用户数量跌幅最大（下降52%）的地区是荷兰，而美国青少年中的活跃用户则下降了16%。[①] 毫不令人惊讶，是微信等移动即时通信服务媒体正在瓜分Facebook的用户。

《纽约时报》日前撰文指出，微信的用户增长速度超过了Facebook或者是Twitter，这也让这款应用在如今全球最大的智能手机市场占有了统治地位。此外，微信不但终止了中国最大的移动电话公司的短信服务增长，还迫使中国其他网络巨头们推出与之竞争的服务。[②] 可以看出，凭借雄厚的实力，微信海外版本的用户数量不段攀升，微信的影响力延伸到全世界。

此外，聊到微信，还值得一提与微信相似的一些社交软件。和腾讯的大

---

① 第三媒体：http://www.thethirdmedia.com/Article/201311/show325861c77p1.html.

② 腾讯网：http://tech.qq.com/a/20140123/015823.htm

多数产品相似，微信的雏形也是来自于国外。Kik 应该是第一款手机通信录的社交软件，2010 年 10 月 19 日，Kik 登陆 App Store 和 Android Market，它在上线之后的半个月之内，吸引了 100 万的用户参与使用，这可以说是移动互联网时代的一个新奇迹。此外与微信功能相似的海外产品还有 whatsapp，skype，line[①] 等。但在海外市场，微信仍然具有优势。据上文提到的一项针对青少年的全球性调查可以看出，微信在与这些即时通讯社交媒体的交战中，用户数量呈现出了令人瞠目结舌的增长。

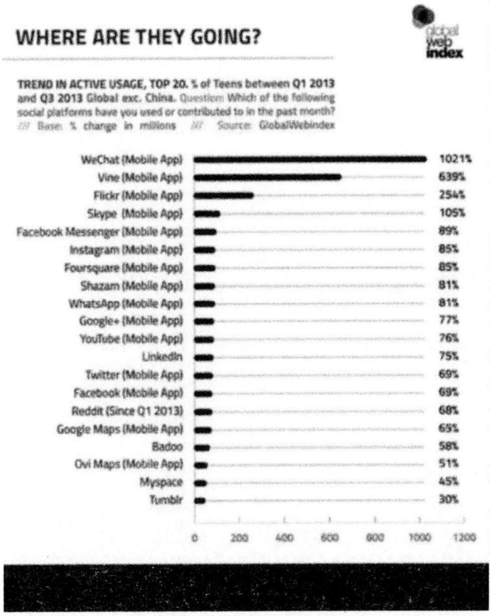

图片来自 Global Web Index

但是，我们仍需看到的是，微信面临的竞争还是十分激烈的。在国内微信还面临着移动、联通、电信三大运营商的压力。Kik[②] 被 RIM 从 App World 中下架也是很大程度上因为其完全免费通信的性质损害了 RIM 的利益，在中国，微信与运营商的较量才刚刚开始。在国外，韩国版微信 Line 也异军突起，大家应该还记得被炒得热火朝天的《来自星星的你》中，女神千颂伊与教授通话时，最爱用的软件就是 line。将 line 直接植入到当下最火的电视剧中，无疑让 line 的用户数量大大增加。截止 2013 年 8 月 21 日 Line 全球用户突破 2.3 亿人，而《来自星星的你》播出后，line 的用户数量增加了多少，更是一个难以估计的数量，这对微信带来了不小的冲击。

① Line：由韩国互联网集团 NHN 的日本子公司 NHN Japan 推出的即时聊天通讯软件。

② RIM：加拿大 RIM 公司（Research in Motion Ltd.,, RIM），黑莓手机的制造商。主要经营范围是掌上无线通信设备。

二、微信营销的价值和优势

21世纪的营销必然与数字化、网络化息息相关。在这个时时刻刻都在变化的时代，忽视新兴科技很容易在竞争中被超越，放弃网络营销则等于放弃企业未来。微信作为当下的时代宠儿，其商业价值已经不可估量。伴随着微信的出现而诞生的微信营销，也具有商战时代的不容错过的营销优势。

（一）威力无边的微价值

继微博营销后，微信营销凭借其更强的黏性和更精准的目标定位很快成为企业进行营销的新宠。如今微信的价值已远远超出个人之间的沟通。微信作为时下最热门的社交信息平台，也是移动端的一大入口，正在演变成为一大商业交易平台，其对营销行业带来的颠覆性变化开始显现。不断攀升的微信用户，逐步开放的公众平台、无微不至的功能、一步到位的精准定位，微信营销的价值不可估量。

1. 3亿潜在用户，营销价值不断攀升

2011年1月21日腾讯公司推出了手机聊天软件微信。这款聊天软件不但自身免费，使用时产生的上网流量费比较低廉，用户可以通过文字，图片，语音等形式与好友进行更加丰富的沟通，微信很快地为广大用户所喜爱。2012年3月，微信用户数量突破1亿。2012年9月17日，腾讯微信团队发布消息称，微信注册用户已破2亿。2013年1月15日深夜，腾讯微信团队在微博上宣布微信用户数突破3亿，成为全球下载量和用户量最多的通信软件，影响力遍及中国大陆、香港、台湾以及东南亚等海外华人聚集地和少数西方国家。3亿微信用户背后的巨大的营销价值，使微信获得了众多商家和企业的青睐，与此同时，微信的用户数量还在不断地攀升中，如此庞大数量的潜在客户，也预示着微信不断攀升的营销价值，这也吸引了越来越多的企业加入微信营销的行列。

2. 潜力非凡的用户群

要了解微信的营销价值，就要先看一下微信的用户群。根据 2011 年 11 月微信团队公布的官方数据，微信的用户群体中，25～30 岁的估计超 50%，他们主要分布在一线大城市，最多的用户职业是白领（超过 24%）。2012 年，微信团队公布的更新微信用户群官方数据，其中男性占了 63%，而从年龄分布来看 20～30 岁之间的青年占了 74%，而此时最多的用户是大学生（占了 64%），其次是 IT 行业和白领，这三类人占了微信用户总数的 90%。[①] 由此，我们可以看出，年轻、高学历的职业人群是微信的核心用户。这些人主要集中在职场中的高收入人群，他们更有消费潜力。当然，微信的用户群仍在发展，他们的特征、行为也将不断变化，但无可置疑的是，微信成功抓住了当下中国社会的财富创造阶层和未来中国 10 年的社会中坚力量。

3. 日益完善的功能服务

腾讯公司推出微信以来，从未停止过对微信的更新与完善。微信每一次版本的更新，都给企业营销带来新的模式与方向。基于 LBS 地理位置研发的查找附近的人，让精准营销成为可能；微信语音聊天，让企业服务从一对多模式升级为一对一；升级微信群，让企业信息最大化扩散；开放朋友圈，让用户帮您口碑营销……微信的这些功能，让企业可以通过微信来改进客户服务，针对忠诚用户反馈一些信息，有目的地优化企业服务。当用户对企业产生误解与抱怨时，还可与其进行实时交流，进行危机公关。此外，微信支付这一功能的实现，还将颠覆传统的消费模式，人们通过摇一摇、扫一扫，就可以锁定需要的购买物品，然后再通过微信进行支付，便可把喜爱的商品收入囊中，这种支付方式简单快捷，具有操作发展的空间，其商机前景值得企业进行深度挖掘。因此，微信日益完善的功能服务，也给企业营销带来了不菲的价值。

（二）威震天下的微优势

微信开启了新的营销时代，微信自身的每一种功能，都可以是其在商业

---

① 中文互联网数据中心：http：//www. 199it. com/archives/76608. html.

交战中的营销利器。把握好微信营销的优势，才能赢在营销起跑线上。相较于其他社交媒体，微信营销的优势十分明显。

1. 成本低廉、方式多样

传统的营销推广成本高，在传统媒体上投放一则广告，除去其广告本身的制作成本，其媒体投放成本也是十分高昂的。此外，传统的营销方式如电视广告、报纸、宣传海报等通常要耗费大量的人力、物力和财力。相较于传统营销方式，微信营销的成本极为低廉，几乎接近免费。微信软件不但自身的使用是免费的，使用各种功能都不会收取费用，此外，使用微信时产生的上网流量费比较低廉，通过微信开展的微信营销活动的成本自然也是非常低的。用户可以通过文字，图片，语音等形式与好友进行更加丰富的沟通，微信很快地为广大用户所喜爱。此外，值得一提的是微信公众平台的营销价值，微信公众平台的出现，以其低价近乎免费的特性，让很多的企业都有很大的推广资源。2012 年 8 月 18 日微信公众平台正式向公众开放注册后，很多具有商业眼光的推广人员立即嗅出它的价值性，很多极具人气微博博主也都纷纷转战微信公众平台，凭借自身微博、论坛、博客资源的推荐，在短时间内积累了几百、几千、甚至几万的微信粉丝。如此免费、价格低廉又资源丰富的社交软件，其营销价值自然也提升不少。

此外，相比单一的传统营销方式，微信的营销方式则更加多元、丰富。微信通讯支持文字、语音以及混合文本编辑，一般大众账号以及普通的公众账号可以群发文字、图片、语音三个类的内容。而认证的账号则拥有更高的权限，不仅能推送单条图文信息，还能推送专题信息，多元化的营销方式，使营销活动变得更生动、更有趣、更利于营销活动的开展。与此同时，微信营销有着漂流瓶、位置签名、二维码、开放平台、朋友圈、微信公众平台等营销模式，这些营销模式各有其特点，企业可以针对不同的营销目的选择不同的模式组合。

2. 精准营销、互动性高

微信营销一个突出的特点就是信息交流的互动性，虽然前些年火热的博客营销也有和粉丝的互动，但随着发展，各种广告的出现，微博已经慢慢地在褪减它的影响力。微博的粉丝来源和信息来源相对复杂，任何人可以通过任何方式添加用户为好友，因此微博信息可以由手机、短信和网页等工具同步产生，较为复杂和良莠不齐。相对而言，微信的针对性更强一些，服务于手机用户的微信具有极强的、及时的互动性，无论何时何地，只要手机在身旁，用户就能够很轻松地与未来客户进行很好的互动。在良好的信息互动基础上，微信借助移动终端、社交功能和位置定位等优势，每个信息都是可以推送的，能够让每个个体都有机会接收到这个信息，继而帮助商家实现点对点精准化营销。此外，微信公众账号可以通过后台的用户分组和地域控制对粉丝进行多样化的分类，实现精准的消息推送。

相比微博，微信作为纯粹的沟通工具，用户之间的对话是私密的，并不会公之于众的，所以用户之间的亲密度更高，因此企业借助微信这一特点，完全可以做一些真正满足需求和个性化的内容推送。微信只针对手机用户，精准性更高，借助微信公众平台向用户推送个性化消息，能够拉近用户与企业的关系，让用户觉得亲切亲密。如此一对一的互动交流方式具有良好的互动性，精准推送信息的同时更能形成一种朋友关系。

3. 三高的信息尺度

信息的高到达率、高曝光率、高接受率，是微信信息传递的三个优势。营销效果很大程度上取决于信息的到达率，这也是所有营销工具最受关注的地方。手机短信群发和邮件群发很容易被大量过滤，有些邮件还被直接投进垃圾箱。而在微博上发布的信息也因无法知道粉丝是否真的接收而减弱营销效果。但微信就不同了，微信公众账号所群发的每一条信息都能完整无误的发送到终端手机，到达率高达 100%。众所周知，曝光率是衡量信息发布效果的一个重要指标，由移动即时通讯工具衍生而来的微信，具有很强的提醒力度，可以通过铃声、语音提醒、通知中心等方式随时提醒用户收到未阅读的信息，使信息的曝光率高达 100%。正如上文提到的，微信用户已达 3 亿之众，微信已经成为或者超过类似手机短信和电子邮件的主流信息接收工具，其广泛性和普及性成为营销的基础。除此之外，由于公众账号的粉丝都是主动订阅而来，用户对信息的获取也是主动的，完全不存在因为接收到垃圾信息遭致抵触的情况。

微信通过实时的信息推送，不会让用户遗漏任何信息。然而物极必反，一旦推送被不加节制的使用，相对传统互联网环境下的推送或软件弹窗对用户的影响来说，会更为严重。在移动互联网时代，人们对手机的依赖远远大于电脑，电脑并不会时时刻刻开着，而手机却必须每天伴随用户，成为用户联络外界的主要通道。因此，当所有的推送都集中在手机展现的时候，越来越多的干扰多余信息会让用户产生抵触心理。此外，对于传统互联网用户来说，流量的使用是没有限制的，而对于多以流量计费的移动互联网用户来说，推送要占用大量的流量，并且多数情况是在用户不知情的情况下，所以，对用户的影响不只是心情上，还会带来大量额外的费用。作为一款平台级的产品，微信可以同时拥有庞大的客户规模以及良好的用户口碑，十分难得。按照江湖说法就是已经拿到了移动互联网的“船票”，但未来这艘大船将驶向何方仍是未知数。在这艘大船上，微信是扮演乘客还是舵手，取决于这条商业化道路能走多快、走多远、走多好。

三、全方面扫描微模式

随着微信功能服务的不断完善，微信营销的模式也推陈出新。微信每一次的版本更新都会伴随一定的新功能与服务：查找附近的人、漂流瓶、摇一摇、互动式消息推送、语音聊天、扫一扫、公众平台、朋友圈、自定义菜单、游戏中心，基于这些功能，微信营销也出现了几类常见的模式。

（一）LBS 模式：让客户无处可逃

LBS 既基于位置的服务（Location Based Service），是通过电信移动运营商的无线电通讯网络或外部定位方式来获取移动终端用户的位置信息，在地理信息系统（Geographic Information System，GIS）平台的支持下，为用户提供相应服务的一种增值业务。微信是微博之后又一兴起的简单、快捷的沟通交流方式。2011 年 8 月 3 日微信正式推出具有地理位置服务功能的“查找附近的人”插件。此后，微信营销也走上了 LBS 营销模式。

微信主要有三个功能是基于 LBS 应用的，即查找附近的人、漂流瓶、摇一摇。这三个功能都不同程度地融入了基于 LBS 的地理位置技术，为微信营销开拓了新模式。下面我们分别来介绍这三种功能是如何进行营销的。

首先是“查找附近的人”。通过该功能，用户可以查找本人地点地理方位邻近的微信用户。用户通过“查找附近的人”找到的身边微信用户中，除了显示用户名等基本信息，还会显示用户签名栏的内容。因此，用户可以随时在签名栏里更新自己的状态，自然也可以打入强植性广告。商家也可以运用这个免费的广告位为自己做宣扬，乃至打广告。倘若营销人员在人流最旺盛的地方后台 24 小时运行微信，如果“附近的人”使用者足够多，随着微信用户数量的上升，营销人员可以通过用户分组和地域控制，实现精准的消息推送，最终实现高到达率的推广。

2013 年 4 月，giveme5 协助推广线下拍码 play 活动，其中最大的亮点莫过于这个“找能免费吃鸡翅的肯德基”。用户进入与 5 哥的对话页面，在输入模式下点击“位置”按钮，待定位后发送地理位置，5 哥就可以带你去找能吃免费鸡翅的肯德基了。基于简易的操作和实用的功能，大部分粉丝都愿意尝试该功能，尤其是在活动推广期间，这个功能与现时正火热的 O2O 结合在了一起，移动互联网成为了线下交易的前台。而在微信中加入 LBS 地理位置服务引导用户至线下商家，5 哥不是第一个，但却是比较成功的一位。

其次是“漂流瓶”。漂流瓶是从 QQ 邮箱中移植过来的一款应用，是一种和陌生人简单互动的方式。移植到微信上后，漂流瓶基本保留了其简单易上手的风格。用户通过“扔一个”，可以发布语音或者文字并投入大海中以便其他用户捞取。通过“捡一个”，则可以获得其他用户发出的信息并与之展开对话，但是每个用户每天只有 20 次捡漂流瓶的机会。用户可以向全国各地扔出漂流瓶，而这些漂流瓶只显示用户的地理信息，十分私密。同时用户也可以接收到来自全国各地的匿名漂流瓶，这让就大大拓宽了用户的交友范围，也让微信营销的范围更加广阔。

最后，是“摇一摇”。摇一摇是微信基于 LBS 功能推出的一个千米交际圈应用。通过 LBS 的定位功能，当不同的用户在同一时间处于同一地理位置时，用户可以用微信摇手机或点击按钮模拟摇一摇“摇一摇”将自己的地理位置信息暴露给周边1000米范围内的同时使用该功能的微信用户，也可以搜索到对方，与其打招呼聊天，交换彼此身份信息，从而迅速形成一个社交网络。2011年，摇一摇的日启动率达到1亿次，用户数破5000万，微信的爆发时代到来。因此，微信摇一摇可带来的广告曝光度非常惊人。就企业微信而言，只要规定用户在约定时间段内摇手机，当用户被企业摇到，然后关注企业微信，并符合一定的排名位置就可以获得企业的一些产品或优惠，如此的奖品设置也可以激发用户的热情和积极性。因此，微信除了摇到型男俊女，也是一种有趣的活动形式。商家也可以利用“摇一摇”，在展览馆、商圈、社区、学校等特定商品对应人群点举办各种促销活动时，匹配同一时段触发该功能的微信用户，不但可以增加广告的曝光度，还可以即时推送促销信息，以引起微信用户的围观，从而增加用户间的互动和微信粘度。

当然微信基于LBS技术的应用还有很多，如可以在朋友圈分享自己的地理位置，可以在聊天中向好友发送自己的地理位置。不管如何微信基于地理位置的服务，让商家、企业看到了营销的机会，也让微信营销的模式更加多样。

（二）游戏模式：互联网世界的金矿山

微信5.0上线后，其以暴力方式推荐的内置游戏《飞机大战》，一旦更新微信版本，必须安装该游戏，否则无法进入微信界面。事实上，这款《飞机大战》游戏并没有因为这种暴力的安装方式遭到用户的反感，反而因为其简单、有趣的玩法风靡朋友圈。也让微信自身从“交互”迈向了“交易”。

《飞机大战》的玩法十分简单，就是用户在界面控制移动飞机，以击落敌机获得分数，这种玩法是空战游戏中最为简单、普遍的娱乐方式。微信的飞机大战类似于“80后”小时候玩的红白机游戏“打飞机”，其界面风格是铅笔手绘风格。因此，这样简单、怀旧的游戏，一下子吸引了许多微信玩家，更有玩家戏称“打的不是飞机，是怀旧”。此外该游戏关联了玩家微信好友信息，会自动将玩家的成绩与好友的成绩比较生成“打飞机”成绩排行榜，因此微信5.0一经更新，不少微信用户都开始各种“打飞机”，各种“炫分”。

游戏是 Line 的主要营收手段之一，那么对于想要商业化的微信来说，开启游戏营销模式可以说是必不可少的。然而在进行游戏营销之前，首先要考虑的是两点：一点是如何增加玩家的人数，第二个则是如何在游戏中添加社交功能。基于这两点的考虑，打飞机的游戏玩法十分简单、怀旧，因此在短时间内积累的大量“80、90”的玩家。而在游戏结束之后的朋友圈中的排名以及找朋友要飞机去打则加强了该游戏的社交功能。以目前的效果来看，非常不错，有很多人在玩，同时也有很多人在朋友圈中分享自己的排名，这对于之后在微信中游戏的发展有很大的帮助。

手机游戏被称为移动互联网的下一座金矿，但纯粹的一款手机游戏并不一定能获得商业上的成功，还应当建立更为有趣的游戏模式，微信打飞机就是在游戏中添加社交心理元素才能获得如此的成功。比如，通过设立好友排名，利用人们的“攀比”心理激发了玩家游戏的热情；通过索要飞机、赠送飞机等方式加强了好友间的互动；通过每周重排一次的排行榜，逼迫玩家不断刷排行版，形成你追我赶的游戏乐趣。可以预见，随着手机配置的不断更新升级，微信将会推出交互质量更高的手机游戏，并适配以相应的商业化模式。可以说，微信打飞机游戏的出现是其在移动社交营销中的重要一步，也是最终帮助微信 5.0 完成了一个相对成功的转身的重要一步。

游戏向来是互联网行业的摇钱树，微信 5.0 最显著的一个变化就是开始支持游戏。其内置的《飞机大战》掀起了全民打飞机的热潮，另一款游戏《天天爱消除》仅几天功夫就成为了 App Store 免费版第一，目前已经被下载了 400 万次。用户积累这一步，微信游戏已经很好地完成。现在便是开始盈利的时候了，微信 5.1 上线后打飞机正式开始收费了，飞机大战中，飞机坠毁后有机会复活。不过是用 6 元购买 3 次复活机会，每局可以复活一次。微信成功地将活跃的用户交互转化为有趣的用户交易，开启了全新的盈利模式，这才是微信商业化的节奏。

（三）互动模式：微信聊天还能盈利

企业利用微信进行营销，与其他社会化媒体营销的不同之处，在于其与用户之间的高互动性。基于微信的这一特点，互动式营销在微信营销中也十分常见。这一模式主要应用于信息推送与语音聊天两个方面。

首先是，互动式的信息推送。微信的信息推送有两个特点：一是推送微信的精准度，二是微信推送的私密性。品牌可以根据用户的个人情况推送适合客户的内容，以增加用户的黏性，因此微信是很适合应用于用户服务和销售促销的。一般大众账号，只向好友推送文字、图片、语音这三种形式的信息。认证的账号则有更高的权限，不仅能推送单条图文信息，还能推送专题信息。微信公众账号可以经过后台的用户分组和地域操控，进行精准的音讯推送，他们推送给用户的信息到达率几乎是100%，可以说互动式信息推送，是微信的致命武器。信息的互动式推送，品牌可以与“粉丝”开展个性化的互动活动，提供更加直接的互动体验。

一号店的“你猜我画”微信营销活动，就是基于互动属性开展的竞猜活动，借助奖品，进行粉丝的有效激励，最终达到品牌植入和粉丝增长目的。一号店利用公众账号，每天微信推送一幅图画给用户，用户只需要关注1号店的官方微信，然后接受并猜出一号店每天的一副画作，将答案发回给一号店。回复最快且回答正确的粉丝，便有机会获得一号店赠送的礼品。此类活动的现实成本较低，巧妙地利用奖品吸引粉丝的关注，对他们进行物质上的刺激，进而提高粉丝的互动率和活跃度，提高公共账号的粉丝质量。

其次是陪聊式的语音聊天。微信语音用户偶尔会厌倦发短信打字，发视频又过于耗费流量，相比之下，用微信发送音频信息就确实是省时省力又省钱的信息传递方式。因此，利用微信提供的基本交流功能，通过文字、图片、语音等与目标用户进行交流，可以完全达到宣传企业、传播品牌信息的目的。陪聊式微信对话，满足了许多用户希望私密聊天的需求，因而广受欢迎。陪用户聊天，让品牌与用户之间进行密切互动，从而让品牌潜移默化地在用户心中塑造成型。

微博一直流传着杜蕾斯拥有8人陪聊小组的说法。是真是假，我们不得而知。但杜蕾斯确实尝试安排专人在某个时间段回复用户咨询。这一做法延续了杜蕾斯微博上的风格，杜蕾斯在微信中依然以一种有趣的方式与用户“谈性说爱”。据杜蕾斯代理公司时趣互动透露，目前除了陪聊团队，还做了 200 多条信息回复，并开始进行用户的语义分析。杜蕾斯其实还做了很多尝试。譬如杜蕾斯引导鼓励用户用各地方言说“早上好”“早点起床”等早安问候语。此外，杜蕾斯微信的一周问答集锦栏目，十分有趣，鼓励用户发问，然后通过诙谐幽默的对话博君一笑，从而拉近用户距离，巩固品牌形象。

当然，通过微信的互动模式，企业可以拉近与用户之间的距离，加强用户粘度。微信互动模式，要求企业与用户之间的信息推送、对话聊天更强调针对性，因此这种方式带来的挑战也比较大，当品牌的粉丝累计达到一定数量以后，需要相对庞大的专职人员队伍进行维护，而人员的短缺则有可能影响到用户的互动体验，因此当用户达到一定数量后，品牌需要进一步考虑该如何优化和改良这一模式。

（四）O2O 模式：从虚拟到现实全方面套牢客户

O2O，全称 Online To Offline，又被称为线上线下电子商务。O2O 就是将线上的消费者引导到现实中的商店去，即消费者在线支付、购买线下的商品或服务，再到线下去提取商品或享受服务。基于这一这种模式，企业也可以将线下商店的消息推送给目标用户，进而将他们转换为企业的线下客户。2012 年 5 月 15 日，微信正式推出“扫一扫会员卡”功能，以二维码为入口的形式开始步入 O2O 营销的领域。

微信“扫一扫”是沟通企业和用户的便捷桥梁。在微信中，用户只需通过的“扫一扫”功能，扫描商家独有的二维码并添加商家为好友，便可以得到企业的一些咨询、优惠，有时候还可享受商家提供的会员折扣和服务，因此扫描二维码添加企业，就相当于获得一张存储于微信中的电子会员卡。对企业来说，其可以设定自己品牌的微信二维码，以优惠和折扣来吸引用户关注，进而开拓 O2O 的营销模式。

二维码不但支持文字及图片信息的存储，还支持网络链接的存储。在“扫一扫”的运用上，1 号店可谓将该功能运用到了极致。1 号店将打印好的商品图片及对应二维码制作成路边“便利店”，用户可以通过微信“扫一扫”直接扫描二维码，从而进入网店付费购买商品。这种便捷的交易方式，为许多繁忙的都市人提供了极大的便利，在上下班的路途中，随机扫描几个零食，回到家的时候也许就已经可以直接享受到美味的零食了。

随着移动通信技术的日益发展和3G时代的成熟，以手机为终端的各种应用已经成为了信息社会的宠儿，随时随地的网络已初具规模。二维码作为一种发展成熟的信息储存和识别技术，与手机结合到一起，成为了连接网络世界和现实世界的全新通道。微信的火爆让二维码逐渐被各行各业的商家广泛使用，从餐饮公司到购物商城，从卖零食的小商店到卖楼的开发商，从卖机票的各民航公司到卖火车票的铁道部，从住希尔顿五星大酒店到如家快捷酒店，我们随处都能看到二维码的身影，如今的二维码已经涵盖了人们日常生活中的各种衣食住行的信息，用户可以通过手机微信轻松地获取或者分享给好友，而以微信为“扫码”工具的移动生活就由此火热起来。

在O2O营销方面，微信表现出的个性化、及时性、互动性的强大优势，促使微信走在营销领域的前沿。此外，借助移动新媒体的平台，二维码的品牌推广会得到更为精准的模式，将目标消费者群从店面引导到线上，再在线上不断地推进与消费者的互动，在这种线上线下的沟通中传达企业信息，培养新的消费习惯，对品牌价值的提升具有非凡的意义。但若企业只是简单地要求消费者参与活动，大部分消费者是不会买账的，因此营销人员需要对消费者提供一个明确的诱因或理由作为行动号召，例如：扫描二维码，享8折优惠。但是令人心动的行动号召其实不仅仅是提供价值，更多是构建信任，获得互动。

四、微信营销关键词

腾讯高管曾在非官方场合预测在2015年，微信用户将突破8亿。微信的力量越发强大，它不仅改变着人们的沟通方式，也改变了媒体传播和市场营销的方式。可以预测，未来几年社会化营销将会迎来新一轮的“洗牌”。回顾以往微信营销的发展走势，我们发现“社交”“创意”“精准”，成为了微信营销中，始终绕不开的三个关键词。

（一）社交：将关系进行到底

社会化媒体的诞生，使我们的生活发生了翻天覆地的变化。它使我们的生活更加便利，使我们的眼光更加国际化，使我们的思路更加开阔，更重要的是，它使原本的大世界都变成我们掌中的一叶。回顾社会化媒体的发展历程，每一个新的社会化媒体的诞生，都让我们的社交方式发生改变，让我们的沟通更加便捷、灵活、多样。Facebook，作为社会化媒体发展过程中的重要篇章，其最大的贡献就是把现实中的人际关系转移到网络上，让全球7.5亿用户联系在一起。[①] Twitter，也因其自媒体的属性，让信息的传播发生了重大的改变，产生了无法估计的影响。

如今，微信盛行，成为了新一轮社会化浪潮中的后起之秀。究其备受追捧的原因，是其在延续社会化媒体的“社交”特性，进一步的社会化。其始终以“社交”为核心的功能和服务，牢牢地捕获用户的心，也让商家、企业看到了它的力量。因此，在微信营销中，我们也应该把握“社交”这一关键词，将关系进行到底，让微信营销更加有力。

1. 深化用户关系的互动社交

社会化媒体营销与传统媒体营销的区别并不在于其营销平台的改变，即社会化媒体的使用，而是在于其营销的过程，即深化用户关系的过程。

传统媒体营销是指企业、商家等，通过电视、广播、报纸等传统媒体进行营销活动。它的过程是单向的，与消费者的沟通几乎为零。品牌通过传统媒体的广告，向消费者生硬地灌输品牌意识，消费者也透过此类广告，建立起模糊的甚至是有偏差的品牌形象。这里，我们可以举一个大家熟悉的广告，2009年春节期间，我国著名羊毛品牌恒源祥曾经推出12生肖的广告。在一分钟内，该广告反反复复地念叨几乎一样的对白，“我属牛~牛牛牛！我属虎~虎虎虎！我属兔~兔兔兔！”，12生肖每个念3次，听起来让人十分疲惫。广告推出后，引来了大量网友吐槽，表示看后根本不知道其用意何在，也不知

---

① 陈亮途．社会化营销．沈阳：万卷出版公司，2011.5.

道这个企业是卖羊毛还是卖牛毛的。如此单一乏味的，生硬灌输的广告，被民众批评是“折磨人的广告”。因此，我们可以看出，缺乏沟通的生硬灌输，容易使消费者不理解企业广告的用意，不但不能在消费者心中树立品牌形象，还有可能会引起消费者的反感。

而社会化媒体营销，它的过程是双向的、互动的。其更加注重在营销过程中与消费者的交流互动，企业通过社会化媒体平台与消费者进行沟通，与消费者“社交”起来，目的在于深化用户关系，与消费者建立深厚的品牌情感。在这里，我们可以举一个“社交”营销的案例，2012 年 2 月份，宝马 Mini Coupe 与 Mini Roadster 在正式登陆中国，为了进行宣传，MINI 选择与优酷进行合作，推出了 6 支新意十足的互动视频。在这一系列视频中，网友可以通过点击按钮延续剧情发展，也可以参与视频中的与品牌相关的小游戏。网友在观看视频的同时，与企业进行了丰富的互动。视频播出后，在网上大获好评，可以看出，通过社会化媒体进行的营销，可以充分地与消费者互动，让消费者得到更加生动有趣的体验。

微信营销，作为时下社会化营销中的后起之秀，进一步验证了社会化媒体营销中，“社交”的重要性。通过微信，企业可以发送语音、文字、图片与用户展开更为亲密的社交：互动、分享、聊天、玩游戏、开玩笑等，拉近与用户的距离，让品牌的形象更加鲜活，而不是冷冰冰的名字或者 logo。微信的社交圈，是短关系链圈，也是强关系链圈。在微信当中，消费者可以与企业直接沟通，反应商品情况，企业也可以直接推广产品，第一时间传递信息。微信以强关系为基础建立的交友圈，颠覆了既有的营销规则，深化了用户关系，让企业与消费者更像是生活中再熟悉不过的朋友，而不是以买卖为主的陌生人。

飘柔早在 2012 年就已经进入微信营销领域，其营销方式曾引一度起了行业内的效仿。飘柔在微信中以“小飘”自称，并通过微信公众平台，设置“曾经有勇敢去爱”“飘柔微信会唱歌”“星座”“小飘我要聊天”“轻松一下”等 5 个栏目与用户进行互动，用户关注“飘柔 Rejoice”后，就可根据选择进入聊天模式。这时，用户不但可以和“小飘”一起聊天、还可以听“小飘”唱歌，讲笑话，分析星座运程。这样一来，品牌与用户之间不再是商家与客户的关系，而是朋友关系，如此人性化品牌自然令人垂爱有加。

微信营销的精神，就是一个关键词——社交！其不断改善人与人之间，与企业、机构、品牌之间的沟通，重新定义了企业与消费者的关系。随着企业与消费者沟通的加深，让品牌深入人心，使消费者成为品牌的口碑传播者，以此扩大品牌知名度。

2. 跨平台整合的全面社交

企业利用微信进行营销。除了要注重通过微信与消费者进行的深度社交，还要注重微信与其他媒体的全面社交。如今，一个品牌要扩大其知名度，使品牌深入人心，就不得不动用全副社会化媒体装备，进行全面的整合营销。在我国，要做全面的社会化营销，不能不做微博、优酷网、QQ 等。这些社会化媒体，各有特色、各具功能，各自拥有的用户群也不相同。微信如今大行其道，但是要将营销的力度发挥得淋漓精致，还需要配合其他社会化媒体。如果企业营销能够好好地将微信与其他社会化媒体加以整合，它们所能发挥的效果将十分惊人。

在当下社会化媒体营销中，微博和微信都是主力军。它们的推广方式十分相似，都是通过向自己的粉丝或好友推荐商品。但它们的营销方式却有很大的差异。微博营销是以内容为核心，企业微博通过发布信息、发起活动、参与话题来吸引大量的粉丝和关注度，而后在发布的信息中适当的植入广告，将企业产品或服务的信息传递给每一位粉丝或关注自己的人，信息的发布面会更广一点，但潜在消费者并不多。而相对微博营销，微信营销更加注重人与人之间的交流，微信上的服务形式是一对一，企业只需要与用户真诚的沟通，不需要发布多么博眼球的消息内容，便可与消费者建立的是强社交关系，但其消息的发布面会相对窄，客户类型也与微博不同。

微信与微博就像性格互补的双胞胎，两者之间并不一定是完全的竞争关系，倘若能将两者完美地整合到一起营销效果会更佳。正如 JUE 巨鳄的刘总曾说过："微博营销和微信营销虽然有区别，但是如果将两者紧紧捆绑在一起效果会更佳，所以两者之间虽有竞争，不过从企业的角度来说最好不要将两者进行分割，就像亲兄弟性格稍有不同，却血脉相连!”① 举例说明，企业在进行营销时，大可在微博上以精彩的内容吸引大量粉丝，再将粉丝转移成微信好友，进一步服务以培养忠诚消费者，即用微博进行产品营销，用微信进行服务。近日美国社交网站巨头 Facebook 宣布，将以 190 亿美元的股票加现金收购美国版微信 WhatsApp。美国版微博收购美国版微信，这也很好地证明了，企业营销需要多种社会化媒体的整合。

微信营销比较容易陷入受众面窄的问题，因此，在营销中加入其他社会化媒体，扩大品牌知名度、充分挖掘潜在客户，也会让企业营销如虎添翼。因此，微信营销中不但要注重企业与消费者之间的社交，还要注重微信与其他社会化媒体之间的社交。

3. 线上线下结合的持续社交

微信营销固然新颖、灵活，但是企业在微信营销中，如果只注重线上的推广，而忽略线下的活动，则无法使消费者真实地接触到产品，形成真实的品牌体验。对消费者来说，说再多，不如一试，听再多，不如一见。因此微信营销也要注重线上线下的结合，做到线上收集用户、推广品牌，线下推广微信、升级服务。

相比线上营销，线下的实体活动对消费者的吸引更大。线下的实体活动，如促销活动，不但能够有效地减少库存，还可以扩大产品和品牌的号召力。但企业与消费者在传统营销中建立的关系大多是短暂的和中断的。如在推广活动、促销活动中，企业通过发放小礼品、打折促销来进行营销，短时间内确实会吸引许多消费者，但由于没有与消费者建立长久的关系，活动过后，并没有给品牌带来太多的实际效益，而且还需要花费很多的时间、金钱、精力。结合微信的线下营销，则可以大大改变这一局面。

通过线上和线下结合的微信营销，能够很好地利用微信平台与现实资源进行相互的配合与互动。就如上文提到的促销活动，商家在开展一个促销活动之前，可以通过张贴海报、派发传单、实体店宣传等方式让消费者基本了解活动情况，并在海报、传单、产品购物袋等载体中加上商家的微信账号或

① 网易：http：//digi. 163. com/13/0704/17/92V3RHOS001665EV. html.

微信二维码，以此推广商家的微信账号，并增加其微信好友。在微信平台上，可向微信好友发布活动消息，因为已经添加商家微信账号的用户，很大可能是品牌的潜在消费者。在随后开展的促销活动中，商家可以在活动中结合微信的特性进行产品促销，如扫描商家微信二维码便可获得产品折上折的优惠，或者能够获得一些小礼品。这样一来不但省去了传统促销中耗费人力进行推广、介绍的环节，也能够极大地提升活动效率。

创业影院是北京地区一个高效的第三方创业投资平台，其每周都会不定时地召开线下的创业投资和融资需要对接会，并邀请相关行业如IT、移动互联网、风投基金等圈内人士和相关团队进行面对面的交流。显而易见，这类人士绝大多数都是智能手机的使用者，他们对微信也是相当地熟悉。因此，该企业在每周的线下活动中都是用微信进行签到，而且凡是签到者都可获得一份精美的小礼物。[①] 通过这样新颖的签到方式和适当的小礼物，很快，这家企业的微信账号就积累了很多高端的好友。加上线下的深刻互动，以及线上的持续交流，这家企业的品牌也会更深入用户心中。

微信营销中线上线下活动相结合可以大大地提升营销力度，但是值得注意的是，通过线下活动获得的微信好友关注，需要企业进一步的投入关注，以建立持续长久的关系。企业可以对这些好友进行管理，将与企业互动较多的好友归为一类，培养忠诚消费者，对与企业沟通较少的好友可以适当减少互动，也可当作潜在消费者。当再次举行线下活动的时候，可以针对性地发布消息，有利于提高下次活动的效果。对于企业来讲，微信的作用也许还没有大到成为主要推广平台，但是其对深化客户关系，发展良好的人脉、建立持续的朋友圈有着不可估量的作用。

（二）创意：让营销脱颖而出

什么是创意？杨百瀚大学万豪管理学院教授杰弗里戴尔曾经说过：“创新能力并不是一种天赋，而是一系列可以通过练习就能熟能生巧的技能。如果你期望自己的事业获得成功，就不能只执行其他人的构想，而必须成为能够

---

① 石建鹏，文丹枫．微信力．电子工业出版社，2013. 7.

提出伟大构想的人。”由此可见，一切创意本质上都是思想，好的思想、新颖、特别的思想会对企业发展起到积极的作用。近年来，互联网上的新事物每隔几个月就会更新一次，企业营销的选择更加的丰富。但是，一个好的营销，要达到最佳的效果，就一定要有传播力量大、传播范围广、传播效果持续的创意营销规划。简而言之，在企业营销中，创意是核心，平台是支撑。在微信营销中，把握“创意”这一关键词，才能让企业每一次的微信营销都有其自身独特的地方，有相当强的不可复制性，给消费者留下独一无二的深刻印象。

1. 创意不怕从模仿中来

模仿是人类的天性，人从出生起便具有模仿的意识，小孩模仿大人说话、学生模仿老师写作，模仿并不是一种落后，而是一种技能积累的过程。在我们生活中，模仿也无处不在，时下最流行的电视剧、综艺节目，如《我是歌手》《爸爸去哪儿》《中国好声音》等节目，都是从国外引进版本，再进行本土化的一些节目。

2013 年，中国最火的综艺节目当属《爸爸去哪儿》。这是湖南卫视 2013 年第四季度推出的一档亲子类真人秀节目，原版模式购自韩国 MBC 电视台。节目开播之后，收视率节节攀高，引起了各级电视台的争相模仿，一时之间掀起了亲子类节目的狂潮，也使得“亲子话题”获得了社会的普遍关注。当然，并不是所有这类型的亲子节目的获得成功，《爸爸去哪儿》在众多的亲子类节目中脱颖而出，很大程度源于其在模仿中创新的意识。《爸爸去哪儿》，经过对中国的亲子关系的探讨，修改了韩国版的一些表现形式，如刻意延长表现父爱的镜头，加快镜头切换速度，将父亲带多名子女上节目变成父亲带一名子女上节目，用制造活动来表现亲子间的互动代替韩版的平铺直叙，这种模仿并不是一成不变的，而是在原有基础上的推陈出新，既符合中国国情，又符合观众的收看习惯和情感表达方式，因此一枝独秀。

放眼到互联网世界，模仿也表现为新旧事物的承继关系，一种新事物的出现，不能完全脱离旧事物的一些特性。微博的出现没有抛弃博客的写作功能，微信的出现带有微博的分享功能，这种新旧事物的存在，并不是非此即彼的，而是交叠式的更替。微信营销伴随微信的诞生而出现，在营销界还属于新鲜事物。因此，要做好微信营销，也需要向以前的社会化媒体营销取经，才能少走弯路。

在微信出现之前，凯迪拉克已习惯运用社会化媒体进行营销，其微博账号拥有 114 万的粉丝，并且运营得相当不错。在其微博账号运营过程中，凯迪拉克善于发起活动，与粉丝进行互动，并借机推广品牌。随着微信的出现，凯迪拉克也顺势加入到微信平台，成为微信营销大军中的一员。凯迪拉克将其在微博上的运营方式移植到微信上，2012 年 5 月 17 日凯迪拉克推出#发现心中的 66 号公路#活动，活动期间凯迪拉克的微信公众账号每天都会发一组最美的旅行图片给用户，以引起共鸣。此外，它还利用微信平台的特性，加以创新，如利用账号发布实时内容，2012 年 9 月上海暴雨橙色警报时，其就做了一个安全出行提醒。平时，凯迪拉克的微信公众账号基本上每天只发 1 条信息，信息以图文形式的活动内容为主，但也曾发送过原本用在广播上的 30 秒左右的语音信息以及莫文蔚的广告歌曲。据统计，在其公众平台运营一周后，便拥有近 470 名听众，平均每条信息都有 20 条左右的回复，还有部分听众会在微信上表达对品牌的喜爱，营销的整体效果还是非常有趣的。

借鉴其他社会化媒体营销的经验，在微信营销中加以创新，同一个活动也可以做出多种花样。在微信营销中，创意可以是借鉴的，但是要结合微信特性，在模仿中创新，才能让消费者获得不一样的品牌体验。

2. 创意别忘了和消费者亲密接触

好的创意应该兼顾到企业营销中的每一个环节，在营销链上的每一个触点都需要做好，只有每一个环节都不停地创新，才能有效的控制成本，获得最大的利润。有些创意看似简单，但其实是经过反复推敲，兼顾各个方面，最后才能获得成功的。然而在社会化营销环节中，企业不仅仅要在营销内容上做出创新，在传达方面还要深化与消费者的关系，把销售信息有效的传给消费者。因此，企业创意要与消费者建立深厚的关系，让品牌的名字随同创意一起刻入消费者的脑海中。

Contrex 矿翠在法国被誉为“瘦身之水”。所以，长久以来，这个品牌的营销表现一直与想瘦身的女性息息相关。2012 年，Contrex 矿翠成功地运用创意活动，与消费者进行了一场有益的互动。Contrex 安排的桥段很新颖，首先是在巨型的广场前，摆放十几台粉红色的健身型自行车，伴随音乐的响起，一些好奇的女性纷纷骑上自行车，并发现只要不断地用脚蹬自行车就会有电力从车轮延续到广场正面的墙面上，令人兴奋的是这些电力将会形成一个霓虹灯闪烁的帅哥形象！广场人群恍然大悟，才注意到自行车旁的一瓶 Contrex 矿泉水！刚才骑车的女士们，拿起矿泉水，一边饮水，一边开心地讨论……此后，Contrex 运用其现场活动的实录视频，进一步地上传至网络，随即引发了大家的讨论与转发，几乎每一个参与该活动的女性，都成了 Contrex 的传播者，免费地为其分享及转发这则病毒视频似的广告！

而在这个新媒体盛行的年代，创意除了以新颖的内容打动消费者的心，还在创意施展的过程与消费者进行互动，才能将创意的作用发挥到最大。微信凭借其不断完善的功能服务，大大提高了其在营销过程中与消费者的互动。因此，微信营销在建立客户关系上，与生俱来地有与其他社会化媒体营销。

2013 年 2 月 14 日，即西方的情人节当天，知名珠宝品牌钻石小鸟发起了微信“摇一摇”获取礼品的活动，所有微信用户只需在指定城市指定地点和时间打开微信“摇一摇”并摇动手机便有机会获赠钻石小鸟北极光钻石及其他精美礼品。为此，钻石小鸟设置开通了名为“钻石小鸟北极光”的官方微信号，用户只要在活动现场通过微信摇动手机，关注该微信号并成功打招呼，便可获得赢取礼品的资格。情人节是珠宝消费，特别是钻戒与情侣对戒消费的一个小高峰，钻石小鸟的摇一摇活动打破了传统的珠宝模式，结合微信功能，大大地吸引了年轻一代人的目光，可以说此次钻石小鸟的微信活动是相当成功。丰厚的活动礼品、新颖的参与形式，迅速引起“微友”的围观，实现了无缝的线上线下整合，使品牌与消费者在互动过程中建立了新的个人关系，让年轻的消费者对其的认知逐渐变成：钻石小鸟是同内品牌中印象最深刻的一个。

3. 创意与品牌密不可分

每一个创意从一开始就体现着创意人的独特魅力，创意营销也体现了品牌的内涵与理念。契合品牌的创意，能让消费者更好地认识品牌、传播品牌。

背离品牌理念的创意，也许能够吸引人眼球，但是也容易让消费者误解，造成消费者流失。可以说创意不但非同凡想，也要为品牌所想，才能更好地为品牌服务。

作为一个民族汽车品牌，奇瑞汽车自诞生以来，就秉承“什么都敢想、什么都敢做”精神进行企业发展。在其成长过程中，也不乏创意营销。但这些营销都有其共同之处，就是体现企业精神与品牌理念。奇瑞公司曾发起“开创汽车音乐新生活”的活动，并为广大汽车音乐爱好者打造了一首《Q动你的心》的广告歌曲，此歌曲风格不同于市面上金属味较浓的车载音乐，十分轻松、优美，深受广大车友的喜爱。此后，这首国内首创的汽车音乐马上风靡各大汽车论坛，对中国汽车音乐的发展来说是具有里程碑意义的，而对于奇瑞公司本身来说，其通过别具一格的营销策划活动来创造文化氛围，充分满足了消费者精神生活的追求，是一次成功的营销。

在微信平台进行的创意营销，当然也需要结合品牌理念，才能在活动中体现品牌内涵、赋予品牌灵魂。2012年的新年临近的时候，百事可乐联手微信于2011年12月22日至31日在广州举办一系列活动，其中包含大规模抽奖、群星专场演唱会、点亮广州塔活动。点亮广州塔是这一系列活动里面的第三部分，也是高潮部分。活动的最后一晚，31日新年倒数的时候，微信邀请全广州的微信用户在城市里任何角落一同摇动手机，通过微信“摇一摇”功能，成为广州塔的“点灯者”。随着参与人数和摇动次数的增加，广州塔将被一格格点亮。此次活动首开微信与国际品牌合作的先河，无论对于百事可乐，还是微信，都是一次大胆创新的尝试，此外，由于高度契合微信本身的创新气质和倡导生活方式的理念，该活动深受大家喜爱，可以说是传统互联网巨头涉足移动互联技术的跨界力作。

可以看出，在创意营销中，不管是通过何种平台、何种方式进行，都不能背离品牌本身的文化内涵。只有切合品牌理念的创意营销，才能不断壮大品牌，提高品牌核心竞争力，企业微信营销才能事半功倍。

（三）精准：让商机无处可逃

精准的含义是精确、精密、可衡量的。精准营销就是在精准定位的基础上，依托高新的现代信息技术手段来建立个性化的顾客沟通服务体系，以此实现企业的低成本扩张之路，这是有态度的网络营销理念中的核心观点之一。[①] 精准营销需要公司建立更精准、可衡量和高投资回报的沟通模式，需要企业更注重结果和行动的营销传播计划，以及直接销售沟通的投资。传统的“广泛播种”式的粗放型营销管理方式已经不再适合新时代的营销，“精耕细作”的精准营销才是企业营销发展的大势所趋。微信的出现，则让精准营销引来了新的发展。精准，是微信这一社交媒体的重要特性，无论是精准的定位，还是精准的沟通，都蕴含无限的商机。结合微信这一特性，企业在营销过程就能提高工作效率，减少不必要的成本。微信营销精准特性，主要表现在以下两点：基于 LBS 的精准定位和点对点的精准交流。

1. 基于 LBS 的精准定位

精准营销的关键在于如何精准地找到产品的目标人群，并将产品深入到消费者脑海当中去，让消费者从认识、了解、信任产品到最后的依赖产品。传统的营销方式不但成本大，而且见效慢，相比而言，互联网精准营销具有高性价比的优势，正逐渐受到企业的青睐。

随着智能手机用户的增加，LBS 的应用潜力越来越大。在我国，基于 LBS 进行服务的发展状况越来越好，据艾瑞的报告显示，2010 年签到服务用户规模总计 330 万人，2011 年签到用户规模达 1630 万人。[②] 此外，位置服务用户的规模将以复合式的速度飞快成长。在此前，谷歌地图、GPS 导航、大众点评网、微博位置都是 LBS 的运用。

迷你汽车在瑞典首都斯德哥尔摩设计一个适合 ipnoe 用的 LBS 游戏，以推广它的新车型 Mini Getaway，每个用户都可以在游戏地图上找到一辆迷你车，如果这辆车在你 50 米之内的范围，就可以按键把车拿走。这种游戏的出现，让斯德哥尔摩街头出现了不少拿着手机奔跑的用户，十分好玩。瑞典的报纸和杂志大肆的报道了这次营销活动。迷你汽车的这次推广活动，就是基于 LBS 服务的创意营销。

---

① 程绍珊．精准营销．北京：北京大学出版社，2006.1.

② 石建鹏，文丹枫．微信力．电子工业出版社，2013.7.

微信的众多功能服务中，都与 LBS 有着千丝万缕的关系。查找附近的人可以迅速知道附近正在使用微信的人，在朋友圈上分享位置，就能让朋友知道你去过什么地方。通过摇一摇、漂流瓶，还能结交到世界各地的朋友。同样，微信精准定位的功能，在营销当中也被运用得十分广泛。

最近，网络上流传着这样一幅截图：一家叫“饿的神”的快餐店在午间向附近的人打招呼，以宣传自己的快餐生意。不得不说微信这种交友利器已经突破了传统社交的范围，开始向更广阔的的商业领域延伸。还有网友惊呼："微信太酷了，我正饥肠辘辘，拿不定主意吃什么好呢，就收到了来自附近的快餐店的热情招呼，我吼上一嗓子这就有人送餐上门了，太方便了!”可以看出，位置是互联网营销重要因素。也是移动互联网营销更优于传统营销的方面。

此外，利用微信基于 LBS 的功能进行签到，可以使用户分享地理信息，商家便可以根据信息锁定目标用户，进行高精准的营销活动。通过 LBS 功能在一定地域范围推广品牌，用户在使用微信的时候，不经意发现了商家信息，不但感觉新颖，而且还能拉近与商家的距离。因此，通过微信的 LBS 营销不但可以高效、低成本地对品牌进行推广，企业还可以通过收集用户的地理位置，进行数据挖掘，以及有效的用户管理。

2. 点对点的精准交流

精准在微信营销中的表现在于其点对点的沟通。沟通，在企业营销中占据了重要的分量。良好的沟通可以让消费者了解、认可和传播品牌。在传统营销中，沟通的成本十分大，企业不管是通过线下的实际接触，还是通过传统的媒体传播与消费者进行沟通，都需要耗费巨大的人力、物力以及精力。但尽管耗费巨资，也不一定能够达到良好的沟通效果。相同的事物，在不同人的心中会形成不同的概念与理解，而且区别有时候十分巨大，这种反差在我们日常的谈话与沟通当中也是同样存在的。传统营销中，企业面对不同的消费者都使用同一套推广语言，但是不同的听众会有不同的反映，对其的理解可能是千差万别的，甚至可以理解为相反的意思。因此，传统的沟通方式根本无法达到沟通的最佳效果。

不少网友都受过群发消息的骚扰，这确实是让人反感的经历。随着手机的普及，手机短信拜年也逐渐成为一种拜年祝福的主要方式。只需拇指轻轻一动，便突破时间与空间的界限，让问候变得便捷。但跟风与懒散的社会习气使得群发拜年短信如雨后春笋般出现，一些辞藻华丽、缺乏真情的群发短信大行其道，最令人厌恶不已，千篇一律的拜年话，缺乏一对一的针对性，看似拜年，实则是不得已而为之的敷衍。

微信营销中，企业可以通过多种方式对用户进行归类，然后进行有的放矢的沟通。首先，企业可以通过公众平台，按照地域、年龄、职业等一般特征对用户进行分组。其次企业可以通过微信活动对用户进行归类，可发起一些小游戏来分辨用户的爱好、特性，如洗发水品牌，可以发送关于心理测试的信息给用户，“透过你的发型知道你的性格，请问你现在的发型，或目前你最想要改变成的发型，是下面中的哪一种？A长而直的发型，B长而卷的发型，C短发的发型，D短而有刘海的发型，E半长卷发的发型”。然后，可以根据用户的回复将其归类，往后看针对性地推送适合用户使用的产品信息，便可与用户进行契合度高的对话。除此之外，企业还可以关注那些有着强烈对话需求的用户。曾有一家企业在其微信平台上多次接收到一位客户的信息反馈，该客户表示自己十分喜欢该产品，因此该公司与这位客户进行了深度的沟通，并接受了该用户的意见改进了产品，以此与用户建立了深厚的情感。

任何客户都希望自己的个性与差异被企业关注与重视。微信营销中，个性化的对话，恰好能迎合客户的这一需求。观察近年来微信营销获得成功的企业，都十分注重利用微信来为客户提供个性化的服务，这也是往后市场营销的必然现象。

五、经典案例集锦

微信，让中国企业正在尝试一条全新的发展道路。一些嗅觉敏锐的企业率先捕捉到微信在营销方面的巨大潜力，并加以开发利用，将微信与其他社会化媒体营销综合起来，进行有益的思考、研究、探索和尝试。一大批成功利用微信进行营销的企业涌现出来：K5 便利店、星巴克、IT 茶馆、美丽说等等。现在，让我们来看看，新一轮的营销浪潮中，都有谁成功了？

（一）K5 便利店向我打招呼

微信丰富的功能当中最能体现网络营销价值的便是融入 LBS（基于位置的社交）元素的服务功能。LBS 精准定位作用对于某些行业在投放促销信息时可谓是事半功倍，且效果奇妙。K5 便利店新店开张时，利用微信“附近的人”和“打招呼”这两个功能，成功把开业酬宾信息推送给附近的潜在客户。

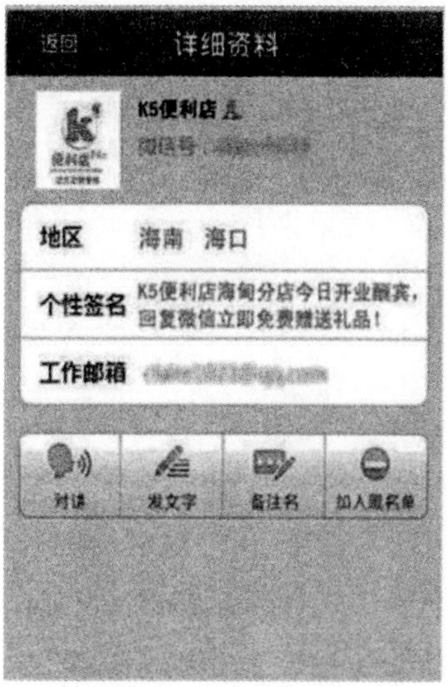

K5 便利店海甸分店位居海南大学附近，数量庞大的大学生正是使用微信的主要群体，非常适合使用微信开展新店宣传营销活动。在活动开始前，K5 便利店首先设置好微信头像和签名栏，将其微信头像改为带有企业 LOGO 的图片，并将个性签设置成“K5 便利店海甸分店今日开业酬宾，回复微信立即免费赠送礼品”！随后 K5 便利店只需点击“查找附近的人”，就可以查找到在自己的地理位置周围的微信用户，随后再根据不同位置范围，将相应的促销信息推送给附近的用户，进行精准投放。此外，因为此次微信营销活动的目标是以吸引更多的年轻消费者到店为主，并没有刻意地追求销售量，所以 K5 便利店只向微信用户发送了免费赠送礼品的信息，以及附带的公司地址和电话。与此同时，为了扩大覆盖群体，K5 便利店每隔 15 分钟就重新搜索一次附近的用户，更新用户群。并事先制定好表格，发送信息及对象做好记录，避免信息重发。因此，当你在某餐厅用餐的时候，传来朋友的微信，得知说附近的 K5 便利店在新店推广，而且只需回复信息就可以获得免费礼品，你就很有可能会开始关注这个活动。这样的微信营销不但成本较低，而且十分方便。在顾客到店后，K5 便利店的店员对前来领取礼品的顾客进行简短问候，并确认是否是通过微信活动带来的顾客，以便事后对微信推广效果进行评估。在活动结束后，K5便利店还建立微信顾客档案，只要有新货上架或者遇上节假日，便利店就可以通过微信向顾客发送信息，久而久之，这些顾客很有可能成为K5日后忠诚的老客户。

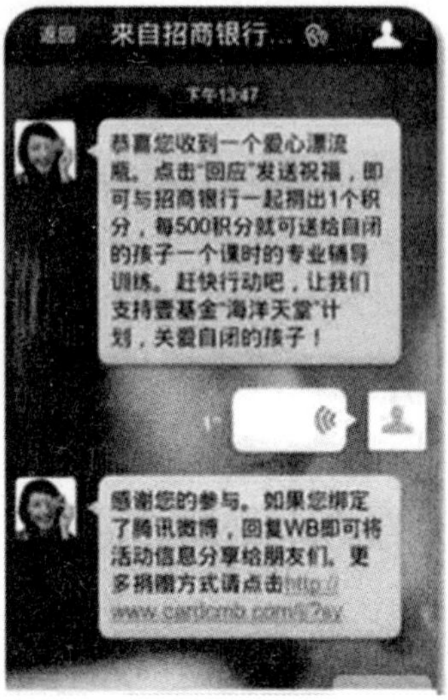

以K5便利店新店推广为例，我们可以看到企业、品牌是如何利用LBS功能，将相应的促销信息推送给附近用户，进行精准投放。可以设想，随着微信的LBS越来越普及，商家的不断渗透，就上文所提的快餐行业来说，完全有可能部分代替网上订餐、电话订餐、分发传单等传统方式，前途不可限量。

（二）招商银行的爱心漂流瓶

随着微信版本的推进，越来越多的企业看见了微信营销的强大潜力，不少企业试水微信，并获得了不错的成绩。招商银行的微信营销可以说是国内最为成功的典范之一。其在进行官方微信推广时，首先采用漂流瓶的方式加快了粉丝的增长。

2012年，招商银行开展了一项为自闭症儿童提供帮助的慈善性质的营销活动。活动期间，微信用户用“漂流瓶”或者“摇一摇”功能找朋友，就会看到“招商银行点亮蓝灯”。

当用户捡到来自招商银行的漂流瓶时，都会收到这样一段文字：“恭喜您收到一个爱心漂流瓶，点击回应发送祝福，即可与招商银行一起捐出一个积分，每500积分就可送给自闭的孩子一个课时的专业辅导训练。赶紧行动吧，让我们支持壹基金海洋天堂计划，关爱自闭的孩子！”用户根据上面的提示完成一些配合，比如通过微信给自闭症孩子们说一些祝福的话，招商银行随后便会根据用户的参与情况，通过“小积分，微慈善”平台为自闭症儿童捐赠积分，并通过壹基金的“海洋天堂”计划来购买为自闭孩子提供的专业辅导训练。用户回复信息以后，还会收到一条招商银行发来的感谢信息与分享信息，信息当中包含一条活动的链接，简单回复便可与好友分享活动信息。用户通过与招商银行的简单互动，就可以贡献自己的一份爱心，这种活动不但操作简便，还使用户参与到公益的活动中，十分地吸引人。

根据此前行业营销人员的观察，在招行展开活动期间，每捡十次漂流瓶便基本上有一次会捡到招行的爱心漂流瓶。① 并且考虑到漂流瓶可能存在过于频繁且内容重复的不足，容易让用户产生参与疲劳。招行营销人员通过增加更加多样化的灵活信息，如一些小小的语音游戏，以此调动用户参与互动的积极性。此外，招行还专门通过微信官方调整了漂流瓶的参数，让用户“捞到”招行漂流瓶的几率大大增加。

对于企业而言，漂流瓶的出现无疑为增加企业潜在客户提供了方便的途径。漂流瓶将身在不同地域的陌生人联系到了一起，我们在“扔一个”与“捡一个”之间打发了时间，结识了新朋友，企业也在这“扔”与“捡”之间扩散了知名度，开发了大量的潜在客户。企业在看到漂流瓶带来的商机同时，也要合理地利用这一工具，为自己创造最大的利益。要想得到更多的回应，就要在漂流瓶内容上进行一番打造，使其符合信息碎片化时代人们的阅读习惯，既要传播信息，又要吸引眼球。此外，还可以制作一些好玩的小游戏，来吸引用户并提高用户的参与。

（三）星巴克：从《自然醒》到扫一扫

对于一个根深蒂固的茶文化饮品市场，星巴克以近乎苛刻的产品质量要求、独特的咖啡文化在中国咖啡消费市场开创了一片广阔的天地。随着中国咖啡消费市场的进一步拓展，越来越多的强悍竞争对手相继涌现，面对激烈的竞争态势，一直将口碑传播作为自身品牌推广策略的星巴克，率先在行业里启用了时下炙手可热的微信营销。从此以后，微信营销，以燎原之势进入了饮品消费市场。

一张《自然醒》的音乐专辑，星巴克社交媒体运营再一次让我们眼前一

---

① 王易，蓝尧．微信这么玩才赚钱．北京：机械工业出版社，2013.

亮。2012 年 8 月 28 日，星巴克携手腾讯入驻微信，正式推出星巴克官方微信账号。

2012 年 8 月，在临近学生开学的时候，星巴克在其微信账号上进行了《自然醒》专辑的推广。操作方式很简单，所有微信用户，只要在微信中搜“星巴克中国”，或者扫一扫（二维码），添加星巴克为好友。用户在添加“星巴克中国”为好友后，只需发送一个表情符号，星巴克就会根据用户发送的心情，用《自然醒》专辑中的音乐回应用户。活动期间，微信粉丝只要发一个表情符号给星巴克，兴奋、忧伤、或沮丧，无论何时何地，都立刻能获得一首专属自己心情的曲目。与品牌进行丰富的内容互动，让用户感受到了星巴克点燃生活的热情和灵感，也感受到星巴克优质的公众服务。

如此一对一的互动推送，让星巴克赚足人气。截止至 2012 年 12 月初，星巴克中国微信账号粉丝已超过 40 万，总计数以百万次的互动。这些数据仍然保持持续的增长。这除了星巴克自身无限的创意以外，还要得益于微信这个能与顾客积极互动的平台。微信和微博都是很好的交互平台，但微信更加注重与用户沟通的即时交互性和一对一私密性。此外，随着移动互联网的发展，传统的互联网用户再不满足于文字交流，对语音、图像和视频的传递渴望更加强烈，微信恰巧给用户提供了这一多媒体沟通的功能。正如星巴克公司所表示的那样，微信代表着一种生活方式，它不但为人们提供丰富的聊天模式，更将拉近了人和人之间的距离，让新时代的社交变得更自由。

除了互动式一对一的信息推送，星巴克尝试结合微信二维码的功能，以此构建其全新的移动互联网推广渠道。微信与星巴克合作不仅破除了传统商业经营模式辐射面积小、消费者参与度不高、受时间地点等制约的弊端，还具有趣味性强、轻松时尚、商家与消费者互动性强等优势，让消费者能尽享移动互联带来的轻松、舒适感受。随着合作商家的增多，“微信 + 二维码”的模式必将形成新的消费方式和时尚。

2012 年，用户只要使用星巴克的移动二维码，就会接收到星巴克在 2012 年 11 月 31 到 2013 年 1 月 2 日的“星耀圣诞喜相逢”圣诞活动的详细信息。参与该活动的用户可以一边过圣诞、喝咖啡，还能得礼物！此外，用户还可以通过“咖啡的文化”“关于星巴克”“热线电话”“商品和礼品”等一系列信息阅读选项享受到星巴克的独特文化体验。如此包罗万象的信息和服务，将星巴克的各方面展示给了用户。而用户要做的，只是用手机拍摄一下二维码或用短信的方式发送二维码下的编号 701374 到 700066，即可直接登陆所星巴克的 wap 网站，获取到自己所需要的资讯。因为二维码，使星巴克拥有了全新的、主动的、便捷的和差异化的推广方式，使星巴克的品牌注入了更多的竞争力元素，使星巴克成为了人们的手机上的移动商铺，使星巴克从传统连锁经营模式向新的营销领域延伸！同时，将近 3 亿的手机用户也将为其拓展出巨大的潜在市场空间，对于咖啡连锁行业的领跑者星巴克来说又一次走在了行业的前面。

类似的活动还有非常多。星巴克充分利用了一对一传播的优势，将自己的促销活动有针对性地推送到用户的手机端，当中加入的很多互动元素也得到了很好的反馈。在微信公众平台的运营当中，星巴克堪称是最成功的典范，它们利用微信，以及线下的上千家门店，完成了大量的品牌与用户的互动。比如 2013 年春节期间，用户只需要通过微信线上分享星巴克的当日点单，就能获得线下店面的产品优惠，与此同时，星巴克各部分联动配合，极为出色的执行力成就了线上线下的搭配互动，最终让用户在趣味当中得到了方便和优惠。

（四）IT 茶馆：从“开心菜馆”到“高了低了”

作为首家推出以过关问答形式进行互动活动的 IT 茶馆，可谓是利用互动式信息推送进行营销的成功典范。从“开心茶馆”到“高了低了”，IT 茶馆一直紧扣微信营销的互动性，极大地活跃了粉丝，使品牌得到传播。

2013 年 3 月@ IT 茶馆微信公共账号发起了一个“开心茶馆”的微信活动引起微信圈的广泛关注。用户在加“IT 茶馆”为好友后，即可根据提示即可开始答题，每答对一道题目即可进入下一题，第一位全部题目答对的通关者，就可以获得“IT 茶馆”赠送手机移动电源。起初，在 IT 茶馆微信账号推出一周时间内，其通过自由论坛、QQ 群、微博宣传才获得 100 多位粉丝，然而本次“开心茶馆”活动的从推出到结束仅仅历时一天，就新增了 500 位粉丝，覆盖粉丝达130万，并且在一天之内与粉丝发送互动信息2000条。

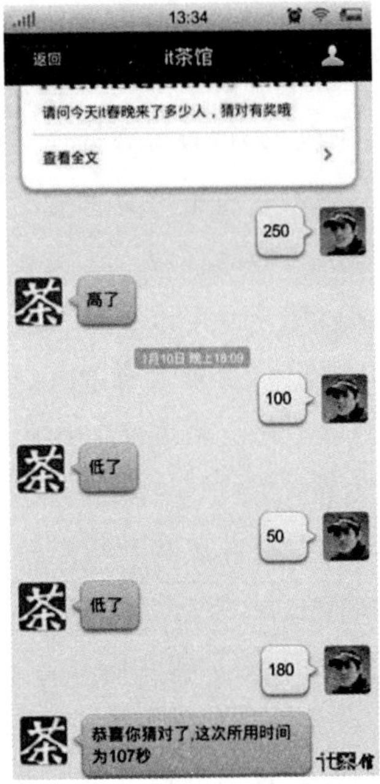

这实际上只是利用了所有微信公共账号都具备的功能——自定义回复，其可以根据用户发送的不同关键词设定有针对性的回复语。基于自定义回复的原理就可以设定层层的问题，把正确答案设置为触发下一道题的关键词，用户回答正确就会进入下一题，回答错误就没有任何回复，还可以重新发送回答。通过一对一的推送，IT茶馆可以与“粉丝”开展个性化的互动活动，提供更加直接的互动体验。

同年，IT茶馆在其主办的第二届四川IT创业者春晚上首次发布了由其开发新的基于微信公众平台应用“高了低了”，现场近200名互联网创业者同时打开微信参与活动，总体反馈效果不错。

“高了低了”这个游戏，其实是照搬中央2台的超市大赢家节目，里面有一个猜商品价格的环节，当你面对一个未知价格的商品时，可以随意猜测价格，主持人只能够用“高了”或者“低了”回答你，逐渐缩小范围，最终猜出该商品的价格，所用时间最短者获胜。然而在微信上，用户参与方式很简单，扫描二维码关注IT茶馆微信账号，然后发送“高了低了”开启活动，当输入“开始”之后，会自动回复给你个问题，譬如“本次春晚活动的现场来了多少人?”，然后你回复自己猜的数字，系统会自动回复你是高了还是低了，直到猜对为止，最终会记录你参与本次活动所花费的时间，时间最短者获胜，每个账号一天有猜三次的机会，每次的问题不同，最短的时间作为本次成绩。就在创业者春晚的活动现场，基本上到场的200多名创业者都成为了IT茶馆的微信粉丝。IT茶馆“高了低了”的使用效果非常好，用户参与度高，对于官方微信账号来说，是个很好的扩展新粉丝维护老用户的互动游戏。目前很多微信账号的玩法大都是关键词搜索，实际上基于微信公众平台还会有很多的玩法，帮助你增长粉丝，提高粉丝互动率。

（五）美丽说：不变的分享心理

生活中的消费离不开社交，而对女性消费者的而言，她们更热衷于将自己喜爱的商品分享给自己的朋友。女性消费者一直是服饰、日用品市场的主力军，抓住她们这种不会随着时代的推进而改变的消费心理，加以利用，从而带动企业营销之路。没有不变的分享平台，但却有不变的分享心情，在微信营销方面，美丽说很好地通过使企业与用户、用户与用户之间分享的过程，进行了一次完美的营销。

2012 年 4 月 24 日，美丽说成为了首批登录微信开放平台的应用之一，也成为了首批合作方中唯一一个以女性用户为主的应用。与其他的社交媒体相似，微信上女生的群聊很多，美丽说提供的社交平台就非常适合女生分享逛街的内容。基于微信开放平台，用户可以在使用美丽说 App 时，将自己喜欢的内容直接分享到微信中，或者在使用微信时，将自己在美丽说中的内容分享给好友。由于微信用户彼此间具有某种更加亲密的关系，所以当美丽说中的商品被某个用户分享给其他好友后，用户通过微信把一件美丽说上面的商品一个接一个不断的传播开去，达到社会化媒体上最直接的口碑营销。同时，美丽说上有大量与女性时尚相关的内容，可以作为微信用户尤其是女性用户交流过程中的有利补充。

社交分享的存在价值就是分享。用户通过微信，把商品一个接一个地传播开去，直接有效地提升了品牌传播力，这也就是我们经常提及社会化媒体的口碑营销。只要是有价值的东西，用户都不会吝啬和朋友分享，电脑上如此，移动设备上更是如此。

在移动互联网领域，美丽说无线团队一直动作不断，除了主 APP 之外还先后推出多个风格类 APP，如此前美丽说推出首个收费 APP“春夏搭配手册”，以此来提升美丽说在时尚圈的品牌影响力。利用微信开放平台，让拥有亿级用户的微信平台成为你的免费推广平台，让用户帮你口碑营销，微信营销威力无穷。

（六）布丁酒店：微信订房更便捷

布丁成第一家微信自定义菜单功能服务提供商，每天通过微信会员带来的订单比平日增加一倍，微信平均每天带来 169 个订单。

2013 年 3 月 31 日，布丁酒店正式宣布成为首家上线微信自定义菜单功能的生活服务提供商，并将微信客户端从 1.0 升级到 2.0，以实现个性化的菜单定制。在布丁酒店微信底部的对话栏中，其提供“会员特权”“预订”“最新活动”三个菜单选项，在提高互动方面，比先前用户主动发起的对话式交互有了很大的进步。这种自定义菜单的设置，使布丁酒店微信客户端不再只是消息推送与回复。

带自定义菜单的布丁酒店在原有的功能基础上进一步实现了：

1）用户打开布丁酒店即可通过菜单根据偏好直接选择查看会员特权、预订、最新活动。

2）一键进入订房页面，让预订变得更加直观、快捷、简便。

布丁酒店增加了自定义菜单后，使原有的布丁酒店账号瞬间变身成为一个轻 App。过去用户需要到会员卡特权里面寻找订房功能，要分好几个步骤来实现，比较繁琐。现在打开布丁酒店微信账号就可以直接选择订房，极大地缩减了预订流程。据了解，布丁酒店上线当天，预订量即达到了 336 单，而此前平均每天的订单只有 200 出头的数量，可以说，借助微信自定义菜单的功能进行营销，效果是相当明显。

企业运用自定义菜单进行营销时，需要注意一下几点。第一是需要简洁再简洁。自定义菜单的主要作用就是让用户降低信息获取的学习成本，让企业的公众账号表现得更加直观，信息传递更加简便。在原先的微信公众账号的客户端，用户服务获取方式过于繁琐，用户得先找到公众账号进入，然后单击某篇文章或者通过查询获得文章后单击，进入微信的文章模块，再单击阅读原文才能最终到达服务，也就是说用户可能要经过三到四步甚至更多才有可能得到想要的。而有了自定义菜单当然可以缩短这个流程，企业完全可以把需要突出展示的内容直接放到菜单上，让用户一目了然。因此，自定义菜单简化了用户搜寻公众账号的步骤，但是在自定义开发模式中，开发者获取使用凭证后，对公众账号的自定义菜单进行创建、查询和删除等操作。这看似简单的操作，却需要有一定的编程代码基础，初学者很容易对这种抽象的编辑模式不知所措。因此，进一步简化接入自定义菜单模式的操作会让该功能的覆盖面更广。

其次是要做好微信公众号的自定义菜单设计。有不少微信公众账号在推荐自己的产品的时候，对于产品介绍的比较少，想要详细了解需要点击“阅读原文”查看，这样做的好处是可以把客户引入到自己网站，但也有可能让一部分客户望而却步外，用户不愿意点击，或因为各种原因点击后却连接不上，都会弱化这种营销效果。相比之下将每个产品整理成详细图文消息发送给客户，使客户一目了然会，效果将会更好一些。

（七）爱范儿：细分用户打造企业轻 App

爱范儿在微信平台上面打造了 AppSolution（微信号 appsolution）和玩物志（微信号 Coolbuy）两个定位细分的账号。这种定位细分，资讯精准有趣的公众号确实有价值而且颇受欢迎。2012 年 8 月 28 日，爱范儿 AppSolution 正式启用了消息推送，四个月后，爱范儿的 App 突破 5 万粉丝，成为了当时微信上最大高质量应用推荐账号，粉丝接近 10 万人。其在自定义菜单中设置了“游戏”“推荐”和“AS +”三个一级导航，对所推荐过 App 进行专题推荐，这种差异化的推荐，使其一经上线就获得了粉丝的踊跃回复。微信平台不同于 AppStore，由于没有一个推荐目录，人们很难发现这些有趣精彩的微信公众号。爱范儿对受众进行细分定位，为不同的受众推送不同的 App，这样既能为喜欢 App 的读者提供新酷 App，也能为喜欢公众账号的读者提供好的微信 App，很好地实现了平台级的创新，向类 AppStore 迈开了步伐。

微信的自定义菜单让公众账号运营门槛和开发门槛大幅降低，不但容易维护和推广，还能增强订户粘性，提高交互效果。可以看出微信自定义菜单的出现，不但是微信创新的重要一环，也是企业市场营销的创新入口。

但是，企业要对微信自定义菜单有清楚的认识。微信自定义菜单可以作为一个互动营销传播渠道，通过轻度的需求解决，将用户往 App 上去引导。但这也使用户对微信公众号有了一个较为全面的了解，用户知道大致能做什么，不会错过有价值的东西，而且用户的好奇心会推动他们与账号的互动。但微信也不可能把很多需求都通过公众号来满足，微信公众号只是一种很轻的形式，这种很轻的形式目的是为了更快速地给用户反馈结果。因此微信公众号的发展，需要运营者的细心维护，并不断根据用户的反应来做出调整，从而找到真正的用户需求。

（八）花样百出的 giveme5

2013 年 4 月，giveme5 协助推广线下拍码 play 活动，然而在这个活动中 giveme5 利用微信的 LBS 地理位置服务，开展“找能免费吃鸡翅的肯德基”活动，引导用户到达线下商家消费。基于操作的简易性及功能实用性，在活动推广期间，giveme5 一时声名大噪，因此在 2013 年第一季度，giveme5 被作为微信营销成功案例分享在各大 IT、科技资讯类网站。如今 5 哥凭借技术优势运用微信开放平台 API 接口做营销活动，重返营销案例榜。

5 哥（微信号 giveme5 的主持）最早建立的就是他的人性：社会化推广，亲民式运营，精品内容，每周一次的小优惠和推广，不断的拉动新用户以及对旧用户进行二次传播和圈子营销。然而，在互联网摸爬打滚多年的“5 哥”觉得，仅有精品内容是满足不到用户的。就像再好的美食，如果只有主菜而没有其他“够称”的配菜也不能 100% 地让食客一试难忘。所以，在微信开放 API 接口时 5 哥立即开始研究如何给粉丝带来新体验、新享受。

2013 年 4 月，giveme5 协助推广线下拍码 play 活动，开展翻牌赢福利活动，用户只需输入关键字“拼人品”，然后点击 giveme5 回复信息、进入特别定制的抽奖页面，随后即可参与抽奖。为了解决很多公众账号在做活动时都会遇到数据收集困难及活动参与可限度的问题，giveme5 将 HTML5 页面与微信进行结合，通过微信接口获取微信用户 ID 限制用户抽奖次数，这样就能很好地解决积累中奖用户数据和记录用户参与次数的问题。据 giveme5 反馈，约 80% 的活动参与者对这种抽奖模式表示了赞赏，希望下一波奖品尽快上线。

营销不是一次性用品，只有一次的使用周期，不但浪费资源还达不到持续的效果。微信地理位置定位的功能最适合与商家或线下门店合作的活动，将商家地理位置经纬度导入到微信中，吸引用户关注并慢慢培养用户到店习惯，以此进行线上线下的配合。

（九）英特尔："超级星播客"打造奥运传播新体验

事件营销是指通过名人效应、热点新闻、网络事件等，引发媒体、网友、消费者的关注，以提高企业知名度，树立良好的品牌形象，从而促进产品的销售。[①] 企业结合微信这一利器，进行事件营销，能让品牌始终保持高关注度和知名度。

奥运作为全世界瞩目的盛事，已经逐渐走上商业化的道路，并且吸引了不少商家的关注。奥运已经不仅仅体现运动员的运动精神，还体现了企业的营销精神。所以，在面临北京奥运会这个良机的时候，中国的企业家都纷纷投入其中，充分发掘企业与奥运关联，做出扩大企业品牌影响力的广告。

除了北京奥运，企业家们也将目光投向海外奥运场地。借着 2012 年伦敦奥运会之际，英特尔结合当时中国最流行的社交媒体——微信，进行一档"超级星播客"微信节目，在当时引起了相当大的影响。

2012 年 7 月 27 日首播的"超级星播客"开创了国内第一档基于移动互联端的手机语音播报节目，让中国体育迷在指尖上过了一把奥运瘾。微信用户通过手机摄像头扫描二维码，或添加微信公众账号"超级星播客"（微信号：Star_ broadcasting）即可收听该节目，第一时间获知奥运赛况和点评。"超级星播客"使微信用户在奥运期间，每天早上醒来第一时间就能听到前一晚最新的战况，还能全天沉浸在麻辣点评的欢乐气氛中。

"超级星播客"节目由英特尔与腾讯共同构思并打造，7 月 27 日伦敦开

---

① 杨纪梅．网络营销．北京：化学工业出版社，2011.9.

幕式正式播出至 8 月 12 日奥运结束，特邀专家董璐、名嘴孟非，全程陪微信用户走完奥运 17 天，麻辣评述奥运话题，犀利解说奥运热点，每天三个时段，第一时间与用户实现端对端的互动。“超极星播客”之所以每天向用户推送三次信息，就是要培养用户的收听习惯，使用户对英特尔的微信信息产生依赖，进而持续收听，成为忠实的听众。所谓忠实的听众，最后都会变成忠实的好友。只要企业在往后对好友们多家关注，适时地与其进行互动，他们不但有可能变成强大的潜在客户群，还能在他们心中树立良好的品牌形象，帮助企业进行品牌推广。

除了奥运，还有许多事件、主题值得企业去挖掘其价值。如此前通过微信招收会员的朝阳大悦城，会经常举办一些主题性活动来与微信好友互动，如“哆啦 A 梦诞生前 100 年特展”“开往春天的地下铁——几米异想之旅”，以及“百店新开，时尚升级”等活动。总而言之，结合微信进行的事件营销，对企业深化用户关系有着莫大的帮助，它们的协同营销还有许多值得我们挖掘的价值。

（十）嘀嘀打车：搭上移动支付的首班车

伴随手机、平板电脑等移动终端的普及、云计算技术的发展，新媒体的的崛起让我们进入了大数据时代。对于大数据一词，我们也许并不陌生，伴随云计算技术的发展，海量、高速的数据运算成为可能，用户信息背后的价值得到精确的挖掘，海量、高效、精确、有价值就是大数据区别于原始数据的特征，可以说大数据是信息革命的二次发展。在信息时代，用户行为背后的信息成为了新时代的重要资源，如何从累计的用户群到获得收益，是微信将要做的事情，然而，这一切与用户数据挖掘有着紧密的联系。

因此，微信一马当先，率先进入到了大数据营销的队伍当中。近来，微信的嘀嘀打车软件和支付宝快的打车软件吵得热火朝天。今天是微信嘀嘀打车代付 10 元，明天是快的打车代付 13 元。正所谓“鹬蚌相争、渔翁得利”，这场打车软件乍一看用户是最大的受益者，不但轻松方便的出行，还可以节省不少打车的费用。但是，正是在我们轻松地用手机叫唤的士、便捷地用软件支付费用的同时，我们也无偿地贡献了我们的信息。这个时候，13 块钱就将自己的信息贡献出去，你还会觉得是天上掉下来的馅饼吗？显而易见，微信的这场烧钱战役，除了为了积累更多的用户，还在于深度挖掘用户行为背后的信息，为移动支付时代打下深厚的基础。通过嘀嘀打车软件，可以分析什么时候是打车高峰期，什么地段是打车集中区，什么人群更青睐用打车软件。这些，都可以变作有价值、有意义的数据。此前，有企业运用微信公众账号进行便捷打车服务，如“乘客 oncall——打车”公众账号，但是微信自身推出的打车软件一举超越了此类依托微信公众平台的打车服务，成功地分到了移动支付时代的一杯羹，可以说是得数据者得天下，这款嘀嘀打车软件可以说是微信进行大数据挖掘的第一步，但这一步却让微信抢先其他行业好几步进入到移动支付领域。

还记得网络刚兴起时，《纽约客》杂志曾刊登了一副标题为：“在互联网上，没有人知道你是一条狗”的漫画，用以讽刺当时互联网交流沟通的虚拟性和荒诞性，即使是一条狗在敲打键盘与你聊天，你也不得而知，还有可能将它当做心心念念的梦中情人，这则漫画恰如其分地反映了当时互联网时代交流的隐蔽性和不可捉摸。然而在 20 年后的今天，互联网发生了巨大的变化，移动互联网、新媒体网络、电子商务的发展，让我们的信息毫无保留地暴露在这个虚拟的世界中。可以说，现在的互联网，不但可以知道对面的是不是一条狗，还可以知道这条狗喜怒哀乐、作息规律等等。这一切，都源于对用户互联网行为的收集与分析。用户在互联网上的每一次点击、每一次触摸都可以变换成富有价值的数据，对这些数据进行收集与分析，让企业具有了预判现实社会中的用户未来行为的能力。这种数据收集、分析、利用，就是我们所说的大数据运用，而这种运用也是未来企业的大势所趋。在新时期，数据成为了重要的社会资源和生产资源，通过对数据的挖掘和分析，我们可以获得新的知识，可以创造新的价值。因此，在信息时代运用微信进行市场营销，一定要深度挖掘用户行为的价值盈余，进行有益的数据营销。有人认为大数据时代，我们的个人隐私暴露无遗，信息安全需要加强。也有人认为在大数据时代，通过对数据的挖掘与分析，可以发现无限的商机。尽管社会各界对大数据时代的看法各有不同，但是作为信息时代的新生儿，微信的未来一定与大数据相连。

很多人都会好奇，微信的未来会如何，微信是否会像博客、微博等社交软件一样，逐渐地走向衰落。微信的兴衰我们无法判断，但是我们可以清楚地看到，微信的未来一定与大数据应用紧密相连。微信诞生至今，不但取得了辉煌的成绩，还影响了人们的生活方式、交流习惯，它的每一次更新，总会给我们带来惊喜。这种不断创新的精神，让微信不甘于现状，使其不断拓宽经营领域，也让它的未来更加宽广。

第八章　兼容并蓄的整合营销传播

整合营销传播（IMC）作为一场市场营销方式，在20世纪80年代就已经开始被尝试。在当时，随着经济的发展，一些营销人员发现传统的广告方式很难完美地完成对产品的推广与宣传，于是开始试图把各种营销手段组合起来使用。在实践的发展中，广告的代理商不断完善这些拼接组合的营销手段，开始探索专业化的方式，于是开始有了整合营销的概念。

一、整合营销传播的内涵

美国广告企业协会对整合营销传播（IMC）有如下定义："整合营销传播是一个营销传播计划概念，要求充分认识用来制定综合计划时所使用的各种带来附加价值的传播手段——如普通广告、直接邮递、人员促销和公共关系——并将之结合，提供具有良好清晰度、连贯性的信息，使传播影响力最大化。"从这个定义中，它明显强调的是各种促销、传播手段的综合运用，从而达到传播、销售影响力的最大化。而这一突出强调也是整合营销传播的首要内容。

在整合营销传播这个概念被提出的初期，它得到的最大青睐的并不是企业的营销销售人员，而是独立于企业之外的市场营销组织和为企业提供服务的广告公司。他们独立于企业的销售之外，用更理智的审慎察觉到了这个概念对企业发展的极大作用。[①] 在过去，一些营销组织都是把促销的费用投资在

① 卫军英．整合营销传播典例［M］．浙江大学出版社，2008.

报纸、杂志、户外媒介、广播以及电视上。广告公司也是通过对这些广告形式的运作、购买而抽取佣金获得利润。但是当营销组织发现传统的广告形式无法全部满足产品的销售需求后，非大众媒体广告开始被拿来使用，而这对广告公司的利润构成了威胁。于是，广告公司为了保持收入来源，开始尝试行使营销组织促销与直销的职能。他们开始尝试为客户提供“一站式服务”，培养自己在促销、直销和广告方面的专业技能。随着自身技能的提高，企业可以在广告公司享受到全套的服务，已经不需要再单独拿出一部分钱用在“非大众媒体广告”上。于是，广告公司面向客户的整合营销职能就已经能够完全实现，整合营销传播的概念也得到了进一步推广。著名的奥美广告公司曾推出“交响乐团整合传播”策略，就是为这种新模式赋予了兼具创造性和竞争力的特色。

二、回顾整合营销的发展轨迹

整合营销传播概念的提出被认为是20世纪90年代市场营销传播理论最重要的发展。将不同的传播工具进行策略性的整合已经被欧美一些企业尝试，整合之后可以实现与消费者的更好沟通。通过协调营销传播，企业可避免欺诈，在多种传播工具中择优使用，发展更为有效的营销传播计划，使企业在传播方面的投资回报最大化。

在20世纪90年代，整个市场环境发生重大变化，消费者对信息的获取能力日渐增强。城市居民的生活方式、媒体使用习惯和消费品的购买方式都发生了重大变化。信息网络的飞速发展使得消费者可以方便地上网，获得各种消费信息、进行网上购物。尤其是伴随着SNS网络的发展，人们可以更方便地在网上与其他陌生人围绕一个话题展开交流。所有这些都为整合营销的产生发展提供了一个前提。

当然，新的传播技术为消费者获取信息提供了更多便利，在为企业提供接触消费者的新途径的同时，也在逐渐影响传统的强势媒体，媒体原有的权威性正在被消解。电视、广播、杂志和报纸的受众被更细致地划分，朝更专业化的方向发展。所有这些媒体的受众细分化使得原有受众减少，企业面临着传统媒体对自身的广告影响力减弱的问题，这促使它们开始寻找与顾客沟通的其他方式。

信息环境的巨变使企业与消费者的地位逐步发生变化，企业不得不开始营销传播创新。于是，在20世纪90年代以后，整合营销传播的概念被提出。1991年，“美国新闻与大众传播教育协会”成立了“整合传播工作小组”，小组成员由西北大学的教授组成，后来出版《整合营销传播》一书，整合营销传播学派诞生。

整合营销传播之所以被提出，主要出于这个学派许多学者对环境变化的判断。Harris（1995）认为：（1）受众区隔日益明显：以普通大众为传播目标的营销策略已经落伍，取而代之的是区隔明显的分众时代，公共关系可以为特定公众定制“适当的信息”。（2）媒体区隔已成趋势：以美国为例，电视频道成长迅速，而这种趋势也使得受众细分的精确度提高。（3）利害关系人重叠度高：营销人员不应将消费者视为唯一的目标公众，相反的，现行的趋势必须合并考察员工、政府、社区居民等利害关系人的需要。（4）传播代理企业的合并现象：各类传播企业进行合并，并无法保证制定出“无缝隙”的传播活动；相反的，只有整合相关的传播工具与消息来源，才可能获得较好的效果。

（一）四步走：整合营销传播的产生和发展阶段

1997年，美国生产力与质量中心（APQC）建立IMC的最佳实践标准。在研究指出，IMC还是一个新兴学科，并没有框架性的组织体系，实际的市场用途也没有系统有效的统计结果，因此为了更有效地收集研究结果，研究小组建立了一个基本模式，并以此评估每个伙伴组织是如何实践IMC的不同领域的，并提出了IMC的四个发展阶段。[①]

第一个阶段：策略传播的协调

策略传播的协调阶段是选用整合营销传播的起点。通常，采用整合营销

---

① 舒尔茨，劳特博恩，坦嫩鲍姆等．整合营销传播［M］．内蒙古人民出版社，1998.

传播策略是因为想要各种传播活动直接能够达到最有效的协调以及配合。在此过程中，重点是通过整合营销传播使得对外的传播形成“一种形象、一种声音、一种表达”。目标是更加有效地将信息的传递与市场结合起来；发挥各种传播方式的优势，达到 1 + 1 > 2 的效果，达到最佳的影响力。

在运用整合营销传播的过程中，不管是企业部门之间还是组织内部，还是与外部企业的配合之间，都需要高度的人际传播和跨职能传播。另外，企业要有最大的自主权，要自行控制营销传播的过程，并把这一过程归结为营销传播部门的业务，然后再去协调多家机构、公关公司和媒体等的工作。

第二个阶段：营销传播范围的重新定义

在这个阶段，重点从简单的策略协调转变为比较广泛的传播活动。企业开始不仅仅只关注营销传播部门所管理的营销传播业务，它们还开始把客户可能与公司进行接触并带来信息的方方面面也纳入其中，并试图广泛而深入地了解已有客户和潜在客户，这种了解也不仅只限于客户的感受，还包括他们所做的事和做事的原因。

在整合营销传播发展的第二个阶段，组织对营销传播的看法被更加重视，组织对外发送给客户的信息也被采纳。在这个阶段，与客户和潜在客户进行持续性的对话是非常必要的，而这种对话关系的维护还需要依赖营销传播部门以外的员工。因此，有必要从内部实践以及方针政策上支持这些员工，并通过外部的传播把承诺传达给客户。

第三个阶段：信息技术的应用

在 IMC 发展的第三个阶段，企业、组织开始尝试用信息技术的力量与潜能来提供整合的绩效。通过建立客户与潜在客户的数据库，来获取、储存和管理相关信息，尤其是那些对公司具有经济价值方面的信息。

第四个阶段：财务整合以及战略整合

在 IMC 发展的第四个阶段，管理高层所要面对的问题被更加重视起来。在这个阶段，整合已经跨越了第一到第三的三道门槛，达到整合的最高层次。经理人已经处理完基本的整合问题，这方面的经验也可以推广到组织的各个部分。一般来说，对公司战略具有重要性的问题，比如营销传播计划的投资与回报被突出重视。

（二）新贵：日受重视的整合营销传播

整合营销传播被营销商看重并用来向目标客户营销产品和服务的原因有很多，探究其根本原因是来自于商家营销意识的改变，他们意识到了战略性整合多种传播方式的重要性。通过整合营销传播方式，广告公司可以避免重复的劳动，借助多种不同的营销工具也可以建立起更高效的营销传播计划。同样，整合营销传播被很多它的支持者认为，它是公司实现投资回报最大化的途径。

广告公司对这一概念形式的青睐首先促成了整合营销传播的发展。广告公司为了利益的最大化，开始改变自己传统的服务形式，变单一为全面。它不再只是依赖于客户对报纸、杂志、户外媒体、广播、电视等的投入，它们意识到只是购买这些媒体而获得佣金已经远远不能满足自身的价值诉求。于是他们尝试给客户提供“一站式”的完善服务，通过它们的服务让客户可以把广告的欲求全部投放在广告公司，广告公司综合运用多种传播形式，达到对客户产品或服务的宣传推广。

除了广告公司对整合营销传播概念的重视和推广，网络的迅猛发展也在支持着整合营销传播的发展。客户至上的想法，是营销概念的中心思想，也是营销机构的主要目标。在计算机技术和信息网络技术尚未全面发展的昨天，大众市场上的公司只能依赖传统的媒介形式来维系与客户的距离。到20世纪90年代，随着信息技术的发展，广告公司、营销公司开始依靠网络来拉近与客户的距离。①

从技术层面看，借助计算机、网络可以实现对数据的获取、存储以及处理，而这些数据可以帮助企业发现自家的产品和服务到底与哪些类型的客户存在一种共通性。而整合营销传播强调的就是对目标客户群的维护，通过分析获取的数据正好可以为这一方式提供便利。所有借助计算机获取的这些数据，营销组织可以进行动机分析，公司的业务也不仅仅只是围绕着产品与服务在进行，而有机会把重点放在客户以及他们的要求与需要方面了。对整合

① 刘佩仓．中小企业信息化之路［M］．北京大学出版社，2000.

营销传播起最大驱动作用的销售方式是直销，直销的核心是识别、接触以及衡量特定客户所带来的长期回报，而直销的实现需要精准的目标客户群分析，这也是要依赖信息技术的发展的。所以说，网络、信息技术的发展为整合营销传播提供了数据资源的驱动力，也为整个传播过程的实现打下了基础。

从多种传播形式的实现来看，网络的发展是一个最好的试验田。网络可以承载文字、图片、视频等多种宣传手段，广告公司针对企业而设计的所有广告形式都可以挂靠网络来实现。在网络中，常见的广告形式有网页悬挂广告、弹窗广告，视频播放前的广告，植入在常用软件中的广告灯。其中，现在很热门的病毒营销模式就是依赖网络来实现的。除了网页、弹窗等广告形式外，社交媒体也是实现整合营销传播的一个途径。在社交媒体中，可以把多种广告形式进行扩散宣传，借助于这个平台的推广、转发，企业产品和服务的知名度自然会提高。例如在国内，新浪微博与淘宝网的合作就是一个值得分析的案例。淘宝入驻新浪微博之后，产品可以借助这一社交平台进行推广，当然对产品的宣传有文字、图片、视频等多种形式，在这个平台之上，通过微博粉丝之间的转发、评论，产品逐渐被大家所熟知。

有了广告公司的重视和网络力量的催生，整合营销传播的价值迅速凸显。同样，从公司本身来说，品牌化发展是一个企业的重要追求。公司的品牌化可以促使企业实现良性有序的长远发展。

在20世纪80年代之前，新技术、新产品在市场上层出不穷，经历了一个从无到有的过程。这些新产品在问世之初，得益于市场的空白，即使没有下大力气的宣传，也能很快被消费者所熟知，每一种产品都会为发明者带来一群客户。而伴随着经济的发展、科技的进步，创新不仅为企业带来了利润也为企业带来了竞争的压力。一些经济条件较落后的亚太地区和拉美国家等新兴经济体，创新的能力尚不足以为企业创造利润，所以他们开始尝试复制以及改善市场上出现的产品或服务。他们瞄准的是劳动力成本低廉的新兴国家，节约成本后可以降低市场价格，从而求得薄利多销。所有这些举动，都为企业的长久良性发展带来了冲击。于是，越来越多的企业开始认识到品牌塑造的重要作用。

成功的品牌可以为企业带来更多的未来价值和现金流量，这是企业未来发展的无形资产。整合营销传播通过对多种传播形式的有效运用，可以从单纯宣传组织跨越到塑造品牌。企业产品和服务的品牌化，可以更好地区别于同类相关企业，从而为企业提供源源不断的竞争力。品牌化后，可以拥有并维系一群稳定的、忠诚的客户，所以就算减少一些投资，也是能为企业带来可观的收入。

机遇与挑战并存的现实状况是日趋全球化的市场给企业带来的挑战，而这种全球化的市场也促使企业开始认识到整合营销传播日趋重要。企业在全球的集团化发展，使得品牌开始跨越国界。那么这种全球化的市场，也催生着整合营销传播策略的发展，这种协调一致的品牌战略是市场应对全球化的一个举措。除了整合的运用外，这一策略也要求对个别市场与文化的独特需求做出反应。全球化要面对的是全球总体环境下的市场，但同样也要针对不同的市场与文化做出不同的反应。

综上所述，广告公司的青睐、网络的发展、品牌化的追求和全球化市场的深入这四个驱动力，推动了企业的传播策略由单一转向多方向。

（三）回顾：舒尔茨和他的整合营销框架

谈及整合营销传播，舒尔茨教授和他的《整合营销传播》是必须研究的。在这本书中，舒尔茨认为整合营销传播已经成为未来营销传播活动的主导，同时在全球化背景下产品不断向全球扩展，全球范围内的营销传播活动也就越来越重要。对整合营销传播理论，舒尔茨写了很多著作，也有他的理论框架。

在《整合营销传播》一书中，舒尔茨教授谈到了 IMC 的八项指导原则。他认为这八项指导原则是发展与执行整合营销计划的关键所在，也是从实践者的案例以及纯粹的理论和全面的研究开始，贯穿于媒介、渠道组织和消费性商品公司。这八项原则是全球化的，超越国界与文化的界限，具有普世的使用价值，是组织必须使用和实践的。这八项原则分别是：①

（1）成为一个以客户为中心的企业

这个原则强调的是“客户至上”，是整个整合营销传播理念的核心内容，与当下所推崇的客户体验、关注客户的思维不谋而合。企业的运作要致力于

---

① 舒尔茨，劳特博恩，坦嫩鲍姆，等．整合营销传播［M］．内蒙古人民出版社，1998.

以客户为中心，在发展中要考虑到产品的购买者或者最终的使用者。批发商、零售商和其他中介固然重要，但都没有最后购买和使用产品的人重要。

企业必须以客户和消费者为重，因为他们与公司的利润有着最直接的关联。企业的活动重点需要放在提供客户利益、迎合客户需求上。公司的主要目标是服务并满足客户，建立客户的忠诚度与持续的收入来源。

在这项原则的指导下，强调客户至上使得企业的成员会更同心协力地提供更好的产品、服务等。当企业变成以客户为中心的组织时，就需要对公司内的各职能团体进行全面整合。这样，各个层次的整合也会成为常规的做法，而不是特例了。

（2）使用由外至内的规划方式

在为市场营销活动制定规划和预算时，传统的、最常用的方法被舒尔茨称作由内而外的规划方法。在这个规划中，公司会首先确定财务支出或销售的数量目标，通过成本的预算和利润的贡献后，拿出营销基金进行活动，这种活动是一种一连串的行动步骤。规划的数量或财务目标决定营销与传播的投资或支出水平，也影响了企业对传播方式的选择。根据由内至外的方式，在营销费用和所期望的的销售结果之间，发现不了什么关联。而在整合营销传播观念中，舒尔茨教授推崇的是由外至内的规划方式。营销或传播的经理人并不会将客户和潜在客户视为花钱的单位，而是把他们视为公司的收入来源。在这种营销传播中，广泛运用各种营销传播工具对收入来源进行管理，从而获得公司的客户与潜在客户。这需要整个公司、所有员工、所有职能团体在开发、扩大以及维系这些资源时付出努力。

（3）聚焦于全面的顾客体验，而不是对于营销传播活动的体验

整合营销传播方法的重点在客户对产品和公司的整体体验，而不只是对营销传播活动的体验。对“整体客户体验”的强调，是希望客户可以发现产品或服务在市场上发挥的作用，实现客户服务以及观察公司对于所处的的社区会造成什么社会影响等。

在现今这种互相连接、互相影响、用网络互相联系以及日益全球化的市场中，公司与品牌是相共生而存在的。任何事物以及每个事物都会发出信息、带来体验或与产品及服务发生关系，这需要对所有的事物加以考虑、管理及

衡量。整合营销传播的一个目的是为客户了解产品和为公司减轻负担，并确定公司向外界传达的印象对公司是有利的。战略整合的范畴远远超出传统的营销与传播角色或活动，其中涉及客户以及他们对于公司的看法、感觉和体验，而这些正是公司与品牌一起接触客户与潜在客户的结果。

（4）协同消费者目标和公司目标

协同考虑消费者的目标和公司目标是很难办到的一个问题，当今全球化的竞争形势日趋激烈，企业很难在客户的要求和公司的发展之间谋得平衡。如果客户的需求与企业的发展长期达不到一种平衡，企业就有面临着破产的危险。所以，要在快速变迁的营业环境中谋求一个平衡点，营销与传播的目标就必须同整个企业的发展导向紧密结合在一起。

营销与传播必须从能够给组织带来现实回报的角度来考虑问题。在整合营销传播中，其传播的效果要远远超越传统的传播目标，要致力于打造品牌意识和品牌的认同度，并且还要考虑到企业的营利目标。如果一个企业要在营销与传播上进行投资，那么这些投资的收益就必须能够为公司带来具体可观的财务成果。换言之，整合营销传播的目标要尽量做到完全符合公司的目标。

（5）确立顾客的行为目标

综合分析企业的所有营销策略，其所要达到的效果不外乎以下四点。

第一，为企业赢取新客户。这是约定俗成的基本目标，是设计营销计划首要考虑的问题。

第二，维系现有客户。现有的客户是保证企业正常运营的一个关键。

第三，维系并提高现有客户所带来的销售量或利润。这个是指，刺激现有客户多在本公司的产品和服务上投资，为公司提高销售量或价值。但如何激发已经使用这些产品和服务的客户产生新的消费需求是实现这一目标的挑战。

第四，通过公司的产品或服务组合迁移现有的客户。在此过程中的营销目标就是让现有的客户购买公司其他价格或利润更高的产品和服务。

对于这四个目标来说，营销传播要重视影响客户的行为，尤其是那些能给企业带来利润的行为。在整合营销传播流程中，影响客户行为是重要的组成因素，因为这些行为可以为企业带来直接的收入。所以，在整合营销传播中，影响客户和潜在客户，使他们的行为产生重大的改变是其中一个很重要的目标。

（6）将客户资源视为资产

大部分情况下，客户都是为组织带来收入的主要单位，而企业的其他活动与措施大多是真正的成本中心。因此，负责营销传播活动的人需要并且应该负责开发、延续并维持为公司带来收入的客户资源。企业将客户视为收入来源之后，就可以实现将客户资源当做资产了。

（7）精简职能型业务活动

对组织进行整合活动，需要把错综复杂的职能机构和业务活动进行分类，从而让营销传播活动得到更好的发展。在传统的4P模式中，销售、广告和公共关系是宣传推广的3个职能。但是从实践看，外界顾客几乎不可能对于大多数企业的整合营销传播活动构成障碍。从顾客来看，公司真的只在采取两项基本的营销和传播行动：传递信息，设计激励计划。

营销传播有不同的类别方式，打破这些类别的最大价值在于可以促使企业从战略的角度考虑问题，而不是从传播策略的角度进行思考。这并非代表策略的成分不重要，而是说策略既不能也不应该被用来引导营销传播，而且与衡量及评估营销传播的方式也没什么关系。

（8）集中营销传播活动

集中营销传播活动指的是把传统的营销传播与电子化的营销传播活动融合起来。从为客户服务的角度来看，采用独立并且区别于传统渠道的方式进行思考、创造、规划以及发展营销是不合理的。在信息技术迅猛发展的今天，即使通过品牌电视广告知晓产品的客户，也会上网并且在网上购物。也就是说，传统形态的营销传播与电子形态的营销传播互为共生而存在。集中势必要整合，集中不但会出现，而且会比预期要快得多。

推动传播产生价值的方法并不只与营销者所期望获得的结果相关，其实一切都与互动性相关。真正的成功来源于双方之间所建立的长期关系，而非短期的销售数量的变化。

（四）实践：不同行业的整合营销尝试

1. 国家形象——新北京，新奥运

如果谈到城市形象的塑造，北京是一个很成功的例子。尽管从北京申奥

成功到现在已经有 13 年的时间，但申奥期间和奥运会筹备、举办期间，北京奥申委、奥组委对北京这个城市形象的塑造，一直可以被拿来当做一个可供研究的重要范例。在对北京这个城市品牌的建构与打造中，北京奥申委一直强调的是历史悠久的文化遗产构成了无与伦比的北京人文魅力，所以“绿色奥运、科技奥运、人文奥运”应时应势而生。在这整个塑造与宣传的过程中，整合传播的概念被运用得最广。

2001 年 7 月 13 日，北京获得 2008 年奥运会的主办权，伴随着国际奥委会主席萨马兰奇的宣布，北京在 1993 年失败之后终于得到了这一极具民族自豪感的荣誉。而回顾北京申奥所走过的路程，其中凝聚着整合营销传播的智慧。北京奥申委借力多种传播形式，对国内民众广泛调动积极性，对国际奥委会进行卓有成效的动员。两股力量相互凝合，最终赢得了第 29 届奥运会的主办权。

北京奥运，不管是从申奥阶段还是在 2008 年举办阶段，可以说是一届全民参与的奥运会。北京奥运背后站着的是一个民族。北京奥申委充分调动了民众参与的积极性，把申奥与城市的发展结合起来，“以申办促发展，以发展助申办”，在基础设施建设、环境保护等方面，投入力量，改善城市民众生活，极大调动了全民参与的积极性。而民众的支持是国际奥委会衡量一个城市有资格举办奥运会的一个重要指标，所以，北京奥运的成功是全民动员的胜利，这代表着北京奥申委对内宣传工作方针的正确性。

北京奥申委在对内进行卓有成效动员上，践行“绿色奥运、科技奥运、人文奥运”的理念，改善城市人居环境。投入平面、视频、巨幅海报悬挂等广告宣传形式，潜移默化影响民众认知，把一个城市申奥的成功上升为一个民族的集体荣誉感。同样，北京的申奥形象宣传片融合历史与现代，源远流长的中华文化与日新月异的城市发展，展示了北京的独特优势也增强了民众信念。

“新北京，新奥运”是北京申奥使用的口号，凸显了变化——新，也将奥运与城市的发展联合起来，这是一个明确的城市定位，是对城市品牌的一个成功打造，也是整合传播观念的第一步，即首先明确自身定位，通过自身的准确定位来影响接下来的传播活动。突显变化的口号，对内调动了一个民族的参与热情，对外也据此开展了丰富多彩的外宣工作。

北京奥申委积极注重与国际媒体的合作，通过他们的宣传报道来加深国际奥委会对北京的了解。向世界展示中国的文化，展示北京的风采，这是对外传播的首要目的。在整个申办期间，北京奥申委与境外300多家媒体建立了联系，定期召开新闻发布会，介绍申奥情况，展示北京形象。到2001年6月底，奥申委共接待境外记者240批334人次，涉及境外新闻机构130家。国际媒体对中国、对北京的报道量不断攀升，仅2001年前5个月的文字报道就达1700多篇。①

北京奥申委的官方网站——www.beijing-2008.org是所有申办城市里最新开通的官方网站，及时、迅捷地通过中、英、法、西四种语言向全球传播北京申奥的信息。2000年8月29日，在洛桑国际奥委会总部召开的国际奥委会执委会上，北京成为2008年第29界奥运会的候选城市之一。消息一经发出，不到1分钟就传给了北京2008年奥申委总部，于是前后不到15分钟的时间，北京奥申委的官方网站就用四种语言播发了这条消息。反应的迅捷性很好地配合了北京申奥的步伐。在这个官方网站开通之后，首页图片几乎是每天更新的，中、英、法、西四种语言的新闻每天基本保持在10~20条左右。

北京2008年的申奥，竞争对手有9个，法国巴黎、日本大阪都是北京强有力的对手。一个城市能否最终赢得奥运会的主办权就跟一件产品最终能否被顾客购买是一个道理，所以奥申委要做的，就是把北京这个“产品”销售出去，保证在跟另外九座城市的对比中，北京给国际奥委会留下最深刻的印象。这样的一个过程，需要配合着强有力的公关活动，用灵活多样的方式，充分展示自身的优势，多方面、多渠道、多角度地开展工作，努力争取到各方面的理解和支持。而要实现这个目标，靠的就是传播，哪座城市能够针对申奥做出卓有成效的传播，哪座城市就能赢得民众和国际奥委会的认可和支持。很显然，北京最后获得了成功。

在申奥筹备阶段，北京奥申委调动全国媒体资源和舆论工具，以民族自豪感为传播的焦点，唤起了民众与生俱来的集体荣誉感，极大激发了广大民众的

---

① 杜婕．“北京奥运吉祥物发布”对外传播中的偏差分析［J］．新闻知识，2006（4）：26~29.

向心力和凝聚力，获得了最广泛的民众支持，而这正是国际奥委会评定一个城市是否有举办权的重要因素之一。此外，在申奥期间，北京奥申委专门成立了对外联络部，组成了一支以国际奥林匹克事务专家为骨干、通晓外事、具备语言交流能力的公关队伍，与新闻宣传部一起，共同担负起宣传北京的新任务。他们采用人际传播策略，在国际奥委会规则所允许的活动空间内，积极与国际奥委会的委员沟通，宣传北京、申办奥运。同时，北京奥申委还积极邀请体育界知名人士和官员，通过他们传达北京申奥的决心。借助于这些体育界名流的广泛人脉，中国的体育与世界的体育有了一个很好的纽带，让世界了解了北京申奥的愿望、条件和能力，最终促成了北京申奥的成功。

案例点播：

打造一所城市的城市品牌，就跟打造一所企业的品牌一样，首先要保证对方对企业的认可度，这是整合传播观念的出发点。建立一种强大的认同，自然能够清晰地传达品牌的价值。北京申奥的定位就是“绿色、科技、人文”，然后北京奥申委利用多种传播方式，运用多种传播渠道，报纸、广播、电视、网络等多种形式，宣传了北京的理念。通过一种持续有效的传播，北京申奥最终赢得了国内和国际的认可，才有了中国 2008 的奥运年。

基于国家形象的整合营销传播，需要一个宏大的立意和奋斗目标。在此基础上，调动多种资源、运用多种方式为实现一种良性的有价值的传播而努力。北京的申奥，不管是报纸、广播、电视还是互联网的传播，都是致力于打造一个绿色、科技、人文的北京，通过多种形式的传播，来提升形象，从而为申奥打下基础。

2. 汽车行业——宝马“开溜”之旅

整合营销在汽车行业中被越来越多地使用，而谈及经典案例，宝马 MINI 不得不说。

诞生于 1959 年的宝马 MINI，兼具实用性和野性，被英国汽车界奉若瑰宝。在它出现之后，迅速受到大家的喜欢和追捧，风靡全球。几乎所有的汽车公司都在模仿 MINI 车的造型，它也逐渐成为汽车家族的一个精神文化象征。

2001 年，经过宝马重新设计的全新 MINI 再度问世。2002 年，宝马 MINI

进入中国，新推出的 MINI 包括 MINI cooper、MINI countryman 等几大系列。进军中国市场后，宝马 MINI 对品牌进行了一个重塑过程。2004 年，调整了定价策略、重新定位 MINI 品牌。2008 年，在北京奥运会筹备开展得如火如荼之际，宝马公司开始对 MINI 做品牌的本土化推广。到 2010 年，开始对品牌深入宣传，也注重开发多元化的产品来满足消费者的个性需求，更趋时尚化。公司试图通过亲民路线打造 MINI 个性文化圈。

为了打开中国市场，宝马 MINI 在大陆展开了一场整合行销的狂潮。这场狂潮，以活动策划为主，然后通过网络推广、公关、广告、渠道销售以及产品运营来实现对宝马 MINI 的 IMC 营销。

这场整合营销以活动为主，于是宝马公司为了提升 MINI 在中国的认可度以及消费者购买欲，据此策划展开了九项活动。包括 2011 MINI 中国任务、MINI LIVE2011、MINI Countryman 上市、MINI 速学院、MINI hit show、寻找 MINI 激动驾驶员、MINI cheer、MINI 半岛集结赛和 MINI 装人世界纪录。所有这些活动，主办方打出的口号都是欢迎 MINI 的狂热信徒，用一种振奋人心的口吻鼓励 MINI 爱好者体验参加。例如在 MINI LIVE2011 的介绍中，就有这样的广告语“这是一场 MINI 信息的集中爆炸”“这是一次 MINI 信徒的顶礼膜拜”。通过传统广告形式，借助宣传鼓动式的语言，实现品牌的推广，也提升了消费者对品牌的认知度。宝马 MINI 对消费者有过洞察，他们认为这些消费者平时倚仗理性和才智购物，但在内心深处，每个人都想要一个青少年想要的东西，MINI 也知道，这些人骨子里就是青少年。于是他们把 MINI 定位为极致的刺激和感觉亲切的产品。所以针对这样的一个潜在购买人群，他们在繁忙的工作中追求快节奏的生活，在生活中又更多追求精神层面的活动，喜欢领略生活的乐趣、感受自身生命的价值。这样的特质，决定了 MINI 的广告语、MINI 所要推广的活动，就会如前文所述一样充满激情。

九大活动里，MINI Countryman 上市后的广告策划和品牌推广，更是与 MINI 的消费者素描紧密结合起来。MINI 并不是普通大众可以随意消费的对象，它面向的也是 40 岁左右的城市居民，他们事业有成，被称为社会精英中的“PL 族”。所谓“PL 族”就是注重休闲（leisure）的生活方式并力求精致完美（perfection）。[1] 于是，针对这样一批消费人群的特质，宝马公司给 Countryman 定义了一个独特的性格——GET AWAY。翻译过来中文名字就叫“开溜”。这样一个名字，唤起了对自由的向往，无论工作、生活压力的繁杂，只要想实现，Countryman 都可以随时开溜，来去自由。“开溜”这个词所传达的理念，就是让大家卸下一切、远离现实，离开自己在生活中不得不扮演的角色，哪怕是短暂时间的偶尔的“开溜”。它所崇尚的是放松、自由、享受。在 Countryman 的上市之际，MINI 中国也展开了一场广告概念宣传和线下活动相结合的“开溜之旅”。

“开溜之旅”在国内的体验活动，首先是在 2011 年 4 月 15 日在福建厦门举行的。它带领体验者沿厦门环岛路一路飞驰，直抵临海的试驾场地。试驾环节囊括了场地路线城市道路、高速路段、多弯山路以及坡道试车等等综合路段。首先登陆中国市场的 MINI Cooper Countryman Excitement 版和 MINI Cooper'S Countrynman ALL4 均在试驾之列。此外，在 MINI Countryman 全国上市进入一周倒计时之际，在 2 月 18 到 2 月 25 号为期一周的时间里，MINI 在厦门市的城市名片“著名景观大道环岛路”临时增名为“COUNTRYMAN 大道”一周，此举是创意营销的一个成功案例，MINI 成为第一个成功将旗下产品名称与城市公共设施相结合的汽车品牌。

在这些活动中，MINI 装人世界纪录被 25 位中国粉丝打破。在寻找激动驾驶员的活动中，MINI 中国打出了“生命在于激动”的座右铭，拉近与潜在消费群体的联系，实现创意广告营销的目的。另外，像 MINI 速学院这样的活动，力图让消费人群以最快的速度学会 MINI 知识。MINI 中国的官网在MINI 50 周年之际，推出网络版的 MINI 速学院，整个网页模拟成一个 MINI 学堂，访问者通过点击进入一个涵盖 50 年汽车变革的 MINI 世界，可以通过视频、文字介绍等形式，了解 MINI。MINI 中国用这样一种相对轻松却不失正式的方式，释放了 MINI 的品牌文化，提升了品牌形象。

除了利用活动推广，MINI 中国在这场整合营销活动中，同样还运用了网络推广，借助公关活动，达到被多数人知晓然后刺激一部分人购买欲的营销

---

① 互联网数据．2010 宝马公司 MINI 品牌策略．MBA 智库文档．2013－06－25．

专属北京的宝马 MINI 人力三轮车

目的，同时也通过公关活动不断阐释着 MINI 的文化。这些网络推广和公关活动，包括 MINI 入驻开心网、MINI 开通新浪微博实现与客户的良性互动、MINI 开进水族馆测试、MINI 上山下乡体验以及独具特色的针对 2008 年北京奥运的奥运 MINI 三轮车。在开心网的入驻和 MINI 中国新浪微博的开通，通过视频、文字、音频、图片等形式更直观、及时地介绍了 MINI 的产品和 MINI 中国的运营状态，其创新性实现了更快速的与客户的沟通互动。这两个举措，为 MINI 的品牌推广和拉近与客户的距离，功不可没，也为后续公关活动的开展提供了一个良性的发声渠道。

专属北京 2008 宝马 MINI 人力三轮车，实现对传统与现代、城市与品牌的完美结合。全球仅有一辆，专为北京奥运会打造，牌照为“京. MINI2008”，穿梭在三里屯和后海酒吧街之间。借助北京 2008 的奥运盛事，MINI 这一独特举措最恰当地利用了这一契机，然后最完美得展示了自己的文化理念。而像开进水族馆和上山下乡的公关活动，则是对 MINI 性能的一个测试。驾驶着 MINI，通过水压、复杂的路况，可以让客户体验到 MINI 的良好性能。当然每一个活动，也都在阐释不一样的 MINI 文化。比如开进水族馆，推崇的是自由随性的品牌理念，而上山下乡讲的则是 Countryman 的“开溜”理念。

除了活动、公关推广，广告自然是整合营销中很重要的一环。MINI 在中国的广告营销，概括起来大致有以下几个：平面广告的设计与发布、电影电视剧的植入广告、户外媒体广告和网络视频广告。在电影《黄金大道》和电视剧《裸婚时代》里都有宝马 MINI 的植入广告，使得客户伴着剧情的发展更了解了 MINI。其中，《裸婚时代》里更是植入了 Countryman 的“开溜”理念。而像户外广告，MINI 中国选择了重要的广告牌、大型商场等，或悬挂平面广告材料或滚动播出 MINI 系列的视频广告，这些视频广告也同样在网上被循环播放。在整个营销策划活动中，宝马中国对 MINI 实现了一场多渠道、多角度、多线路的整合营销传播，推广了品牌，传播了 MINI 文化，拉近了产品与客户的距离，也刺激了大家的购买欲望。现在的 MINI，俨然已经成为一种高品味文化消费的象征，客户购买的不仅是产品，同样购买的还有 MINI 宣扬的自由、奔放、青春的消费理念。

案例点播：

有了立体、全方位的整合营销策略，客户的购买渠道也自然被纳入考虑范围。网上商店可以随时订购自己中意的 MINI 车型，遍布全国的经销商也是大多数顾客选择体验、购买的直接渠道。在 MINI 的整个整合营销过程中，真正影响客户一掷千金购买的原因可以被概括为：创意营销、经典传承和强化客户的忠诚度和归属感。在 MINI 的德国总部，有一个负责创意的生产部门，它始终认为创意就要“反传统”“非常规”，不能仅依赖庞大的预算和规模，而是要靠创造力和艺术性来达到营销的目的。宝马 MINI 诞生于 1959 年，有着长达半个世纪的传统，经典的设计、品牌的文化，源远流长，所以这场营销过程试图达到深化品牌、影响客户的目的，精心打造每个细节。在强化客户的忠诚度和归属感上，MINI 立图创造的是 MINI 效应，即它不会去刻意迎合一些专业人士、富二代和高级白领，而是希望通过好的创意去影响更多的人，因此媒体报道、微博博客的引用、网络搜索和网上视频点击率才是这场营销活动最关注的内容。

3. 餐饮企业——“外婆喊你回家吃饭了”

谈到在餐饮行业中的整合营销案例，肯德基无疑是全球整合营销典例中很成功的一个。无论是在不同国家和地区的广告投入还是与顾客的互动参与，以及品牌的本土化策略，都能迅速聚集人气，为公司带来丰厚的收益。

而在中国，成立于 2000 年杭州的一家餐饮企业——外婆家，在短短的几年之内，迅速发展，目前的分店已覆盖全国各大中型城市，“外婆喊你回家吃饭啦”的宣传语，也在每次就餐前清澈地响起。如今，每次去外婆家吃饭都要排队，俨然已经成为一种被默认的现象。

外婆家2000年在杭州开了第一家店，主打的是杭帮菜。[①] 短短十几年的时间，外婆家公司经营面积逐年扩大，业绩不断攀升，已经有了较高的知名度。在北京、上海、广州、杭州、沈阳等城市中都开有分店。短短十几年的时间，在竞争激烈的中国餐饮业，主打杭帮菜的外婆家如何快速取得成功，其原因值得研究。

外婆家餐饮在发展之初就有准确的市场定位，抢占到了竞争的先机。在首家外婆家餐厅在杭州开业之前，公司的管理者就清晰得认识到要把消费人群选定在城市白领上。他们认为这个群体中的人，不仅追求美味、品味和优雅的环境，也注重价廉物美的消费。有了这个定位做指导，外婆家餐饮公司在选址的时候，首先会瞄准白领聚集区的商场、楼盘。例如，外婆家相继在杭州日报大楼、杭州大厦、沈阳大悦城等地开设门店，都是选择在人群密集的白领聚集区。这就为潜在的消费人群提供了便利。这也是整合营销的第一步，精准的市场定位有利于指导进一步的营销策略。

城市白领，衣着光鲜地出现在城市街头，在高档的写字楼办公，从事着脑力的劳动。他们公私分明，在下班后注重休闲和娱乐。同样，他们的消费对品味、环境等的要求会更高一些，但是他们也只是属于工薪阶层，所以除了追求较高质量的服务外，也关注消费的价格。所以，外婆家针对这个人群的消费需求，在菜肴价格上追求的是物美价廉，打造的是便于家庭聚会的餐厅，擅长拉拢回头客。点菜的时候，可以点半份也可以点一份，菜式多样但价格偏低，用同样的价钱，可以吃到更多种的菜肴。并且在外婆家点餐，点餐员会善意地提醒顾客点餐的数量，不够可以再点。这些看似细微的举动，却可以很快得到顾客的认同，配合家常特色的菜肴，自然会吸引更多的人前去就餐。外婆烤肉、麻婆豆腐等都已经成了外婆家餐厅的招牌菜。

民以食为天，餐饮业的首要功能是满足顾客的饮食需要，但是一家餐饮店要想做大做强，只提供美食还远远不够，决定一家餐饮店的成功与否，还有很多其他的综合因素。在这一点上，外婆家的很多营销策略就充分考虑到了顾客的感受。

---

① 卫军英．整合营销传播典例［M］．浙江大学出版社，2008.

“外婆喊你回家吃饭啦”这句餐前语是成功的，很多前去消费的顾客，在用餐高峰期排队等位的过程中，这句柔柔的呼唤很自然地拉近了顾客与餐厅的距离。这是一个很有创意的叫号方式，繁长的等位时间里，这句话总是能给顾客更多的亲切感。在尚未用餐之初的的贴心提示，为顾客的整个用餐体验加分不少。

除了这句颇有创意的呼唤，外婆家还十分重要餐厅的装修风格。力求温馨、整洁、有特色。外婆家力图使每个前来就餐的顾客都在这有一种别致的感受，他们强调的是在外婆家就餐不仅仅是吃饭，也要完成一种综合的对服务和环境的体验。餐厅服务员的着装、餐厅的装修风格都是经过用心的设计，不同的地域有不同的特色，避免了千篇一律的固有模式，增加了顾客的体验效果。综观外婆家的所有餐厅，面积都不大，1000 平方米以内，选址靠近商业圈，充分考虑到了顾客的用餐距离。所有这些贴心、周到的考虑，都为前来外婆家就餐的顾客提供了一种别致的感受。

餐饮业竞争激烈，不同菜系不同风格的餐厅林林总总，不胜枚举。掌握一批老顾客，是维系一家餐厅的有利竞争措施。而在整合营销传播的观念里，获得和保留顾客是营销和营销传播的基本目的，但是在获得和保留之间后者的分量比前者更重，尤其对于一些像餐饮业这样的具有重复性消费的品牌，保留顾客就显得更为重要。

外婆家很注重对顾客的长期维护，这从用餐之初就体现出来了。服务员周到的引领、服务，点菜员在点菜时善意得节俭提醒，时常更新的餐厅特色菜，都是吸引顾客前来消费的一个重要因素。当然，再好的菜肴，如果价格过于昂贵，也不会成为顾客重复消费的场所。外婆家在这点上做得很到位，它最便宜的一道菜才 3 元钱。在舒适的就餐环境中又能品味到物美价廉的菜肴可以无形中拉拢顾客的第二次消费。

除了下大力气的广告宣传投放外，口碑营销是整合营销策略中区别于大众传媒形式的另一种营销方式。在餐饮行业中，顾客的口口相传是吸引客源的一个重要方式。尽管外婆家注重对老顾客的维护，但对于第一次前来消费的顾客，口碑营销传播的效应非常重要。在这种传播方式中，往往是熟悉人之间的人际传播，这样的现身说法可信度就自然会高很多。经过切身体验的顾客，把外婆家的特色菜肴、公道价格、餐饮环境介绍给自己的朋友，使得很多人在尚未消费时就知晓了这个品牌。所以，一旦发现外婆家的店面，自然会去尝试消费，这样也就构成了一种品牌营销的晕轮效应。

案例点播：

在我国菜系很多，围绕着不同菜系做不同餐饮的企业也有很多。杭州外婆家的成立主打杭帮菜，面向城市白领。价格中等，菜量适中，恰到好处地打了亲情牌，一句“外婆喊你回家吃饭啦”可以贯穿到它营销的所有环节。

在整合营销传播中，除了大幅度运用多种媒体形式外，顾客的口碑营销也是至关重要的。口口相传得来的良好口碑是品牌得以发展、确立的关键，尤其是在社交媒体高度发达的时代，顾客之间的口碑宣传并非仅仅局限于人际传播。顾客的用餐体验可以迅速得通过手机等移动终端发布于社交网络上，之后评论、转发会在很短的时间内对信息完成覆盖，这样的一种形式给餐饮行业带来了更大的挑战。所以说，在新时期做餐饮业，利用好整合营销这个营销手段时要注意适用新时期的社会环境发展。

4. 零售业——“农夫山泉有点甜”

伴随着市场经济的快速发展，传统的广告传播效果已经趋向弱势。仅依赖广告运作的普通手段配合广告战略，不可能创造销售神话。于是，如何让广告成为消费者品牌接触过程中的一次有参与式的愉快体验，已经成为现有的广告思维必须面临的转换。

按照传统，媒介尤其是大众媒介是展现广告的一个基本工具。大众传播媒介为企业的广告宣传提供了一个良好的阵地，比如报纸、电视、广播、杂志、户外广告等形式，都是大众媒介在进行的市场营销。但是，伴随着网络的飞速发展，已经不能仅仅局限于通过这些传统的广告媒体来实现。广告和媒体形式的多元化，意味着一个产品要实现最佳的传播效果，必须考虑整合营销传播。在我国的饮料业界有一个品牌——农夫山泉，它在几年的时间内迅速崛起，值得探究。

“农夫山泉有点甜”这句广告语俨然已经成为中国广告语的经典之作。农夫山泉的视频广告伴着这句广告语，很快就在观众心中留下了深刻印象。根据农夫山泉提供的数据，自 1997 年推出这一广告语之后，农夫山泉的销量以每个月245%的速度稳步增长。这个增长数字，某种意义上就代表了农夫山泉这句广告语的的成功。唯美的千岛湖画面，青山绿水、蓝天白云，重点是纯净的湖水。通过画面还刻画了极具人情味的场景，一个小孩子喝完泉水后的满足、开心。有故事有画面，也突显了农夫山泉水的品质。最后，一个轻柔的女声喊出的画外音“农夫山泉有点甜”，则是让观者深刻记住了这句广告语，也记住了广告语背后的纯净水品牌。这则广告有着古色古香、纯朴、和美的情境。取义“农夫”，然后辅以山泉水，很好地传达了品牌特质。

除了这则和缓的广告，农夫山泉还顺势推出过与课堂有关的广告。一个女孩，在课堂上想喝农夫山泉，开瓶盖的时候不小心发出了“嘭嘭”声，被老师告诫课堂上要遵守纪律。这样一则广告拉近了农夫山泉这个品牌与那些课堂上爱做小动作、喜欢恶作剧、有些逆反心理的学生之间的距离，也在无形中增长了他们的购买欲望。一则广告发现了一个潜在的消费群体，这是很大的成功。“将无声之水变成有声，揭示了产品包装的吸引力，响声同时又起到了提醒和强化记忆的作用，引起了青少年消费者的关注和兴趣。”农夫山泉的视频广告是成功的，在2006年美国《读者文摘》评选的权威品牌排行榜中，农夫山泉摘取了饮料行业的信誉金牌。荣誉的获得，首先是广告这块敲门砖打开了若干消费者的大门。

农夫山泉这个品牌所做的产品，不仅局限在瓶装水上。随着业务的扩大，它同时还生产农夫果园混合果汁饮料、水溶C100、东方树叶等。针对不同的产品，农夫山泉都会配有不同的广告，它在广告上的推陈出新之快，在国内非常罕见。但是一个品牌的发展，如果只依赖一支广告的家喻户晓，无法实现长远有效发展。为了延展品牌的纵深度，长久维持品牌在消费者心目中的认可度，农夫山泉又找到了公益这个点。从北京奥运到山区孩子再到弱碱水检测，农夫山泉一直努力打造自身品牌的美誉度和忠诚度。

2000年北京申奥，农夫山泉推出了第一次一分钱公益广告活动。“现在您每喝一瓶农夫山泉，就为北京申奥捐出了一分钱”的广告语，再加上奥运冠军孔令辉和刘璇的加盟，使得人们争相购买农夫山泉。品牌的美誉度不断提高，随着申奥的成功和北京奥运会的举办，农夫山泉与奥运的结合收获了巨大的效益。在北京申奥阶段，农夫山泉实现广告承诺，向北京奥申委捐助了

500万人民币，而农夫山泉当年的销量较之前年增加了3倍。据随后农夫山泉公司提供的数据显示，通过公益广告的成功策划，农夫山泉在消费者心目中的形象骤然提升了42.3%。得力于第一次与奥申委合作后的成功尝试，农夫山泉随后又投放了三则的公益广告，目光也从奥运延伸到了贫困地区的孩子。品牌的厚重感和责任感瞬间提升，美誉度又有了提高。值得指出的是，所有这些广告创意不仅只依赖视频这个呈现方式，平面、楼宇、巨幅广告牌都是农夫山泉选择的广告方式。

整合营销需要品牌与消费者之间的良好沟通交流。2006年夏天开始，农夫山泉在华南地区开始投放大量的平面广告，目的就是弱碱水的检测。先在前期宣传饮用弱碱水对人体的良好功效，然后配合“你家喝什么水，我来帮你测一测”的活动，不仅倡导了健康的饮水方式，还提升了自己产品的美誉度。派工作人员进入小区、村户，检测饮用水的同时也推广了农夫山泉这个品牌。之后，农夫山泉打进华南市场，在全国的消费者心中也放入了一个饮用健康弱碱水的概念。

当然，除了这些言及有点的广告外，农夫山泉还会利用负面报道来提高媒介的参与度，从而保证品牌名声大震。2000年的时候，农夫山泉做了一则比较纯净水和天然水的广告，事后被告上法庭。伴随而来的就是大众媒体的广泛参与报道。农夫山泉也就恰当利用了这一有利时机，随着媒体对这场官司的不断报道，一些原本不知道农夫山泉的消费者也知晓了这个品牌，无论官司的输赢，农夫山泉还是成功了，借力打力的方式宣传了自己的产品，也是一种有效的广告形式。

综观农夫山泉的营销，整合营销的思维被运用得很成熟。因为不管是资本还是渠道或者价格，农夫山泉这个品牌都不是最有优势的，但是它综合运用多种传播方式，为消费者提供更多的信息接触机会，最终实现了品牌的巨大成功，做到了产品的家喻户晓。

案例点播：

旧的营销模式把推销作为一个重要的环节，而整合营销强调的是各种营销手段的互融和良好互动，期望与消费者建立一种良好的情感联系。即使广告播完了，也不意味着广告活动的结束。从广告的创意来说，农夫山泉不仅仅是推广自己的产品，而是融入了质朴、真实的场景，强调一种情感的沟通。在内容上，除了产品之外，农夫山泉尝试加入了申奥、奥运、扶贫助贫等主题，又一次延展了品牌的纵深属性。这也是一种整合营销模式的运用，强调了消费者与企业之间情感沟通的真诚性。其实，农夫山泉在对整合营销这个概念的利用上，最成功的有两点。一是借助广告与消费者建立了一个良性的情感沟通渠道，情感的建立有利于产品的持续稳步销售，建立的是一个稳定的顾客群；二是农夫山泉恰当运用自身资源，广泛借助大众传媒，为自己的产品营销配备了良好的事件营销和公关策划。例如前文提到的农夫山泉倡导的天然水与纯净水的官司，通过大众传媒的多种报道，扩大了产品的知名度。

农夫山泉所使用的这种全新的广告思维模式，是一个成功的整合营销策略。在产品零售业也得到了推广。例如雅克 V9 糖果、酷儿饮品对中国市场的开拓等，所有这些事例，借助整合营销这一全新的模式，取得了巨大的成效。同时要特别指出的还有一个名词，即“病毒传播”，连番的播放、提醒是可以提高产品知名度的，而这种营销自然是借助了多种传播方式的综合运用。

5. 影视剧——爱，就疯狂；不爱，就坚强

爱，就疯狂；不爱，就坚强。这是前文所述电影《失恋 33 天》的宣传语。这句宣传语随着电影的成功而成为当下年轻人的恋爱经典。而如前文所述，它的巨大成功很大一部分得益于微博的推动，在 2011 年，微博的发展势头迅猛，名人大号的推荐、微博活动的造势，让这部电影未上先火。同样，这部小成本电影的成功并非仅仅得力于微博的营销推广，其他的营销传播方式也被宣传团队拿来为电影宣传打气。

电影《失恋 33 天》投资 890 万，上映两天后就独得 4000 万元票房，以 122 万的当日搜索量高居百度电影排行榜之首。而在豆瓣电影和时光网上，这部小成本电影一直维持在评分 8 分以上。最终，《失恋 33 天》以 3.5 亿的票房完美收官，成为电影市场上小成本大产出的一个经典范例。总结《失恋 33 天》取得巨大成功的原因，接地气的剧本、有才气的导演、观众喜欢的演员、出色的电影制作团队等都是很重要的因素。但同时具备这些因素的电影有很多，而《失恋 33 天》却以 3.5 亿的票房让中国电影市场看到了小成本电影的春天。所以，出色的市场营销手段是促成电影成功的关键一环。而在这场营销活动中，除了以往惯有的电影宣传手法（比如出通告、开发布会等）外，《失恋 33 天》的电影宣传团队精准的观众定位、对大众媒介的整合运用，尤其是借助新媒体的宣传推广工作，舆论造势非常热烈。

电影《失恋 33 天》讲的是黄小仙被闺蜜撬走男朋友后，持续 33 天的过渡期，从最初的埋怨、怀念、不适应、想挽回到后来慢慢开始新生活的过程。男同事王小贱一直出现在这 33 天的周期里边，他在黄小仙朋友的婚礼上，帮助黄小仙"报复"了前男友；他照顾因工作、精神压力大而晕倒的女同事；他提出二人合租一套房子，以自己精致、略带洁癖的生活方式来改变黄小仙的邋遢生活。电影剧情取材现实，视角独特，也火了一个叫"男闺蜜"的热词。讲述的是当代都市年轻人的故事，目标受众当然是时下的年轻观众。

《失恋 33 天》的电影宣传团队曾介绍，电影的观看人群主要集中在"两室"，即教室和办公室。这批人群有一定的文艺情结，追求富足的精神生活。同时电影的主题与他们正在经历的生活有一定的贴合性，电影打出的宣传口号是"爱，就疯狂；不爱，就坚强"，所以让出于这"两室"里边的年轻人，失恋的可以找到相似的经历寻求精神的共鸣，渴望恋爱的可以以此为鉴，继续对自己美好爱情的憧憬，也提醒正在恋爱的年轻人要珍惜当下，疯狂享受恋爱里的幸福。确定了"两室"里的特定目标人群，也就代表电影有了精准的市场定位，整合营销也就可以展开精准的策略铺展工作了。

在整合营销传播中需要统筹运用各种传播方式并实现对这些方式的最佳组合，发现特定的目标群体，并向他们传送基本一致的营销信息。所谓统筹运用各种传播方式，在《失恋 33 天》的宣传技巧上就表现得非常明显。电影《失恋 33 天》的定档上映期是 2011 年 11 月 8 号，在 11 月 8 号之前，其宣传团队已借助大众媒介、综合运用各种传播方式进行了富有成效的宣传。

（1）整合大众传播媒介，充分利用社交媒体

在电影的宣传推广上，对社交媒体的大范围运用是《失恋 33 天》获得广泛市场认可度的重要一环。在人人、微博、QQ 空间等社交媒体上，电影宣传团队通过发起话题讨论，发布电影宣传片，介绍电影梗概，推出概念海报等举措，迅速聚集目标人群对电影的关注度，达到了电影未上先火的预观影热潮。也正如它宣传片里所讲"一句'我爱你'就可以在一起，分开的理由却

有好多种。2011.11.11 谁会陪我看《失恋 33 天》呢?”

电影宣传团队除了定期发布电影的宣传片外，还推出了“失恋物语”“失恋群像”等系列视频。在电影五月份关机的时候，就派出制作团队分赴全国七个城市，采访了众多城市中的普通人，让他们讲述恋爱、失恋这样的情感话题，打出情感营销的策略。将这些采访结果分主题制成“微视频”发布在人人、微博这样的社交平台上。之后，团队借助这些视频的高点击量所聚合的人群，展开话题讨论，共同探讨恋爱、失恋的话题。变目标人群被动观看为主动参与，在电影上映之前，他们就对电影的主题、概念展开了讨论，并且这些讨论是结合自身经历为出发点的，所以，情感上的接近性自然增强。同样，在微博、人人这样的社交媒体上，电影宣传团队也会发布海报、街采的图片，辅之以文字，配合话题宣传。

（2）把握宣传时机，明星效应给电影造势

电影《失恋 33 天》的一个有力的宣传点就是 2011.11.11，在当下中国年轻人的概念里，已经把 11 月 11 日当做一个很重要的节日——光棍节，而 2011.11.11 又是千载难逢的 6 个“1”的重合，被大家称为“神棍节”，在这样的一个日子里选择上映这部有关失恋和爱情的电影，本身就已经有了宣传的噱头。凭借着这样的宣传噱头，《失恋 33 天》的宣传自然有了一个很好的开始。之后的宣传视频、话题讨论等宣传策略都围绕着这个“点”展开。

电影《失恋 33 天》走的是文艺清新路线，选取的男女主角是文章和白百合，此外马伊琍、陈羽凡、姚笛、张默等新生派实力小生也都有客串表演。清一色的新锐演员，本身就符合文艺清新的路线。电影的主题引人思索，发人深省，立图要讲的是失恋人的真实生活，并从对失恋人生活的讲述中，发掘出积极意义和正面能量。整部电影，通过文艺的叙述，瞄准的是“80、90”后的情感软肋。女主人公黄小仙和大多数女人一样，骄傲要面子，在失恋后她放下自己的高姿态向男友妥协、低头，这是对当下年轻人在恋爱里的状态里的一个很真切的演绎。在爱情中，许多人并没有表现上所看到的光鲜、亮丽。在吵架、分手中，有些人选择继续坚守爱情，有些人则选择向生活屈服。所以这个电影的主题配合演员的表演，很能吸引人的眼球。

《失恋 33 天》里的男女主角文章和白百合在现实生活中有着美满的家庭，

生活幸福。但是电影上映之前，网络等媒介中，屡次传出文章和马伊琍的离婚事件，当事人数次出来辟谣。被离婚和辟谣的过程，尽管给他们的生活造成了困扰，但却增加了关注度。此外，在电影宣传期间，二人美满的家庭生活一直也是媒体关注的一个点。从电影的主题出发，对他们的恋爱经历的关注自然是一个很好的宣传卖点。演员的精湛演技是电影叫好卖座的一个关键，而在市场经济的背景之下，电影宣传工作的好坏也关系到电影的票房。而电影《失恋 33 天》到位的前期宣传工作，是成就电影黑马的一个重要因素。

案例点播：

整合营销传播强调品牌的传播，在这一营销传播计划中，充分认识用来制定综合计划时所使用的各种带来附加值的传播手段是非常必要的。而对这些手段的结合，提供具有良好清晰度和连贯性的信息，可以使得传播影响力实现最大化。这个定义里强调了对各种传播手段的有效利用，《失恋 33 天》无疑是成功的。无论是纸质媒体还是电视、网络等媒介，都为电影做了很好的前期预报。上映前，电影的主创团队亮相湖南卫视综艺栏目《快乐大本营》，他们二者的观众群是相通的，所以借助综艺节目的宣传，给观众提前打了一个预热，造成了一种未上先火的态势，大家都翘首等待着电影的上映。一个成功的电影宣传自此完成。

6. 日用品行业——真美运动与多芬护发

联合利华旗下的“多芬”品牌被大众熟知应该是在湖南卫视的《丑女无敌》热播之后，剧中的主人公林无敌虽然长相平平，但是心地善良、能力出众，引发了人们对美的重新定义。而多芬品牌在这部剧中有很大的资金投入，电视剧的植入式广告伴随着剧情的进展加深了观众对品牌的印象。

《丑女无敌》的播出为品牌的宣传打开了知名度，而多芬的营销策划团队紧接着推出的“真美运动”一直就是致力于为品牌的宣传推广而造势。在 2004 年，电视、活动、网络等多种渠道对这一活动开始进行宣传，其出发点是力图从观念上纠正女性对美的片面看法，除了注重外在的美，更强调女性的“自尊”，这种对美丽的定义与《丑女无敌》要传播的观念不谋而合。

多芬的“真美运动”先在杂志上刊登“寻找欣赏自己曲线的乐观女性”广告，吸引报名，并最终选出了 6 位女性现身 2004 年 3 月 29 日的“真人广告”（伦敦）露面，这为整个系列活动设下了悬念。之后，多芬发起并赞助了“美丽的真谛——女性、美丽和幸福全球调查”。这项调查覆盖全球 118 个国家，涉及到 22 种国家语言，不仅明确了消费者的目标诉求、探求了他们的心理，还为企业树立了良好的社会形象。之后“多芬峰会”召开，会议邀请到了哈佛心理学教授 Nancy Etcof 以及非常著名的英国心理治疗师 Susie Orbach，共同探讨如何将已在英国开展 3 年的 Body Talk（针对 14 ~ 25 岁之间的女性开设的沙龙会，带领她们关注心理和外形的关系，并且学习如何塑造“理想的”形象）扩大到其他国家。这样的活动为“真美运动”的开展聚集了人气，同样也积攒了权威性。

到 2004 年 10 月，多芬“真美运动”正式拉开序幕，多芬推出了一个新的广告，在这组广告中，多芬另外选用了六位年龄从 22 岁到 95 岁的“典型女性”，展现她们自信、生动、充满活力的一面，在这个活动阶段里，大众已经慢慢加入到活动之中，开始针对活动发表意见、想法，受众参与度的提高又从另一个层面提高了品牌的知名度，从而也开始注重了口碑传播的作用。

值得指出的还有多芬 2007 年奥斯卡颁奖礼而播发的电视直播广告，在电视直播时段，45 秒的沐浴露广告由一位 21 岁生活在美国加州的邻家女孩独立演绎，自然、真实的形象活跃在电视屏幕上，搭乘着奥斯卡颁奖礼的顺风，丰富了多芬的品牌形象。

案例点播：

综观多芬品牌的营销传播，需要特别指出就是“真美运动”和与受众的互动参与。在多芬的各项营销活动中，不仅充分运用多种传播方式，还特别注意顾客的情感诉求，将产品的营销与顾客的营销诉求结合在一起，因为当营销产品被赋予了一种超越本来产品的意义，那么它的威力就会被无限放大，“多芬”卖的是一种产品，同时也是一种理想、一种信用、一种能够同消费者建立深层次情感的关系，这可以让她们产生深层共鸣的理念。多芬的成功在很大程度上就在于此，品牌的精神感召力让它成功超越竞争对手。

当然，整合营销传播是所有的企业都在试图使用的一种营销模式，它的作用也越来越凸显，但是“创新”依然是一个营销活动获得成功的灵魂。联合利华美国公司总裁迈克尔·波克（Michael Polk）曾经说过：成功营销活动的核心“不是发明……而是创新”。一切在于“转变观念，打破定势，多芬做营销是创新的，她不单纯卖产品，而把自尊自信的信息建立在产品之上，突破传统的外表美，因而改变了在一个类别概念中的现有思维定势，这也是整合营销传播中的思维创新。